よくわかる！
教職エクササイズ

森田健宏・田爪宏二●監修

2

教育心理学

田爪宏二●編著

ミネルヴァ書房

監修者のことば

　今、学校を取り巻く状況が大きく変化し続けています。たとえば、「グローバル化」という言葉がよく聞かれますが、確かに、世界中のさまざまな国の人々が、ビジネスや観光で日本を訪れるようになり、日常生活の中で外国の人々と関わる機会が増えています。

　また、世界のさまざまな国で活躍する日本人も増えてきています。そのため、比較的世界で多く使用されている英語を中心に、小学校3年生から外国語活動の授業が行われるようになり、小学校5年生からは教科「外国語」が導入されるようになりました。もちろん、言葉だけでなく、文化や風習についても世界のさまざまな国の人々が、お互いに理解し合えることが大切です。他方で、日本に移住しても日本語を十分に理解できない子どもたちも多く、学校ではそのような子どもたちをどのように指導すればよいか、さまざまな試みが行われています。

　このように、新たな時代に教職を目指すみなさんには、これまで学校教育の世界を支えてきた先生方の教育活動に学びつつ、新しい時代の教育ニーズに応えるべく、自ら考え、開拓していく力が求められています。

　これからの時代の教育を担う教師に大切な教育課題は、たくさんあります。たとえば、これまで、わが国で進められてきた「知識を多く獲得することを重視した教育」だけでなく、「知識や技能を活用する能力」や、「読解力」、「課題を解決する能力」、さらには社会性、意欲、自己調整能力といった社会の中で適応的に生きていくための情緒面の力を育むことにも積極的に取り組むことが求められています。そのため、「主体的・対話的で深い学び」を促進する教育実践力を身につける必要があります。また、電子黒板やタブレット端末など、ICTの効果的な活用、小学生からのプログラミング教育などへの対応も求められています。

　すなわち、教職につく前の学生時代から教師となった後もなお、常に新たな知見を習得しながら、生涯、「教師として学び続ける」姿勢が求められているのだと思ってください。

　この「教職エクササイズシリーズ」では、新しい時代のニーズに対応し、学びながら教師としての資質を育むとともに、教師になる夢を実現し、さらに教師になっても、常に振り返りながら新たな知見を生み出し、自身の能力として加えていけるよう、さまざまな工夫を取り入れています。たとえば、教育場面の事例を題材に「ディスカッション課題」を多く取り入れ、実際の教育現場を想定したアクティブラーニング形式の学習が行いやすいように配慮しています。また、教育実践に関わる最新の知見や資料を豊富に掲載し、初学者から現職教員まで参考にできる内容構成にしました。さらに、MEMO欄やノートテイキングページを用意し、先生の発言や板書、自分の気づきなどを十分に書き込めるようにしています。そして、各講の復習問題には、実際に出題された各都道府県等の教員採用試験の過去問題を掲載し、教師になる夢を叶える準備ができるようにしています。

　これらを積極的に活用し、「教師として一生涯使えるテキスト」となることを願って、みなさんにお届けしたいと思います。

監修者　森田健宏（関西外国語大学）

田爪宏二（京都教育大学）

はじめに

　本書のタイトルでもある「教育心理学」は、教職課程の科目のうち「児童・生徒の心身の発達と学習の過程」に該当します。こう言うと、もしかしたら皆さんが抱いていた心理学のイメージとは少し異なるかもしれませんが、教師になるにあたり、心理学の側面から子どもの学びや発達の姿、そしてそこに対する教育的な支援を考える、ということが教職課程において教育心理学を学ぶ主な目的になります。

　まず、子どもにより良い教育を行うには、教師は、子どもの発達の姿を理解しなければなりません。すなわち、「この年齢（学年）の子どもにはどのくらいのことができるのか」「これからどのように成長、発達していくのだろうか」というように、子どもについて現在の理解や将来の見通しを持たなければなりません。皆さんもこれまでに幼児期、児童期を経験してきたので、「子どもの気持ちはわかる（覚えている）」と思うかもしれません。しかしながら、私たちは発達に伴って様々な能力を身につけますが、その一方で残念ながら子どもらしい見方や考え方を失ってしまうのです。このため、子どもの教育に携わる際には、改めて子どもの発達や学びの特徴について学びなおす必要があるのです。

　学校教育の指針である学習指導要領が 2017 年に改訂され、そこにおいては「主体的・対話的で深い学び（アクティブ・ラーニング）」の重要性が強調されています。これからの教師は、このような学びを子どもに保証しなければなりません。この新しい学びに対応した具体的な授業の進め方についてはそれぞれの教科教育法の中で触れられますが、教育心理学ではそれらに通底する「学習」について考えていきます。

　ところで、教育心理学において子どもの発達や学習の姿を学んでいく中で、皆さんは自分自身の発達や学習について、また将来教師となった自分の姿に興味をもつかもしれません。このようにして自分自身の特徴や教師としての姿を考えることは、教師としての成長の大切な一歩であるといえます。

　なお、本書は 2019 年度より実施される新しい教員養成課程で制定されたコアカリキュラムに対応した内容となっています。このコアカリキュラムでは、従来の教育心理学に含まれていた内容のうち「障害のある幼児・児童及び生徒の心身の発達及び学習の過程」は新たに設置される他の科目（特別支援教育等）において学ぶことになり、教育心理学では必須の内容では無くなりました。しかしながら、これらの内容は昨今の教育現場において大きな課題となっている重要な事項であり、特別支援教育の学習内容も踏まえつつ、教育心理学の視点から発達、学習において特別な支援を必要とする子どもの姿について学ぶ必要性は大きいと考えました。このため、本書においてもこれらの内容について発達障害を中心として取り上げることにしました。

　本テキストを通して、子どもの発達と学習の特徴、そしてそこにおける教育のあり方、教師の姿について、皆さん自身にも「主体的、対話的により深く」学んでいただくことを執筆者一同願っています。

編者　田爪宏二（京都教育大学）

CONTENTS

はじめに………………………………………………………………1

第1講
教育心理学とは………………………………………………………6
　1　教育心理学とは……………………………………………………6
　2　教育心理学の研究方法……………………………………………10
　3　心理テストから考える教師像……………………………………12
　4　本講のまとめ………………………………………………………16
　【知っておくと役立つ話】心理テストを信じる?──性格と心理テスト……17

第2講
心身の発達①
発達の基礎的な理論と乳幼児期の発達……………………………20
　1　発達の基礎理論……………………………………………………20
　2　小学校入学までの乳幼児期の発達………………………………24
　3　それぞれの歴史をもった子どもといかに向き合うか…………31
　【知っておくと役立つ話】実行機能ってなんだろう?……………………33

第3講
心身の発達②児童期…………………………………………………36
　1　児童期とは…………………………………………………………36
　2　児童期における思考、情動の発達………………………………40
　3　児童期における対人関係…………………………………………42
　4　児童期の課題………………………………………………………46
　【知っておくと役立つ話】メンタライゼーション「自己や他者を適切に理解
　する」ってどういうこと??……………………………………………48

第4講
心身の発達③青年期以降……………………………………………50
　1　青年期における身体発達…………………………………………50
　2　青年期における対人関係の発達…………………………………51
　3　青年期の発達主題：アイデンティティの統合…………………55
　4　成人期以降の発達…………………………………………………58
　【知っておくと役立つ話】「青年期」の誕生……………………………60

2

CONTENTS

第5講

学びのメカニズム①学習と知識獲得 ················ 62

1 学習とは? ················ 62
2 学習理論の系譜 ················ 62
3 学習による知識の獲得 ················ 68
【知っておくと役立つ話】応用行動分析学（ABA） ················ 72

第6講

学びのメカニズム②認知的情報処理と記憶 ················ 74

1 認知的情報処理 ················ 74
2 記憶のメカニズム ················ 76
3 認知的情報処理、記憶の理論と教育 ················ 82
【知っておくと役立つ話】潜在記憶とプライミング効果 ················ 84

第7講

学びのメカニズム③動機づけと学習 ················ 86

1 動機づけ研究の概要と理論 ················ 86
2 期待×価値理論 ················ 86
3 達成目標理論 ················ 89
4 自己決定理論 ················ 90
5 自己調整学習と動機づけ ················ 93
6 学習の水準とエンゲージメント ················ 94
【知っておくと役立つ話】学習意欲を高める動機づけ調整方略 ················ 96

第8講

教育心理学と教育実践①認知発達と学習支援 ················ 98

1 認知心理学とは何か ················ 98
2 認知心理学に基づく学習 ················ 100
3 授業づくりへの視点 ················ 103
【知っておくと役立つ話】脳トレプログラムは効果があるか? ················ 109

第9講

教育心理学と教育実践②学級集団と学習支援 ········ 112
1 学級集団とは ········ 112
2 学級集団における教師の影響 ········ 113
3 児童・生徒同士の対人関係 ········ 115
4 学級集団と学習の形態 ········ 118
5 集団で学ぶ意味 ········ 120
【知っておくと役立つ話】権威への服従 ········ 123

第10講

教育心理学と教育実践③
個性や個人差と学習支援 ········ 126
1 個性、個人差とは ········ 126
2 性格の個性と個人差 ········ 126
3 認知の個性と個人差 ········ 130
4 個性や個人差を生かした学習支援 ········ 133
【知っておくと役立つ話】教師の「思考スタイル」 ········ 137

第11講

教育心理学と教育実践④教育評価 ········ 140
1 教育評価 ········ 140
2 教育評価の方法 ········ 143
3 知能の評価 ········ 145
4 教育評価における注意点 ········ 148
【知っておくと役立つ話】偏差値について ········ 150

第12講

特別な支援と教育心理学①
障害の基本的理解と学校教育における配慮 ········ 152
1 文部科学省の調査統計 ········ 152
2 知的障害 ········ 153
3 注意欠如・多動性障害（ADHD） ········ 153
4 自閉症スペクトラム障害（ASD） ········ 156
5 学習障害（LD） ········ 159
6 保護者との協働 ········ 160
【知っておくと役立つ話】ペアレント・トレーニングとペアレント・プログラム
········ 162

第13講

特別な支援と教育心理学②
困難さを抱える子どもへの教育的支援 ························ 164

1 対人関係の支援 ························ 164
2 動機づけの支援 ························ 165
3 注意の問題への支援 ························ 166
4 ワーキングメモリの個人差と支援 ························ 168
5 認知処理の個人差と支援 ························ 170
6 移行期の支援 ························ 171
7 個別の指導計画 ························ 172
【知っておくと役立つ話】発達障害と不登校 ························ 174

第14講

子どもの情緒・適応の理解と心理的支援 ························ 176

1 児童期〜青年期の社会性の発達や適応の特徴における課題 ········· 176
2 児童・生徒を取り巻くさまざまな社会的問題 ························ 179
3 児童・生徒の間で生じている問題 ························ 181
4 児童・生徒の社会性の発達と適応に関する基礎理論 ························ 185
【知っておくと役立つ話】「チームとしての学校」で支える学校教育とは?
——それぞれの立場で子ども理解を深め、チームで問題解決を目指す
························ 188

第15講

学校教育を取り巻く諸問題と教育心理学 ························ 190

1 学びをめぐる現代的課題 ························ 190
2 発達をめぐる現代的課題 ························ 194
3 学校教育をめぐる心理臨床的課題 ························ 196
4 教師をめぐる現代的課題 ························ 198
5 本講のさいごに ························ 200
【知っておくと役立つ話】ソーシャル・キャピタルとセルフ・コンパッション
························ 201

復習問題の解答 ························ 203
索引 ························ 208

第1講 教育心理学とは

理解のポイント

教育心理学を学び始めるにあたり、本講ではその全体像、すなわち教育心理学とはどのような学問で、教職のための何について学ぶのかということについて取りあげます。あわせて、教育心理学における基礎的な研究方法についても理解しましょう。さらに、心理テストを通して自分自身の将来の教師としての姿を考えてみましょう。

1 教育心理学とは

1 教育心理学とはどのような学問か

はじめに、「教育心理学」という科目の名前について考えてみましょう。「教育」と「心理学」とに分けることができますが、後者の心理学が大きな分野であり、心理学のなかでも特に教育を扱う学問ということになります。

教育学と心理学との違いを大雑把にいうならば、教育という営みを、与える側である教師をはじめとする大人や社会、あるいは環境の側から考えるのが「教育学」であり、教育を受ける子どもの側から考えるのが「心理学」ということができます（図表1-1）。とはいえ、両者を分けて考えることは難しく、相互作用、すなわちお互いが影響し合っていると考えることができるので、主に心理学の立場から、教育学と心理学との両面を考えていこうとするのが教育心理学であるといえます。

なお、教育という言葉は本来、家庭教育や社会教育など、さまざまな場面や対象について使用されます。しかしながら本書は主に教職を目指す方を対象にしていることから、（「学校教育法」に規定される）学校及び関連機関（保育所など）における教育を指すことにします。

教育心理学は以前、心理学の知見を教育の分野に応用する、応用心理学の一つとしてとらえられてきました。しかしながら近年では、教育場面におけるさまざまな現象を心理学の立場から解明しようという理論的な側面とともに、教育場面におけるさまざまな問題を解決するための心理学的な方法や技術を提供するという、実践的な側面も注目されています。

以上を踏まえ、本書では、教育心理学を「学校を中心とした教育場面における、諸課題や現象の心理学的理解、および教育的支援における心理学的技法の応用に関する学問」と定義づけることにします。

教育心理学は、心理学の立場から学校教育に関するさまざまな事柄を考えます。

ウイルヘム・ヴント
1832～1920
ドイツの心理学者。心理学の創設者として知られ、主に実験心理学や民族心理学を研究した。

図表1-1 心理学と教育学のイメージ

2 教育心理学の始まり

ここでは、教育心理学という学問がどのようにして生まれたのかについて、教育心理学の成立に関連の深い人物をあげながら説明します。

心理学の始まりは、ヴント*が1879年にドイツのライプツィヒ大学に世界初の心理学実験室を開設したことによります。彼は、意識の構成要素を特定しようとしました（構成（要素主義）心理学*）。心理学はその後、ワトソンらによる行動主義心理学*、ウェルトハイマー、ケーラー、コフカらによるゲシュタルト心理学*、フロイトらによる精神分析学*などへと展開しました。

教育の対象である児童の科学的研究に貢献した人物がホール*です。ヴントのもとで学んだホールは、アメリカにおいて1893年に児童研究協会を結成し、心理学、教育学、医学から総合的に児童を研究しようとする児童研究運動を興します。これがその後の子どもの発達の科学的研究につながっていきます。

そして、教育心理学の創始者とされるのがソーンダイクです。彼は1903年に「教育心理学」を著し、教育や学習を科学的、量的に測定しようとするテスト理論を提唱しました。また、彼の行った動物の試行錯誤学習をはじめとした学習研究は、現在の学習理論の基礎となるものです。

3 教育心理学の目的

① 学校教育と教育心理学

先に述べた教育心理学の定義に沿って、教育心理学の目的について考えてみたいと思います。学校の教育場面において心理学の研究成果が役立つ課題とは何でしょうか。また、教育において心理学の視点からの支援が有効な場面とはどのようなものでしょうか。

学校の中で心理学が関係する事柄や場面というと、心の悩み、いじめなどの対人関係のトラブル、または心理相談（カウンセリング）といった内容がまず思い浮かぶのではないでしょうか。もちろん、このような臨床心理学的な側面も学校教育における重要な課題であるといえます。教職課程においては、これらの内容は教育心理学においても部分的に取りあげますが、主に「教育相談」や「生徒（児童）指導」などの科目で中心的に学びます。

重要語句

構成心理学
意識的経験の自己観察（分析的内観）により、意識の要素を特定しようとする。

行動主義心理学
目に見えない意識ではなく、観察可能な行動を研究対象とする。

ゲシュタルト心理学
心を別々の要素とするのではなく、総体としての心の働きを明らかにしようとする。後の認知心理学に繋がる。

精神分析学
意識されない心の状態（無意識）を含んだ精神世界を研究対象とする。後の臨床心理学に繋がる。

スタンレー・ホール
1844〜1924
アメリカの心理学者。児童研究運動以外にも、アメリカ心理学会（APA）を設立したことでも知られる。

プラスワン

児童研究運動
児童研究運動は日本にも紹介され、本邦における心理学や子どもの研究に大きな影響を与えた。

それでは、教育心理学では教育におけるどのような問題を扱うのでしょうか。教育職員免許法においては、教育心理学は「幼児、児童及び生徒の心身の発達及び学習の過程」について学ぶ科目に位置づけられます。つまり、教育心理学では主に子どもの「心身の発達」や「学習」の過程について学習します。

②「生きる力」と教育心理学

学校教育に対する教育心理学の貢献について考える具体例として、学習指導要領*における教育の目的をみてみましょう。小学校学習指導要領では、学校の教育活動のなかで「児童に生きる力を育むことを目指す」（第1章総則）とされています。この「生きる力」というキーワードは、2017年に改訂された新しい学習指導要領においても引き継がれています。

「生きる力」（文部省（現文部科学省）、中央教育審議会答申「21世紀を展望した我が国の教育の在り方について」、1996年より）においては次のような定義が示されています。

> いかに社会が変化しようと、自分で課題を見つけ、自ら学び、考え、主体的に判断、行動し、よりよく問題を解決する資質や能力
> また、自らを律しつつ、他人とともに協調し、他人を思いやる心や感動する心など、豊かな人間性を備えた全人的な力

さらに、「生きる力」を構成する要素として、「確かな学力（自ら学び考える力）」「豊かな人間性（他人を思いやる心や感動する心）」「健康・体力（たくましく生きるための健康や体力）」があげられ、これらの力を持ちながら、主体的に、かつよりよく生活する力の育成が目的とされています（図表1-2）。

このように説明すると、「生きる力」についてなんとなくイメージできたかもしれません。しかし、「生きる力」やその構成要素は直接目にみえるものではなく、観念的で客観性のないものになってしまう可能性もあります。教育心理学では、科学の立場から、それらがどのような能力であるかを定義し、観察や実験によって測定することを目指します。さらには、学校教育の中でそれらを育成するための心理学的な方法や技術を提供することも教育心理学の目的の一つであるといえます。

図表1-2 「生きる力」を構成する要素

重要語句

学習指導要領
学校の教育課程（カリキュラム）の編成のために文部科学省が示した基準。約10年ごとに改訂され、新しい学習指導要領は2017年に改訂された。

プラスワン

「生きる力」と学習指導要領
1998年改訂の学習指導要領では、ゆとりの中で「生きる力」をはぐくむことが目指されていたが、2008年および2017年改定の学習指導要領においては、基礎的・基本的な知識及び技能の習得、思考力、判断力、表現力や、主体的に学習に取り組む態度の育成を通して「生きる力」をはぐくむことが目指されている。

プラスワン

その時期なりの「生きる力」
「生きる力」は学校生活を通して培われるものであるとされる。しかし、目標を発達の完成型（大人）におき、低学年をその過程の「未完成な状態」とだけとらえるべきではない。むしろ、現実として生活している「子どもの姿」をとらえ、その時期なりに必要な「生きる力」を考える。

4　教育心理学で学ぶこと

　ここでは、これまで述べてきた教育心理学の目的を踏まえ、本書の概要を紹介します。また、教育心理学には心理学の他の分野の研究成果も多く含まれますので、教育心理学に関係する心理学の主要な研究分野についてもあわせて触れたいと思います。

① 心身の発達（第2～4講）

　教育心理学の主要なテーマの一つに、教育の対象である子どもの心理発達について学ぶことがあります。発達心理学などの分野が関連します。人間は生まれてから一生の間にさまざまな発達的変化を遂げます。特に、学校教育をうける幼児期から青年期は、発達的にも大きな変化を遂げ、人間の一生にとって重要な時期であると考えることができます。

　ところで、皆さんの中で、たとえば小学校の教師を目指している方の場合、その前の乳幼児期や、それ以降の思春期、青年期のことについて学習する必要性について疑問に感じる方もいるのではないでしょうか。しかしながら、小学1年生を担当する場合は、子どもがこれまでにどのような発達を遂げ、家庭や幼稚園・保育所でどのような経験をし、今どのような力を持っているのかを把握することはとても重要です。また、高学年を担当する際には、中学生以上の年齢における発達の特徴を知っておくことで、今の子ども達の将来を見据えた支援が可能になるといえます。

② 学びのメカニズム（第5～7講）

　すでに述べたとおり、教育心理学において中心的な内容となるのが、学習に関する内容です。第5～7講では、人間の学習や、その背景にある記憶のメカニズム、そしてその原動力となる動機づけなどについて学びます。学習心理学*、認知心理学*などの分野が関連します。

　ところで、学習と心（心理学）とが今ひとつ結びつかない方もいるのではないでしょうか。たとえば教科の学習などは、各教科の教育法で学ぶのではないかと考える人もいると思います。確かに、各教科に固有の内容や学習法はありますが、その背景にある記憶や思考などは、私たちの脳で行われています。現代の主要な心理学の分野の一つである認知心理学では、このような私たちの脳の働き（情報処理）を心の働きと考えます。このため、学習の問題が教育心理学において取りあげられるのです。

③ 教育心理学と教育実践（第8～11講）

　学習を心理学の視点から学ぶ第5～7講を受けて、第8～11講では、学校における授業の場面を理解するための心理学の視点や、授業において子どもの学びを支援するための心理学の技法について学習します。

　学校の授業では、個人で考え、知識を身につけるだけでなく、子どもと教師、もしくは子ども同士の相互作用の中で学習が展開されることも多くあります。特に近年は、授業に主体的に参加し、周囲と対話をしながら深い学びを目指す、「主体的、対話的で深い学び」*という学習の形式が注目されています。このような、個人や集団においてさまざまな状況が展開する授業において学習を支援するための方法について学びます。

　また、学習には個人差があり、同じ教え方をしても理解できる子どもと

> 子どもの発達について学ぶときには、自分がその年齢だった頃を振り返りながら、児童期の発達について考えてみましょう。

第1講　教育心理学とは

重要語句

学習心理学

学習を研究対象とする心理学の分野。学校における学習だけでなく、条件反射や行動学習の基礎的な研究も含まれ、動物を用いた実験も行われる。

認知心理学

心を脳の情報処理の過程及び結果としてとらえようとする心理学の一分野。教育心理学をはじめとする心理学の幅広い分野においても認知心理学の方法論が応用される。

重要語句

主体的・対話的で深い学び（アクティブ・ラーニング）

学習者の能動的な学習への参加を取り入れた教授・学習法。代表的な学習法として発見学習、問題解決学習やグループディスカッションなどがある。

重要語句

心理統計学

統計学の手法を応用し、人間の行動や心理の特徴を数量的に表現する方法を研究する心理学の分野。

重要語句

臨床心理学

心理的な病気や障害の治療、予防、および健全な向上を図るための研究や支援を行う心理学の一分野。

社会心理学

個人とそれを取り巻く社会的環境との相互的な関係を研究する心理学の一分野。集団行動や対人関係、コミュニケーションの問題などが研究対象とされる。

プラスワン

第12～14講で取り上げる発達の障害や特別支援、および情緒・適応と心理的支援の問題については、教職課程では「特別支援教育」「教育相談」等の科目で詳しく学習する。ただし、これらの内容は教育心理学とも関連性が深い重要な事項であるため、本書においても心理学の視点から解説する。

そうでない子どもとがいます。そこで本書では、学習における子どもの個人差の理解のしかたやそれに応じた支援の方法についても取りあげます。

また、心理学では、目に見えない心の状態や学習の成果を測定することも重要なテーマです。教育評価あるいは知能心理学、心理統計学*（統計法）という分野がこれに該当します。第11講では、子どもの能力や教育の成果を測定、評価する意味とその方法について考えます。

④ 特別な支援と教育心理学（第12～13講）

知的障害や発達障害をはじめ、心身に障害のある子どもたちには、通常の子ども達とは違った学びの姿があります。教育心理学と障害の問題を合わせて学ぶことは、教育の本質を考えるうえでも意義深いと考えられます。第12～13講では、心身に障害のある子どもの学習の姿とそこにおける教育的支援についての基礎的内容を学びます。

⑤ 子どもの情緒・適応の理解と心理的支援（第14講）

ここまで、発達や学習の問題を中心に述べてきましたが、学校教育におけるもう1つの側面として、学習や人間関係をはじめ、学校生活のなかにみられるさまざまな問題の心理面への影響や、心の病の問題についても取りあげます。臨床心理学*や社会心理学*などの分野が関連します。

⑥ 学校教育をとりまく諸問題と教育心理学（第15講）

本書のまとめにあたる第15講では、それまでに学んできた内容を発展させ、教育心理学の実践化に向けた事柄について学びます。現代の学校教育や社会を取り巻くさまざまな課題を通して、子どもの学びや適応などについて考えてみましょう。

2 教育心理学の研究方法

1 心理学の研究法と教育心理学

心理学は、データを集めその分析結果に基づいて結論を導く、実証科学に位置づけられます。実証科学における研究では、明らかにしようとする現象をどのような視点からとらえ、現象の解明にはどのような情報（データ）を集めるのが適切なのかを決める必要があります。

以下では、心理学および教育心理学の主な研究方法について考えてみることにします。

① 観察法（自然観察法）

科学の基本はまず対象を観察することです。観察法は、非参加観察法と参加観察法とに分けられます。非参加観察法とは観察対象と関わりを持たずに観察する方法で、例えば授業参観のように、子どもや教師を外部から観察する場合などです。

他方、参加観察法とは、観察者自身が観察対象者やその集団に入り、行動を共にしながら観察する方法です。たとえば、教師として子どもと授業や生活を共にしながら子どもを観察する場合などです。

観察法は、日常の実態を知り、その状況の細かい点までとらえることができ、また種々の要因が複雑にからみ合った事象も把握できるという長所があります。他方、短所としては、生活の中ではまったく同じ状況は二度と起こりえないため、原因と結果の関係を詳しく分析したり、仮説を検証したりするような研究には適していないことや、観察の視点や解釈が観察者の主観に左右されやすく、客観的な検討が困難であることがあげられます。

② 実験法（実験的観察法）

　実験法とは、研究すべき対象や場面の諸条件を厳密に統制して、特定の行動や事象を反復させて観察する方法（実験的観察）です。実験というと物理学や化学のイメージが強いかもしれませんが、現代の心理学は科学の立場をとっていることから、実験は主要な研究手法となっています。

　心理学における実験法の具体的な方法の一例として、統制群法について説明します。まず、実験群と統制群というグループをつくります。そして、実験群には特定の条件を与え、統制群にはその条件を与えないか、または別の条件を与え、両グループの結果を比較することで設定した条件の効果を分析するという方法です。

　実験法の長所は、方法が明確であり、客観性や再現性が高いことです。他方で短所としては、条件が単純化されている（実験で統制する以外の要因は排除する）ことが多いため、得られた結果をすぐには現実の場面にあてはめられないことがあげられます。

③ 質問紙法

　質問紙法とは、研究の目的に応じて作成した質問項目に回答させ、その結果から回答者の考えや性格などの心理的側面を把握しようとする方法です。厳密には異なるのですが、いわゆるアンケートに近いものと考えるとイメージしやすいのではないでしょうか。質問文という形で条件を提示し、回答という反応を得ることから「質問紙を用いた実験的手法」ということができます。後ほど取りあげる心理テストも、質問紙法の一つと考えることができます。

　質問紙法の長所としては、集団を対象に実施できるので比較的多くの資料を短時間に収集できること、観察ではとらえられない個人の内面についての情報を得るのに適していること、結果を数量的に分析しやすいことなどがあげられます。他方短所としては、質問文を読んで理解し、適切に回答するためには、年齢や能力による限界があることや、質問紙の作成者が設定した意図が回答に強く反映してしまうことなどがあげられます。

④ 面接法

　面接法とは、対象者本人との直接的な対話を通して心理状態を理解しようとする方法です。また、対象者の心に問題がある場合には、面接を通じて適応を改善、治療していくカウンセリングとして行われる場合もあります。

　面接法は、本人と直接対面することで、本人の内面を詳細かつ総合的に把握できるという長所があります。他方で、人間の普遍性を研究するのには向かず、あくまでも個人の特徴を理解する、事例研究の手法であるということを踏まえておかなくてはなりません。また、個人の内面に踏み込む

第1講 教育心理学とは

プラスワン

客観性と再現性
客観性：個人の主観によらず、だれが見ても同じようにとらえることができること。
再現性：同じ条件を設定すれば、同じ結果を得ることができること。

図表1-3　横断的研究法と縦断的研究法

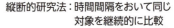

ために、あらかじめ意思の疎通をし合う雰囲気（ラポール*）をつくることや、個人情報の保護、倫理面などの問題には十分注意する必要があります。

2　資料収集の時期

教育心理学の研究法においては、学年や年齢による違いを比較することがよくありますが、比較の方法には横断的研究法と縦断的研究法とがあります（図表1-3）。

横断的研究法とは、年齢の異なる対象者に対して同じ時期に同じ方法で調査を行い、比較する方法です。横断的研究法は、短い期間に異なる年齢のデータを集めることができるという長所がある反面、異なる対象者を比較しているため、各年齢の一般的傾向は検討できても、個人内の時間的な変化は検討できません。

縦断的研究法は、同一の対象者について時間間隔をおいて継続的に調べていく方法です。縦断的研究は同じ対象を継続的に追跡していくので、個人の変化の過程を検討することが出来ます。また、その間の経験や環境の影響を考慮して考察し、因果関係を検証することもできます。ただし、長年にわたり同一対象を調査することになるため、調査者、対象者とも非常に時間と労力がかかるという短所があります。

また、年齢による差を検討する際には、コホートの問題にも気を付けなければなりません。コホートとは、同じ時代や世代という意味で、横断的研究法では同じ時点、同じ時代背景における対象を調査することになります。他方縦断的研究法では、調査する時点での時代背景は異なっています。人間は環境からさまざまな影響を受ける存在であるため、時代による社会・環境要因の影響にも注意を払う必要があるのです。

3　心理テストから考える教師像

1　心理テスト：どんな先生になれるかな？

心理学とは、決して「人ごと」の学問ではありません。教育心理学において子どもの心理を学ぶことを通して、自分自身の心理にも興味を持つ方

重要語句

ラポール（ラポート）

カウンセリングをはじめとする心理療法における、面接者と対象者（クライエント）の間の良好な人間関係。

先生といっても個性はさまざま、皆さんはどんな先生になれるでしょうか？

も多いと思います。

　教師は個人の特性が表れやすい職業ですが、皆さん一人ひとりの性格を
はじめとする個性はさまざまです。そこで、以下の心理テスト（性格診断）
を使って、教師としての自分の将来の姿を考えてみましょう。

Q. 以下の各質問について、自分にあてはまる場合は「〇」、どちらとも
　　いえない、またはわからない場合は「△」、あてはまらない場合は「×」
　　を、右欄に記入してください。

①CP

1. 友人が間違ったことをしたときには、すぐに注意する。	
2. 規則を守ることに厳しいほうだ。	
3. 最近の世の中は、子どもを甘やかしすぎていると思う。	
4. 礼儀作法にうるさいほうだ。	
5. 人の言葉をさえぎって、自分の考えを述べることがある。	
6. 責任感のつよい人間だと思う。	
7. 小さな不正でも、うやむやにするのが嫌いだ。	
8. 「…すべきだ」「…しなくてはいけない」という言い方をよくする。	
9. よい、悪いをはっきりさせないと気がすまないほうだ。	
10. ときには子どもを厳しくしつける必要があると思う。	
※CPの合計得点＝	

②NP

1. 人から道を聞かれたときは、親切に教えてあげる。	
2. 頼まれたら大抵のことは引き受ける。	
3. 友人や家族に何か買ってあげることが好きだ。	
4. 子どもを褒めたり、可愛がるのが好きだ。	
5. 他人の世話をするのが好きなほうだ。	
6. 他人の欠点よりも、長所を見るほうだ。	
7. 人が幸福になるのを喜べる。	
8. 他人が失敗したとき、責めないで許してあげる。	
9. 思いやりのあるほうだと思う。	
10. 社会奉仕やボランティア活動に参加するのが好きだ。	
※NPの合計得点＝	

③A

1. 感情的というよりは、理性的なほうだ。	
2. 何ごとも情報を集めて冷静に判断するほうだ。	
3. 時間をうまく活用している。	
4. 仕事は能率的にテキパキと片づけていくほうだ。	
5. いろいろな本をよく読むほうだ。	
6. 誰かを叱る前に、事情をよく調べる。	
7. ものごとは、その結果まで予測してから行動に移す。	
8. 何かするとき、自分にとって損か得かをよく考える。	
9. 体の調子のよくないときは、無理をしないようにする。	
10. 何かわからないことがあると、人に聞いたり、相談したりする。	
※Aの合計得点＝	

第1講　教育心理学とは

④FC

1．うれしいときや悲しいときに、顔や動作にすぐあらわす。	
2．人の前で歌をうたうのが好きだ。	
3．言いたいことを遠慮なくいうことができる。	
4．子どもがふざけたり、はしゃいだりするのを放っておける。	
5．もともとわがままな面がつよい。	
6．好奇心がつよいほうだ。	
7．みんなと一緒に、はめをはずして遊ぶことができる。	
8．マンガの本や週刊誌を読んで楽しめる。	
9．「わあ」「すごい」「かっこいい！」などの感嘆詞をよく使う。	
10．遊びの雰囲気にらくにとけこめる。	
※FCの合計得点＝	

⑤AC

1．遠慮がちで、消極的なほうだ。	
2．思ったことが言えず、あとから悔やむことがよくある。	
3．無理をしてでも、他人からよく思われようと努めている。	
4．劣等感がつよいほうだ。	
5．普段はいい子でいるため、いつか感情が爆発するかもしれないと思う。	
6．他人の顔色を見て、行動するようなところがある。	
7．本当の自分の考えより、親や人の言うことに影響されやすいほうだ。	
8．人からどう評価されるかをとても気にするほうだ。	
9．イヤなことをイヤと言わずに、抑えてしまうことが多いほうだ。	
10．内心では不満だが、表面では満足しているようにふるまう。	
※ACの合計得点＝	

杉田，1990をもとに作成

プラスワン

エゴグラム
エゴグラムでは、5つの性格特性は誰にでも存在すると考える。そのうち、最も強いものがその人の性格を特徴づけるとされる。

結果の出し方と解釈

　このテストは、エゴグラムという、自分の性格を診断する心理テストの一つです。ここでは、性格の診断に基づいて、教師としての将来の自分の姿を考えてみましょう。

　各質問について、○＝2点、△＝1点、×＝0点として、CP、NP、A、FC、ACごとに合計し、その得点をそれぞれの合計得点の欄に書き加えてください。それがあなたのCP、NP、A、FC、ACの各得点になります。

　どの得点が高くなりましたか？　このテストでは、5つの性格の特性のうちどれが強いかによってその人らしさが決まると考えます。そこで、最も得点の高かったところの解説を参考に、自分が将来どのような教師になれるのか、またその際どのようなところに注意をしたほうがよいのかについて考えてみましょう。

①CP（Controlling parent）：父性、批判的な親タイプ

　規則や相手に対して厳しく接し、批判精神の強いタイプで、リーダーシップがあります。子どもに決まりをきちんと守らせたり、しつけが上手な先生になると思われます。ただし、それが行き過ぎて口うるさくなってしまい、子どもが萎縮しないように気をつける必要が

あります。

②NP（Nurturing parent）：母性、養育的な親タイプ

　リーダーシップを発揮しますが、まわりにやさしく接し、情が絡むと弱いタイプです。子どもに対してとてもやさしく包容力のある先生になれると思われます。ただし、優しさが過ぎて子どもに過保護になってしまうと、子どもから必要な経験を奪ってしまったり、甘やかしにつながったりしてしまうことには気を付けましょう。

③A（Adult）：大人タイプ

　他の4つの性格の中央に位置し、最も安定した性格であるとされます。どのような状況でも冷静に判断できるタイプといえます。落ちついて子どもに接することが出来るため、子どもに安心感を与える先生になれると思われます。ただし、慎重すぎてしまうと、子どもの積極的な姿に対応できない場合もあります。時には積極的な、思い切った行動も忘れないようにしましょう。

④FC（Free child）：自由な子どもタイプ

　喜怒哀楽が激しくエネルギッシュで、いわば学園ドラマの先生のようなタイプです。子どもにとっては先生というよりも同じ仲間という感じで、とても親しみやすい先生になれると思われます。子どもをぐいぐい引っ張っていける、クラスのリーダー的な存在になれると思われますが、度が過ぎて子どもよりも先走りしすぎないように気を付けましょう。

⑤AC（Accepted child）：順応した子どもタイプ

　自分よりも相手の意見を尊重するタイプです。教師の意見を子どもに押し付けず、子どもの立場から意見をよく聞いたり、気持ちを理解したりしようとして、子どもから信頼される先生になれると思われます。ただし、子どもの反応が気になりすぎて、本来教師として必要な指導力が発揮できなかったり、子どもの言いなりになりすぎたりしないよう気をつけましょう。

2　心理テストの結果の解釈のために

　ここで行った心理テストは、自分の性格のどの部分が強いのかを知るためのもので、決して教師としての向き不向きを診断するものではありません。つまり「自分の性格は教師に向いているか否か」ではなく「自分の性格を活かすと、どんな先生になれて、どこに気をつけなければいけないか」を考えるための道具のようなものだと考えて下さい。

　心理テストの結果の解釈にあたっては、まず、占いと違って、心理テストは答えるのは自分自身だということを頭においておきましょう。つまり、テストの結果は自分の特徴に気付き、自分を見つめ直すための「鏡」のようなものであると考えてみてください。

　また、教育心理学の講義を担当する先生など、専門家のアドバイスを必ず聞き、自分で勝手な解釈や思い込みをしないことも重要です。特に、同

性格占いと心理テストは、まったく違うものなのです。

じ性格が場合によってはよい面に出ても、別の場面では裏目に出ることもしばしばあります（たとえばエゴグラムにおけるNP型は「優しい」という長所と「過保護」という短所があります）。

さらに、性格は変えられるということも忘れないでください。つまり、心理テストの結果をマイナスに考えてしまう人もいるかもしれませんが、それはむしろ自分が改善したい部分が見つかった、と前向きに評価するほうがよいでしょう。心理テストは、自分の個性を伸ばしたり、苦手な性格を克服するための一つのヒントとして考えることもできるのです。

4 本講のまとめ

本講では、教育心理学とはどのような学問で、何について学ぶのか、ということについて述べてきました。さらに、心理テストを通して自分自身の教師としての将来の姿を考えてみました。

次講から、教育心理学の具体的な内容や技法について解説します。その中で、教師として子どもの心理をどうとらえ、どう関わっていくのかということについて学びを深めてほしいと思います。合わせて、子どもの心理に重ねて自分自身の過去を振り返ったり、自分の考え方や性格などの心の特徴について考えたりする機会として教育心理学を活用するのもよいと思います。そうすることで、より魅力的な大人、教師に近づくことができるのではないでしょうか。

ディスカッションしてみよう！

学校教育の場面で心理学が活用できる場面について考え、どのように活用できるのかも含めて意見を出し合ってみましょう。

例えば・・・

復習や発展的な理解のために

知っておくと役立つ話

心理テストを信じる？
——性格と心理テスト

第1講 教育心理学とは

　本講で実施した心理テスト（エゴグラム）の結果について、皆さんは納得できたでしょうか。心理テストの結果の受け止め方については、次の3通りの考え方があります。

①主観的な考え方：自分がそう思うのが自分の性格

　テストの結果や他人の意見よりも、自分が正しいと思うことのほうが真実であるという考え方です。なんだか一人よがりのようですが、心理テストの結果がどうであれ、自分がそれを信じないことには始まりません。実際、人間は自分が明るいと思えば、明るくなるような行動をとります。それがまわりから評価されることで、本当に明るい性格に変わっていくことができます。

②客観的な考え方：多くの人が言うことが自分の性格

　自分はそう思わなくても、多数の人が考えることは一般的であり、客観性があるという考え方です。たとえば、自分はあまり積極的なほうではないと思っていても、複数の友だちからあなたは積極的だ、といわれると、やはり社会のなかではその人は積極的にふるまっていると考えられます。

③操作的な考え方：性格検査、心理テストの結果が自分の性格

　自分の考えや周囲の意見以上に、性格検査や心理テストの結果は自分の性格を正しく表している、という考え方です。たとえテストの結果が自分の予想と違ったとしても、それは自分の気づかない面であると考えることができます。

　さて、ここにあげた3つの考え方は、一見相反するもののようにも見えますが、結局正しいのはどれなのでしょうか。

　結論からいえば、すべてある面では正しいといえます。ただし、心理学は科学の立場をとるため、③の操作的な考え方を重視します。しかし、多くの心理テストは、（けっして作成者が勝手に考えたのではなく）何千、何万人の平均的な姿に基づいてつくられたものです。そう考えると、③の前提となるのが②の客観的な考え方であるといえます。さらに、テストの結果が効果を持つかどうかは本人が結果をどう受け止めるかに大きく左右されるため、①の主観的な考え方ともつながっていると考えることができます。

ちゃんとわかったかな?
復習問題にチャレンジ

(神奈川県／横浜市／川崎市　2006 年)

①次の各文は「心理学の歴史」の一端について述べたものである。（　ア　）～（　オ　）にあてはまる言葉の組合せとして最も適するものを、次の1～5の中から一つ選びなさい。

（1）構成心理学を唱えた（　ア　）は、それまで生理学者などによってなされていた心理学的研究成果を集めて一つの体系をつくったり、各国の心理学者を教育するなど、心理学の発展に大きな貢献をした。

（2）（　イ　）にはじまる精神分析学、（　ウ　）、ケーラー（Köhller, W.）、コフカ（Koffka, K.）らによってはじめられたゲシュタルト心理学、（　エ　）によって提唱された行動主義は、現代の心理学に強い影響をあたえている3大学派である。

（3）ネコの問題箱実験から学習の試行錯誤説を唱えた（　オ　）は、自己の学習説を教育の分野に適用して『教育心理学』を著し、教育心理学の発展に努めた。

1　（ア）フロイト　（イ）ヴント　（ウ）ワトソン　（エ）ウェルトハイマー　（オ）ソーンダイク
2　（ア）ソーンダイク　（イ）ワトソン　（ウ）フロイト　（エ）ウェルトハイマー　（オ）ヴント
3　（ア）ワトソン　（イ）フロイト　（ウ）ウェルトハイマー　（エ）ヴント　（オ）ソーンダイク
4　（ア）ヴント　（イ）フロイト　（ウ）ウェルトハイマー　（エ）ワトソン　（オ）ソーンダイク
5　（ア）ヴント　（イ）ウェルトハイマー　（ウ）ソーンダイク　（エ）フロイト　（オ）ワトソン

(静岡県／静岡市／浜松市　2014 年)

②次は、「幼稚園、小学校、中学校、高等学校及び特別支援学校の学習指導要領等の改善について（答申）」〔平成20年1月17日中央教育審議会〕の中で、「生きる力」の理念を共有するために重視したい3点として書かれたものである。（①）～（④）に入る語句を下の語群ア～ケから選び、記号で答えなさい。

　第一は、変化が激しく、新しい未知の課題に試行錯誤しながらも対応することが求められる複雑で難しい時代を担う子どもたちにとって、将来の職業や生活を見通して、社会において自立的に生きるために必要とされる力が「生きる力」であるということである。これからの学校は、進学や就職について子どもたちの希望を成就させるだけではその責任を果たしたことにはならない。

　第二は、このような変化の激しい社会で自立的に生きる上で重要な能力であるものの、我が国の子どもたちにとって課題となっている思考力・判断力・表現力等をはぐくむためには、各教科において、基礎的・基本的な知識・技能をしっかりと（　①　）させるとともに観察・実験やレポートの作成、論述といった知識・技能を（　②　）する学習活動を行う必要があることである。〈中略〉

　第三は、自分に自信がもてず、自らの将来や人間関係に不安を抱えているといった子どもたちの現状を踏まえると、コミュニケーションや感性・情緒、知的活動の基盤である国語をはじめとした（　③　）の能力の重視や（　④　）活動の充実を図ることにより、子どもたちに、他者、社会、自然・環境とのかかわりの中で、これらと共に生きる自分への自信をもたせる必要があることである。

ア　表現　イ　反復　ウ　活用　エ　確認　オ　応用　カ　言語
キ　体験　ク　習得　ケ　奉仕

理解できたことをまとめておこう！

ノートテイキングページ

学習のヒント：教育心理学で学習する事柄や、教職課程において教育心理学を学ぶ意義について まとめてみよう。

第1講　教育心理学とは

第2講

心身の発達①
発達の基礎的な理論と乳幼児期の発達

理解のポイント

皆さんが、さまざまな学校教育機関で出会う子どもたちは、それぞれの「発達」を歩んできたかけがえのない存在です。学校の先生は、「発達」という現象を大きな視点で理解したうえで、子どもの個別の「発達」を詳細に把握するよう努めなければなりません。本講では、まず発達の基礎的な理論を把握し、次に乳幼児期の心身の発達の姿と、発達を支援する教師や保育者の関わりについて理解しましょう。

1 発達の基礎理論

1 発達の定義

　もし「"発達"を図示してみてください」といわれたとしたら、皆さんはどのような図を描きますか。多くの方が、右肩上がりの直線または曲線を描くのではないでしょうか。図表2-1は、乳児（0〜11か月）の身長と体重の変化を図示したもので、母子健康手帳（2012年度改正版）にも掲載されています。一般的に想起される発達の図の一つといえるでしょう。

　発達は「受精から死に至るまでの人の心身の機能の変化」であり、子どものみならず成人にも認められ、私たちは命が尽きるまで発達し続けます。そして、発達は「変化」ですから、図表2-1のように右肩上がりで進行する現象ばかりではなく、低下や衰退も含みます。右肩上がりだけを想定

> **プラスワン**
>
> **発達**
> 発達を大まかに区分すると、乳児期（誕生〜1歳半頃）、幼児期（1歳半〜6歳頃）、児童期（6歳〜12歳頃）、青年期（12歳〜25歳頃）、成人期（25歳〜60歳頃）、老年期（60歳頃〜）となる。

図表2-1　乳児身体発育曲線　2010年調査値（男子）

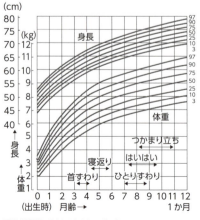

厚生労働省, 2014をもとに作成

して子どもの発達をとらえようとすると、目の前の子どもの言動の本当の意味を見誤る危険性があるでしょう。

　幼稚園、保育所、認定こども園などの保育者からの相談に、「自分の思い通りにならない時に、友だちを叩きます」というものがあります。その場合、私たちは「自分の嫌な気持ちを抑えることができないから、友だちを叩く」といったように、「何かができていないから、不適切に振る舞う」ととらえがちです。しかし、反対に「何かができるようになったから、友だちを叩く」と考えてみてください。「そういえば、以前は一人で遊ぶことが多かったけれども、最近は友だちと一緒に遊ぶようになったから、トラブルが増えたようです」というのは、しばしば相談の場で登場する見解です。「友だちを叩く」という行為は「友だちに関心を抱く」という発達に裏づけられているのかもしれません。そう考えると、「友だちを叩いてはいけません」と口頭で注意すること以外の接し方を考えてみたくなりませんか。

　「右肩上がりの発達観」は、子どものわかることやできることが、加算的に積み上がっていく、という思い込みを生みだします。その思い込みは、子どものつまずきを許すことができません。しかし、子どもはあることができたりできなかったりしますし、できていたことができなくなったりもします。子どもの発達は、日々の行ったり来たりの繰り返しのなかで、少しずつ広がっていきます。発達は、子どもの「できること」と「できないこと」を区別したり、「できる子ども」と「できない子ども」を区別したりするための線引きの道具ではありません。「発達を知る」ということは、「すべての子どもは、できることもできないことも、丸ごとで意味がある存在であると知る」ことです。そしてそれは、乳幼児期のみならず、児童期以降の子どもたちにとっても同様でしょう。

2　ピアジェの発達理論

① 発生的認識論

　乳幼児の発達の道筋を明らかにした心理学者として、スイスの**ピアジェ***が挙げられます。ピアジェは、それまで哲学の問題とされてきた認識や思考、またその発達について、生物学や心理学の知見を生かしながら科学的に説明しようとし、**発生的認識論***という理論を確立しました。

　ピアジェは、子どもを自ら積極的に世界を探究し、知識の枠組みをつくっていく科学者のような存在だと考えました。科学者は、ある仮説を確かめるために実験を行い、実験結果が仮説通りであれば、その仮説を正しい知識としてたくわえ、結果が仮説と異なっていれば仮説を修正します。ピアジェは、仮説にあたるものを**シェマ**、知識を加えることを**同化**、仮説を修正することを**調節**とよびました。たとえば、ある子どもが「"ほし"は"星"である」というシェマをもっているとします。お母さんから「"ほしいも"があるよ」といわれ、「お星さまの形の芋なんだな」と考えるのが同化です。一方で、お母さんから干し芋について教えてもらうなどして、「"ほし"には"星"のほかに"干し"もある」とシェマを修正することが調節です。子

ジャン・ピアジェ
1896〜1980
スイスの心理学・認識論研究者。大学で生物学を学び、軟体動物の研究で学位を得た後に心理学に転じた。子どもの思考特性として「自己中心性」を指摘し大きな反響を呼んだ。子どもは能動的に活動することによって発達するというピアジェの発達観は、現在も多大な影響を与え続けている。

📖 語句説明

発生的認識論

認識の発達のメカニズムについて、主に生得的要因と物的な環境要因との相互作用という点から説明しようとする立場。

どもは、それぞれの仮説をもち、自分から周囲に働きかけ、試しながら、確かめながら、修正しながら、たっぷりの時間をかけて自分のなかに世界を構成していく能動的な存在なのです。

② 思考の発達段階

　ピアジェは自分の 3 人の子どもを対象に観察や実験を重ね、思考の発達段階を示しました（図表 2 - 2）。感覚運動期（0 ～ 2 歳）の子どもは、物をしゃぶったり触ったりと、感覚を使って周囲を理解しようとします。前操作期（2 ～ 7 歳）では、言葉を用いた思考ができるようになりますが、他人の視点に立って考えることが難しく、アニミズム*（物や現象に生命や意識があると考える）、実念論*（考えたことや夢に見たことが実在すると考える）、人工論*（すべての物や現象は人がつくったと考える）とよばれる言動が認められます。

　小学校低学年以降の具体的操作期（7 ～ 11 歳）では、見た目に引きずられることなく、また客観的に考えることができるようになりますが、思考の対象は具体的で日常的な物や場面に限られます。形式的操作期（11 歳以降）の「形式的」とは抽象的という意味で、文字式などの抽象的な記号の操作や抽象的な思考が可能になります。

3　ヴィゴツキーの発達理論
① 文化的—歴史的発達理論

図表 2 - 2　ピアジェによる思考の発達段階

感覚運動期 0 ～ 2 歳	第 1 次循環反応 （6 週～ 4 か月）	指を口で吸うなどの快を伴う動作を繰り返し、自分の身体に対する認識を形成する。
	第 2 次循環反応 （4 ～ 8 か月）	自分の外部の対象に対して働きかけ、自分を取り巻く世界に関する認識を形成する。
	第 3 次循環反応 （12 か月～）	対象への働きかけを変化させることで、結果の変化を確かめるなど実験的な行動を行い、自分の身体と周囲の世界との関係に関する認識を形成する。
前操作期 2 ～ 7 歳	前概念的思考期 （2 ～ 4 歳）	表象や象徴機能の発達により、対象を心の中で操作することが可能になる。概念による分類が困難であり、それぞれを個別の対象としてみなす傾向にある。
	直観的思考期 （4 ～ 7 歳）	対象の見かけの変化に左右され、質量、重さ、長さなどの保存の概念に到達できない。このため、対象の見かけが変化するとその質量まで変化すると考える。他者の視点の獲得や複数の視点の統合が難しい自己中心性（中心化）の特徴をもつ。
具体的操作期 7 ～ 11 歳		幼児期の特徴である自己中心性の特徴は薄れる（脱中心化）。具体的に理解できるものについては、知覚に左右されず論理的操作を使って思考することができる。
形式的操作期 11 歳以降		抽象的な命題に対しても、論理的な思考が可能になる。形式的操作の完成には文化や個人による領域特殊的な差異があり、すべての人がすべての分野で達成されるわけではないとされる。

ピアジェ, 2007をもとに作成

語句説明

アニミズム、実念論、人工論

アニミズムは "花が笑っている" と考えること、実念論は "おとぎ話は実際にある" と考えること、人工論は "太陽は人がつくった" と考えることが、それぞれ具体例としてあげられる。

旧ソビエト連邦（現在のロシア）のヴィゴツキー*も、子どもの発達と学習に新しい考え方をもたらしました。ヴィゴツキーも、ピアジェと同じように、子どもは活動を通して知識を構成していくと考えましたが、その活動における他者の役割を重視した点が異なります。ここでの他者とは、子どもより有能な存在で、例えば、教師や保育者、保護者、より年長の子ども、時にはクラスの友だちも含まれます。ヴィゴツキーは、より有能な他者からの教育をはじめとする社会的な営みによって、社会や文化のありようが子どものなかに内面化される過程として発達を説明しようとしました。これを、文化的―歴史的発達理論*といいます。

② 発達の最近接領域

知能年齢が同じ8歳である2人の子どもがいるとします。その2人に、独力では解くことができないような8歳よりも上の年齢レベルの問題を示し、加えて、子どもが問題を解く過程で、誘導的な質問や解答のヒントを与えて支援しました。すると、1人は9歳レベルまでの問題を解き、もう1人は12歳レベルまでの問題を解くことができました。このように、子どもには「自分一人でできる現在の発達水準」と「自分よりも有能な誰かと一緒ならできるちょっと上の発達水準」があります。ヴィゴツキーは、この2つの間を発達の最近接領域（ZPD：zone of proximal development）と呼び、発達の最近接領域に適切に働きかけ、「誰かと一緒ならできること」を「自分一人でできること」へと促すのが教育であると主張しました。

保育や教育の現場において発達の最近接領域について考えると、以下の2点が指摘されます。まず、友だちと一緒に活動することの意味です。子どもは、周囲の子どもたちの考え方ややり方を見て学び、模倣することを通して、できないこともできるようになっていくでしょう。

次に、教師や保育者の役割です。教育を通して子どもの発達を支援しようとするならば、発達の最近接領域を意識する必要があるでしょう。たとえば、6個のイチゴを3人で2個ずつ分けることができる5歳児に対して、保育者がさっさとイチゴを分けて配ることは、もったいない気がします。一方で、6個のイチゴを等分できるからといって、割り算を教えることも違うように思えます。発達の最近接領域は子どもによって異なりますから、すべての子どもの領域を正確に把握するのはとても難しいことだと思います。しかしながら、子どもに与える課題が簡単すぎたり難しすぎたりしていないか、支援が過剰であったり不足したりしていないかなど、教師や保育者が自身の支援を振り返る時の手がかりになるかもしれません。

レフ・ヴィゴツキー
1896～1934
旧ソビエト連邦（現在のロシア）の心理学者。行動主義心理学を批判し、人間の高次の心理活動を追究する新しい心理学の創造に努めた。37歳の若さで病死するまでに、子どもの思考と言語の発達、生活的概念と科学的概念の発達、思春期の心理、障害児の教育など、広範囲に渡り功績を残した。

第2講　心身の発達①発達の基礎的な理論と乳幼児期の発達

語句説明

文化的―歴史的発達理論

発達を、文化的、歴史的に培われてきた社会の様式が個人に内面化される過程として説明しようとする立場。文化を特徴づけるものとしての言語や、文化を伝えるものとしての教育の役割に注目する。

語句説明

全身運動

粗大運動とよばれ、歩く、走る、投げるなどがあげられる。

手先を使う運動

微細運動とよばれ、つまむ、折る、ボタンをはめる、ハサミを使うなどがあげられる。

身体像

自分の身体や身体を使った動作に関する内的表象であり、見なくても自分の手の位置が大体わかるといったことがあげられる。

語句説明

初語

食べ物、動物、乗り物、よく知っている大人の名前、身体の部位など、生活に密着したものの名前であることが多い。日本語の初語ではマンマ（食べ物、母親）が知られる。

共感（叙述）の指さし

注意を共有するためだけに現れるヒトに固有のコミュニケーション行動。チンパンジーは要求の指さしをすることはあるが、共感（叙述）の指さしはしない。

2　小学校入学までの乳幼児期の発達

1　身体を試行する子どもたち

　乳幼児期は、身体や運動機能が著しく発達します。例えば、出生時の身長は平均で約50cm、体重は約3kgですが、1歳時点でそれぞれ約75cm、約9kg、4歳ではそれぞれ約100cm、約16kgになります。乳児期の運動発達には方向性や順序性があり、方向性については、「頭部→脚部」「中心→周辺（末梢）」の方向に発達します。順序性については、子どもが歩くまでには「寝返り（6か月頃）→一人すわり（7か月頃）→はいはい（9か月頃）→つかまり立ち（10か月頃）→一人で歩く（14か月頃）」という過程を経ますし、指で物をつまむまでには「物に触れる（5か月頃）→握る（7か月頃）→指でつかむ（9か月頃）→指でつまむ（13か月頃）」という過程を経ます。1つひとつの段階は、次の発達へとつながる重要な過程です。なお、乳幼児期の身体や運動機能の発達は個人差が大きいため、平均的な発達の姿との比較だけではなく、その子どものなかでの発達をとらえる必要があるでしょう。

　幼児期になると、全身運動＊の発達が顕著ですが、それに比べて手先を使う運動＊はゆっくりと発達します。幼児期は、特定の運動を集中的に繰り返すことよりも、多様な種類の動きを自然発生的に経験することが大切です。その経験を豊富にもたらすのが、自由遊びです。運動機能の発達と認知機能の発達の間には密接な相互関係があります。幼児が自分の身体をコントロールするためには、身体像＊の発達が必要です。一方で、身体の発達にともなって目線の高さが変わり、行動範囲が広がることで、周囲の見え方や環境への関わり方が変わり、そのことが認知発達に影響を及ぼすという側面もあります。

2　心を志向する子どもたち

① 赤ちゃんの指さし

　初語＊とよばれる最初の意味のある言葉が赤ちゃんから発せられるのは、1歳前後です。しかし、言葉が出てくる前から、赤ちゃんは、表情、視線、音声などさまざまな方法で相手（多くは保護者）に情報を発信しています。言葉の前の言葉と呼ばれる指さしもその一つです。1歳頃から要求の指さし（「あれを取って」）がみられ、1歳半ごろまでに共感（叙述）の指さし＊（「あれを見て」）、応答（情報提供）の指さし（「これだよ」）、質問の指さし（「あれは何？」）が登場します。共感（叙述）の指さしは「相手と同じものを見て、同じ気持ちを共有したい」という意思に支えられています。母親が、赤ちゃんの指さした方向を見て「かわいいお花だね」と声をかけると、赤ちゃんは相手に気持ちが通じることや、相手と気持ちを共有することの心地よさを感じるでしょう。しかし、もし母親がスマートフォンばかりを見て自分や指さしを見ようともしないことが続けば、赤ちゃんは指さしをやめて

図表 2-3　誤信念課題

女の子がおもちゃをかごに入れて出かける

男の子がおもちゃを取り出して遊んだあと、箱に入れる

女の子が戻ってくる

林, 2016をもとに作成

しまうかもしれません。それは、相手に気持ちを伝えること、相手の気持ちを知ろうとすることをあきらめるということです。私たち大人は、赤ちゃんに芽生えた人に対する意思を、より確かにしていく役割を担っているのです。

② 心の理論の発達

私たちは他者とのやり取りにおいて、自覚はなくとも相手の考えや気持ちを推測しています。このように、自分や他者に心というものを想定し、目には見えない心の状態（目的、意図、思考など）を推測する時に使用する知識のまとまりを心の理論といいます。

心の理論の発達は、誤信念課題を用いて確かめられてきました。たとえば、図表 2-3 に示す話を聞かせたあと、「女の子は、おもちゃがどこにあると思っているかな？」と尋ねます。正解は、女の子が最初におもちゃを置いた場所、つまりカゴです。だいたい 4～5 歳ごろになると課題に正答できるようになります。

4～5 歳ごろといえば、幼稚園や保育所の年中児から年長児クラスに相当します。心の理論を働かせる幼児期後期の子どもたちは、友だちをなぐさめたり褒めたりと共感的に関わることが増える一方で、うそや冗談をいうことも可能になります。うそや冗談は「こういうと相手はこう思うだろうな」と考えることができるからいえるのです。

③ 役割取得能力の発達

「相手の立場に立って考えてごらん」とは、教師や保育者がよく口にする言葉の一つです。セルマン*は、他者の視点や立場を推測することを「役割取得」（社会的視点調整能力*）とよび、良好な対人関係を維持するうえで重要な力であると考えました。セルマンは、以下のようなモラル・ジレンマ課題を用いて、役割取得能力の発達の過程を明らかにしました（図表 2-4）。

モラル・ジレンマ課題の例——ホリーのジレンマ
例話
　ホリーは木登りが大好きな 8 歳の女の子です。近所でもいちばん木登りが上手です。ある日、高い木に登ろうとして、うっかり落ちてしまいます。けがはしなかったのですが、お父さんがその状況を見ており、これからは木登りをしてはいけないとホリーに約束をさせます。後日、ホリーは、友だちのショーンと出会い、ショーンの子猫が

プラスワン

心の理論
1978年にプレマックとウッドラフが基本概念を提唱し、それ以降、霊長類学、発達心理学、障害児教育学、脳神経科学、ロボット学など広範囲に渡り研究が展開されている。

誤信念課題
ウィマーとパーナーのマクシ課題（登場人物がマクシ）、バロン＝コーエンらのサリーとアン課題（登場人物がサリーとアン）、スマーティ課題などがある。図表 2-3 はサリーとアン課題と同じ構造である。現在は、サリーとアン課題とスマーティ課題が標準的な誤信念課題として定着し、多くの研究で用いられている。

共感的
共感には「あの人は悲しいと思っている」という他者理解と「あの人が悲しいから私も悲しい」という感情の共有という 2 つの側面があるとされている。

うそ
3 歳ごろの子どもは、大人から叱られそうになると自分の行為を隠すことがあるが、虚偽の情報を意図的に信じさせているとはいえない。他者に誤った信念をもたせるような厳密な意味でのうそが可能になるのは、誤信念課題に通過する 4 歳以降と考えられている。

ロバート・セルマン
1942〜
アメリカの心理学者。コールバーグ(→第3講参照)の共同研究者。役割取得の発達にともない、対人交渉方略が社会に適応的に変容する過程を明らかにし、いじめなどの対人関係の危機を予防する心理教育プログラムを開発した。

語句説明

社会的視点調整能力
自己と他者の視点の違いを認識し、視点の違いを調整し、問題解決を図る能力。役割取得能力とほぼ同義であるが、より包括的な意味をもつ。

プラスワン

モラル・ジレンマ課題
道徳的な価値葛藤を含む課題(→第3講参照)。日本の道徳教育でも教材として採用される一方で、2つの価値の両立や他の価値の模索などの多面的な思考や自分自身との葛藤が不十分であるという指摘もある。

木から下りられずに困っていることを知ります。すぐにどうにかしないと今にも落ちてしまいそうな状況にあります。ホリーなら木に登って助けられそうですが、お父さんとの約束を思い出します。

質問
・ホリーは、ショーンが子猫にどんな気持ちを抱いていると感じていますか?
・ホリーがもし木に登っているのをお父さんが見たら、お父さんはどうするとホリーは思いますか?
・あなたならどうしますか?

　図表2-4のように、幼児期は自分と他者の視点を区別することが難しく、自分の視点から物事をとらえる自己中心的役割取得の段階です。小学校低学年頃には、自他の視点が分化して、表面的な情報を頼りにしながらではありますが、他者の気持ちを推測する主観的役割取得へと移行します。小学校中学年頃には、表面的な他者理解から内面的な他者理解へと深まり、自分に対する他者の評価も推測できるようになります。

④ 相手の気持ちを考えることは簡単か

　幼児期後期は、心の理論の働きが始まりつつも、自己中心的役割取得の段階です。また、心の理論や役割取得の発達には個人差があり、相手の気持ちに敏感な子どもから、あまり気にとめない子どもまでさまざまです。時にはその発達差から、いざこざが生じることもあるでしょう。子ども同士のいざこざは、心の理論や役割取得を修正したり、あるいは豊かにした

図表2-4　役割取得能力の発達段階

発達段階	特　徴
レベル0 自己中心的役割取得 (3〜5歳)	自分と他者の視点を区別することが難しい。例えば、自分と他者の見方が異なる場合があることに気づかない、自分と他者の感情を混同するといったことがあげられる。また、他者の身体的特性を心理面と区別することが難しい。
レベル1 主観的役割取得 (6〜7歳)	自分の視点と他者の視点を区別して理解するが、同時に関連づけることが難しい。他者の意図と行動を区別し、行動が故意であったかどうかを考慮するようになる。笑う、泣くといった表面的な行動から感情を予測することができるが、本当の気持ちまでは考えが及ばない。
レベル2 二人称相応的役割取得 (8〜11歳)	自分の思考や行動を内省でき、他者が自分の思考や行動をどう思っているのかを予測できる。他者もそうすることができることを理解する。外から見える自分と自分だけが知る現実の自分という2つが存在することを理解するようになる。
レベル3 三人称的役割取得 (12〜14歳)	自分と他者以外の第三者の視点を取ることができるようになる。自分と他者の視点や相互作用を、第三者の視点から互いに調整することができるようになる。
レベル4 一般化された他者としての役割取得 (15〜18歳)	多様な視点が存在する状況で自分自身の視点を理解する。人の心の無意識の世界を理解し、主観的な視点をとらえるようになり、「言わなくても明らかな」といった深いところで共有される意味を認識する。

渡辺、2011をもとに作成

りする貴重な機会になっているのかもしれません。加えて、「相手はどういう気持ちだと思う？」「あなたが同じことをされたらどう思う？」という声がけが、子どもに内省を促す場合もあれば、子どもを追い詰めるだけの場合もあります。相手の気持ちを答えることは、容易なことではないのです。たとえば、相手の子どもが自分の気持ちを自分で伝える機会をつくる、教師や保育者が相手の気持ちを代弁するなどしながら、「相手には自分とは異なる相手の気持ちがある」ということを根気強く伝えていきましょう。

3 言葉を思考する子どもたち

私たちにとって言葉はとても身近なものです。言葉に関しては一億総発達診断者ともいえ、「心の理論がゆっくりなんじゃない？」といわれることはなくても、「言葉がゆっくりなんじゃない？」といったりいわれたりすることは多いと思います。言葉の遅れが指摘されると、たとえば「これは○○だよ」と直接教えたくなるところですが、言葉の根っこについても考えてみましょう。言葉は、伝えたい相手があり、伝えたいことがあり、伝えたいという思いがあり、ゆっくり伝えるだけの十分な時間があって出てくるものなのです。

① 会話をすることと話すこと

子どもが会話＊をしたり、自分のことを語ったりすることは、実はとても難しいことです。たとえば、母親が「これ、なあに？」と問いかけ、子どもが「イヌ」と答えるという比較的容易に思えるやりとりでも、3歳では応答率が50％以下であり、応答がほぼ可能になるのは5歳になってからです。また、子どもが経験したことを話せるようになるのは、4歳前後に「覚える」「忘れる」（思い出せないという意味）という記憶に関する語を正しく使えるようになってから後のことです。

園生活において、前日の経験をクラスで報告することがありますが、3歳児は出来事を1つ述べ、4歳児は「昨日動物園に行った」「ぞうさんを見た」のように、2つの出来事が空間的につながる内容を、5歳児は「おばあちゃんちに行った」「それから車に戻った」のように、出来事が時間的につながる内容を話すようです。幼児にとって、クラスの友だちという大勢を相手に、「今ここ」を越えた内容を話すことは、決して容易ではありません。しかし、現実には、幼児に話すことを執拗に求めたり、最後まで話すよう促したり、報告ができる子どもを賞賛したりということが行われており、子どもにかなりの無理を強いています。幼児期に、保護者や保育者などの大好きな誰かと、今目の前にあることについて話す経験をたっぷりとたくわえることが、小学校以降の子どもの成長を確かにするのです。

② 文字を読むこと書くこと

現在では、多くの子どもたちが、小学校に入学する前に多くの平仮名を読める傾向にあります。幼児による平仮名71文字（清音、濁音、半濁音、撥音）の読み書きについて、1988年と2005年に調査が実施されました。その結果に基づき、平均読字数を図表2－5に、平均書字数を図表2－6にまとめました。これによると、3歳児クラスの子どもが読み書きできる

語句説明

会話

話し手と聞き手が役割を交替しながら続けるやりとり。会話とは、話し手が誰かを理解し、時には自分が話したい気持ちを抑制して話を聞き、相手の表情にも気をつけながら話を理解し、自分のいいたいことをまとめ、話し手の交替の合図により話し、相手の反応をみながら内容を修正するといった同時処理を必要とする複雑な認知活動である。

プラスワン

大好きな誰かと、今目の前にあることについて話す経験

「具体的現実場面について、親しい相手と交わされる話し言葉」を「一次的ことば」、「現実を離れた場面について、不特定の一般者に向けて一方向的に発せられる話し言葉と書き言葉」を「二次的ことば」という。一次的ことばの十分な成熟のうえに、二次的ことばが育つと考えられている。

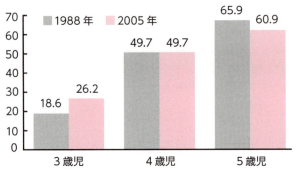

図表2-5　幼児の平均読字数

島村・三神，1994；三神・野原・田邊，2008をもとに作成

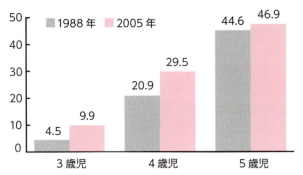

図表2-6　幼児の平均書字数

島村・三神，1994；三神・野原・田邊，2008をもとに作成

字が増え、4歳児クラスの子どもが書ける字も増えています。その背景には、意図的な教育の介在があるでしょう。なるべく早く文字の読み書きができるようにと介入することは、一見よいことのように思えますが、本当に目の前の子どもの発達に即しているといえるのでしょうか。

　子どもたちは「覚えよう」というはっきりとした意図のないうちに、日常生活や遊びのなかに埋め込まれた形で読み書きを覚えていきます。たとえば平仮名の書字は、絵から擬似文字（文字様のもの）へ、そして平仮名へという道筋をたどるようです。図表2-7は、ある女児が3歳の時に描いた絵と、4歳の時に描いた絵と擬似文字です。擬似文字には、自分の名字に含まれる「た」のようなものも見受けられます。遊びのなかで夢中で絵を描くうちに、曲線もなめらかに描けるようになり、見慣れた平仮名を書いてみたくなるのかもしれません。また、指を巧みに操る能力は5歳まで発達しないことから、5歳というのは書くには早すぎる年齢ではないかという問題提起もなされています（フリス、2012）。文字を書く教育は、いつどのように始めるのが望ましいのか、私たちひとり一人が考えていく必要がありそうです。

③ 小学校以降の読みを支えるということ
　高橋（2001）によれば、小学校低学年の頃は、早い時期に文字の読みを覚えた子どもほど平仮名の単語を読むスピードが速くなり、また読解

プラスワン

擬似文字
文字の理解には、①表現規則の理解（文字は絵とは異なる表現手段である）と②対応規則の理解（1つの文字は1つの音節に対応している）があるとされる。擬似文字は、①表現規則は理解しているが、②対応規則の理解には至っていない幼児に認められる。

図表2-7　同じ女児の3歳時の絵及び4歳時の絵と擬似文字

絵（3歳4か月）

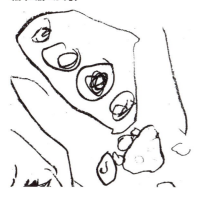

絵と擬似文字（4歳6か月）

力*が高くなります。しかし、学年が上がるにつれて、文字の読みの習得時期による違いはなくなります。一方で、小学校低・中・高学年のすべての時期で、読解力に強く関連していたのが語彙*でした。語彙が豊富な（言葉を多く知っている）子どもほど読解力が高く、また読解力が高いと次の時期の語彙力も高くなったのです。つまり、幼児期に文字の読み書きを教えることよりも、言葉を知る機会を豊富に設けることの方が、読解力の基礎づくりとして有効であるということです。子どもは日々の生活のなかで、周囲の人々と関わりながら、その時の感情とともに、その時の思い出とともに語彙を増やしていきます。言葉を育てるということは、子どもの生活を豊かにすることと深く関わっているようです。それは、乳幼児期のみならず小学生の言葉の教育にも通ずることでしょう。

ディスカッションしてみよう！

あなたにとって、最も古い記憶はどのようなものでしょうか。まずは、①その記憶を絵に描いてみてください。その後、②グループになり、一人ずつその絵を紹介しましょう。全員の紹介が終わったら、③幼い頃の記憶について、自由に話し合ってみましょう。

例えば・・・
①絵の特徴や内容
②絵を紹介したときの反応や感想

重要語句

読解力

文章を読み、その内容を理解すること。OECD（経済協力開発機構）によるPISA調査（生徒の学習到達度調査）では「読解力とは、自らの目標を達成し、自らの知識と可能性を発達させ、社会に参加するために、書かれたテキストを理解し、利用し、熟考し、これに取り組むことである」と定義しており、従来の日本の国語科における読解力との違いが議論されている。

語句説明

語彙

語彙とは単語の集まりであるが、それらの単語は頭のなかに無秩序に収納されているのではなく、意味のネットワークでつながっていると考えられている。「イヌ」という単語は、意味ネットワーク上で「動物」や「ネコ」という単語とつながっている。
→第6講参照

第2講　心身の発達①発達の基礎的な理論と乳幼児期の発達

4 数を思考する子どもたち

　日本を含む東アジアの幼児は、欧米の幼児よりも数に関する知識が豊富であることや、東アジアの小学生の算数の成績も同様に高いことをご存知でしょうか。その背景の一つとして、社会や文化の違いが指摘されています。日本の子どもたちは、文字の読み書きと同じように、日常生活や遊びのなかに埋め込まれた形で数の知識や操作を身につけていきます。

① 数えること

　数を表す言葉（数詞*）を使って、事物の数を正しく数えるためには、図表2-8に示す計数の原理を獲得していなければなりません。①から③までの3つの原理の獲得は、4歳ごろまでかかります。例えば、3歳半よりも幼い子どもが事物の数を数え上げたあと、「いくつあったかな？」と質問すると、改めて数え直そうとすることがあります。つまり、最後に言った数詞がその集合の全体を表すという③基数性の原理を十分に身につけていないのです。日常生活のなかで、少数の事物を数え上げる経験を積み上げながら、3歳半ごろには③基数性の原理を活用できるようになります。

② 指を使って数えること

　3歳半頃から事物を数えることが盛んになり、日常生活のなかでたし算をするようになります。しかし、頭の中だけで計算をすることは難しく、補助的に具体物を用います。よく使用される具体物は、指です。指を使ったたし算の方略を図表2-9にまとめました。

　幼い子どもは、たし算の時にカウントオール方略を用います。その後、カウントオン方略が登場します。さらに、小学校1年生までには、大きい数に小さい数を加えるミン（min）方略も使うようになります。子どもたちは、指を使って数える経験を通して、特定の数の組み合わせ（たとえば2＋4）とその解（＝6）を関連づけていきます。指を使って計算をするという経験は、頭のなかだけで計算ができるようになるためにも、とても重要なのです。

③ 生活や遊びに埋め込みながら支援するということ

　日本の子どもたちの数知識の獲得は、以下に示すような日本ならではの保育文化に支えられています。まず、日本は算数ができることに高い価値をおく傾向があるということ、次に、日本の幼児教育は子どもの自発性を重んじ、体系的な教え込みを好まないということです。たとえば、日本の保育現場では、歌詞に数の要素が含まれる歌を選ぶ、製作の材料の数や図形を幼児と一緒に確認する、クラスの友だちの出欠を確認するなど、算数にまつわる活動を広く取り入れています。これらは、非体系的で日常生活や遊びのなかに埋め込まれた効率の悪い支援といえるでしょう。しかしながら、そのスタイルこそが子どもの数概念の発達を効率的に促す方法なのです。また、日本に生まれ育った子どもは、日常の遊びのなかで自然に生じる算数的活動（合わせる、分ける、比べるなど）を豊富に経験しているけれども、多文化的背景をもつ子どもはそうした経験があまりないという報告があります。「算数は苦手だし数の支援なんて私には無理」と思っている保育者は少なくないと思いますが、実は、知らず知らずのうちに子ど

📖 語句説明

数詞

数量や順序を数で表す語で、助数詞（数を表す語につけて、どのような事物の数量であるかを示す語）をともなうこともある。数量を表す基数詞（1つ、2人、3冊など）と、順序を表す序数詞（1番、2号、第3など）がある。

図表 2-8　計数の原理

原　理	内　容
① 1対1対応	集合の各要素にはラベルを1つずつ割り当てる必要があり、1つ以上を割り当てることはできないという原理。数え飛ばしたり、同じ事物を2度数えたりすると、事物の正しい数は得られない。
② 安定した順序	事物の数を数えるときには、そこで用いるラベルが常に同じ順序で使われる必要があるという原理。
③ 基数性	集合の要素を数え上げたときに、最後に用いられたラベルがその集合の大きさを表すという原理。りんごを「いち、に、さん」と数え上げた場合、最後の「さん」というラベルは、りんごが全部で3個であることを示している。
④ 抽象性	計数の原理は、どのような事物にも適用できるという原理。形が四角であろうと三角であろうと、りんごであろうとみかんであろうと、計数の原理を使用することができる。
⑤ 順序無関連	事物を数える順序は問われないという原理。事物の集合を左から数えても、右から数えても、全体の個数は変化しない。

榊原，2014をもとに作成

図表 2-9　指を使ったたし算の方略

方　略	内　容
カウントオール方略	指を使って、もとの数と加える数をそれぞれ示した後、すべての数を数える方略。「2＋4」では、片手の指を2本立てて「1、2」と数えた後、もう一方の手の指を4本立てて「1、2、3、4」と数え、最後に立っている指を1から6まで全部数えるという方法。
カウントオン方略	もとの数に加える数をたす方略。「2＋4」では、2本と4本の指をそれぞれ立てるまでは同じだが、「3、4、5、6」と加える数のみ数え上げる。
ミン（min）方略	「2＋4」を「4＋2」に置き換えて、加える数のみ「5、6」と数える方法。

榊原，2014をもとに作成

もの発達に適した支援をしているかもしれないのです。

3　それぞれの歴史をもった子どもといかに向き合うか

　乳幼児期の子どもたちは、泣いたり笑ったり、けんかをしたり仲直りをしたり、失敗したり成功したり、自分だけで挑戦したり友だちと協力したりしながら、多くのことを獲得しています。もし、あなたが小学校1年生の担任だった場合、そのような経験をしてきた子どもたちにどのような言葉をかけますか。1年生の担任が4月後半あたりに「みなさんは小学生なのだから、いつまでも幼稚園の気分でいてはいけません。これまでのことはすべて忘れなさい」と伝える光景を、何度目にしてきたことでしょう。1年生の担任ばかりではありません。小学校に在籍しているすべての教職

員が、1年生を無知で無力な存在であるととらえがちです。確かに、1年生と6年生とでは、体格などの見た目から大きく違いますから、目立つ特徴をその他のことにも当てはめてしまうことはやむを得ないのかもしれません。しかし、本講で紹介したように、すべての子どもは多くのことを獲得してきた発達する主体なのです。

　小学校のすべての教職員に、なかでも小学校1年生の担任に、「皆が背負ってきた歴史を、私が受け止めよう。たとえ経験差や発達差があったとしても、大丈夫、心配ない。私がそれぞれの足に合った足場をつくろう*。今までよく発達してきたね。今からは、私がみんなの発達を、学習を支援する番だ」と思ってもらえるとしたら、子どもはどんなに安心し、どんなに学校が好きになり、それまでの自分をどんなに誇らしく思えることでしょうか。子どもの今までをていねいに受け取り、そこに今を積み上げ、その先に手渡していくことは、子どもの専門家であるすべての学校種のすべての教職員の責務であり、また矜持であるといえるでしょう。

📝 語句説明

足場づくり（足場がけ）

教育実践の過程で、現在の課題遂行レベルから、より高次の課題に向かって主体的に挑戦することが可能となるように、子どもの意欲や活動条件などを、教師や保育者が調整し援助することを足場づくり（足場がけ）という。→第3講参照

32

知っておくと役立つ話

復習や発展的な理解のために

実行機能ってなんだろう？

ある人が、幼児の前にきらきら光る魔法の杖のおもちゃを取り出して、テーブルの上に置きました。その人が「触らないでね」と言った後、おもちゃから視線を外したとしたら、子どもはどうするでしょうか。30秒経過すると「触っていいよ」と伝えることになっていますが、子どもはそれを知りません。この禁止課題に成功するためには、「おもちゃに触ってはいけない」という課題目標をずっと意識しておく必要があり、それは実行機能の芽生えと考えられます。

実行機能とは、課題目標に向けて、自身の思考と行動を管理統制する制御メカニズムです。実行機能はいくつかの要素に分けることができ、要素の組み合わせは研究者によって異なりますが、多くの先行研究が、抑制、シフティング、更新の3要素を想定しています。

まず、抑制とは、優勢な行動や思考を意図的に抑える能力です。先ほどの例でいえば、光る杖のおもちゃを触らずに待つ力です。次に、シフティングとは、行動や思考を課題によって切り替える能力です。子どもを対象とするシフティング課題としてDCCS課題（Dimensional Change Card Sort Task）がよく知られています。たとえば「黄色の車」「緑色の花」というターゲットカードを示した後、「緑色の車」「黄色の花」という分類カードを、ターゲットカードの下に分類するよう求めます。1つ目のルール（例えば、色）で数回分類した後、別のルール（例えば、形）が示されると3歳ぐらいまでの子どもは最初のルール（この場合、色）の分類を続けてしまいます。ルールを柔軟に切り替えることが難しいのです。最後に、更新とは、ワーキングメモリに保持されている情報を監視し、常に最新のものにしておく働きです。ワーキングメモリとは、情報を一時的に保持しながら、同時に処理も行うシステムです。脳のメモ帳あるいは脳の黒板と呼ばれることもあります。さてここで、「17＋26」という繰り上がりのある足し算を暗算で解いてみてください。まず「7＋6」という一の位の計算をした後に「13」を「10」と「3」に分け、十の位の計算後に繰り上がった「10」を加算し、一の位の「3」を思い出して合わせて「43」ですね。このように、脳のメモ帳や黒板に書き留めるように、情報を一時的に頭の中に留めながら考える働きをワーキングメモリと呼びます。暗算の他にも、友だちとの会話、買い物リストを覚えておく時、授業での先生の指示を思い出す時など、日常生活のさまざまな場面でワーキングメモリは機能しています。

森口（2012）は、3歳から5歳頃までに、抑制と更新（ワーキングメモリ）が発達し、7歳頃から抑制、シフティング、更新（ワーキングメモリ）の3要素が同定され、成人期に至るまで発達が続くとしています。

第2講 心身の発達①発達の基礎的な理論と乳幼児期の発達

33

ちゃんとわかったかな？

復習問題にチャレンジ

（神奈川県／横浜市／川崎市／相模原市　2015年）

①ピアジェの発達段階説について述べたものとして最も適切なものを、次の①〜⑤のうちから選びなさい。

① 形式的操作期では、二つのコップに同量の水を入れ、一方のコップの水を別の細くて背の高いコップに移しても「二つのコップの水の量は変わらない」と認識できるようになる。

② 具体的操作期では、「自転車が夜になって怖いと言っているよ」と言うと納得して片づけたり、倒れたコップを見て「コップが疲れた」などと言ったりする。

③ 具体的操作期では、目の前にないものでも論理的に考えられるようになる。抽象的で真に象徴的な思考が可能になり、課題解決が体系的な仮説演繹的思考によってなされるようになる。

④ 前操作期では、イメージを用いた思考が得意である。「ごっこ遊び」や「ままごと」など身近なものを何かの象徴として好んで遊ぶようになる。

⑤ 前操作期では、ボールを見失ったときボールを探すように、表象機能が芽生えボールのイメージが形成されるようになる。

（奈良県／大和高田市　2015年）

②下のA〜Eの文は、発達心理学に関する理論について述べたものである。正しいものに○、誤っているものに×をつけたとき、正しい組合せはどれか。次の1〜6から1つ選べ。

A　ヴィゴツキー（Vygotsky,L.S.）は発達の要因として成人による教育を重視し、教育が発達を促し、先導すると考えた。また、個体は出生当初から社会的存在であり、外的コミュニケーションを通じて形成された言語活動（外言）が内面化されること（内言の獲得）によって、個人の独立的な精神活動が営まれるようになるとした。

B　ボウルビイ（Bowlby,J.）は発達課題を乗り越えるプロセスが発達であるとし、役割理論を基礎として6つの発達段階と、それぞれの段階における課題を設定した。

C　ピアジェ（Piajet,J.）は認知発達を掌るものとして、シェマ、同化、調節という概念を呈示するとともに、感覚運動期、前操作期、具体的操作期、形式的操作期の質的に異なる四つの発達段階を示した。

D　シュテルン（Stern,W.）は人間の成長・発達について、遺伝的に決まったものと与えられた環境のなかで経験を重ねることの両方の相互作用を強調し、輻輳説を提唱した。

E　ハヴィガースト（Havighurst,R.J）はリビドーという概念を呈示し、その発達については口唇期、肛門期、男根期を経て思春期の性器期に至るとした。

1　A−○　B−○　C−○　D−×　E−○
2　A−×　B−○　C−×　D−○　E−○
3　A−○　B−×　C−×　D−○　E−×
4　A−×　B−×　C−○　D−○　E−×
5　A−○　B−×　C−○　D−○　E−×
6　A−×　B−○　C−×　D−×　E−○

理解できたことをまとめておこう！

ノートテイキングページ

学習のヒント：乳幼児期の心身の発達の特徴をまとめてみよう。

第2講　心身の発達①発達の基礎的な理論と乳幼児期の発達

第3講

心身の発達②
児童期

理解のポイント

本講では、児童期の子どもの発達について学ぶとともに、その時期の子どもたちが学校や家庭、社会においてどのような問題に直面しているのかについて考えます。児童期の発達の特徴やその個人差、そしてそれらの背景にあるものを理解しつつ、教師として関わることの意味について考察しましょう。

1 児童期とは

およそ小学生の時期にあたる6～12歳ごろを児童期と呼びます。この時期は、身体だけでなく、認知、情緒や社会性などの心理的な諸側面が著しく発達します。これらの多くは、年齢とともにひとりでに発達するのではなく、友だちなどの他者との関係をはじめとする、子どもたちを取り巻く環境が影響を与えます。

1 児童期の発達の特徴

① 児童期前期（小学校1～2年生）の発達

この時期は、幼児期の家庭や幼稚園・保育所等での遊びを中心とした比較的自由な環境から、小学校での学級集団におけるルールに従って学習や社会生活を送るという環境への移行を経験します。このような経験は、子どもの発達にとっても大きな節目となります。近年、小学校の新1年生において、授業中に立ち歩く、先生や友だちの話をきけないなど、学級集団での学習や生活に取り組むことができない子どもが増えているといわれています。こうした学校のシステムに馴染めない子どもの問題を小1プロブレムといいます。このような子どもがきっかけになり、その行動がクラス全体へと広がり、授業や学級活動が成立しなくなってしまう状態が続くと、学級崩壊へとつながっていくことがあります。

この小1プロブレムの対応策として2008年にスタートカリキュラム*（図表3-1）が示されました。小学校でスタートカリキュラムを導入する期間は入学時から数か月、また、半年に及ぶものなどさまざまです。生活科を中心とした他教科（国語・音楽・図工など）と関連づけた合科的な学習プログラムによって、子どもが幼児生活から学校生活へスムーズに適応するようなカリキュラムであることが求められています。

語句説明

スタートカリキュラム

小学校の学習や生活にスムーズに適応・接続できるよう工夫された1年生入学当初における指導計画。

図表 3-1　スタートカリキュラムスタートブック

ゼロからのスタートじゃない！　子供は幼児期にたっぷりと学んできています

［幼児期］学びの芽生え
- 楽しいことや好きなことに集中することを通して、さまざまなことを学んでいく。
- 遊びを中心として、頭も心も体も動かしてさまざまな対象と直接関わりながら総合的に学んでいく。
- 日常生活の中で、さまざまな言葉や非言語によるコミュニケーションによって他者と関わり合う。

［児童期］自覚的な学び
- 学ぶことについての意識があり、集中する時間とそうでない時間（休憩の時間等）の区別が付き、自分の課題の解決に向けて、計画的に学んでいく。
- 各教科等の学習内容について授業を通して学んでいく。
- 主に授業の中で、話したり聞いたり、読んだり書いたり、一緒に活動したりすることで他者と関わり合う。

スタートカリキュラム　自立／成長／安心

幼児教育
- 5領域（健康、人間関係、環境、言葉、表現）を総合的に学んでいく教育課程等
- 子供の生活リズムに合わせた1日の流れ
- 身の回りの「人・もの・こと」が教材
- 総合的に学んでいくために工夫された環境の構成　など

小学校教育
- 各教科等の学習内容を系統的に学ぶ教育課程
- 時間割に沿った1日の流れ
- 教科書が主たる教材
- 系統的に学ぶために工夫された学習環境　など

文部科学省国立教育政策研究所教育課程研究センター「スタートカリキュラムスタートブック」(2015) をもとに作成

② 児童期中期（小学校3〜4年生）の発達

　児童期中期には論理的思考や抽象的思考をはじめとする認知的能力の発達がみられます。それにあわせて、学習内容もそれまでの具体的なわかりやすい問題から、抽象的な考え方が必要な問題が増加します（たとえば、算数では小数や分数の計算など）。これらの学習にはそれまでとは異なる思考能力が必要になるため、なかには学習につまずき、授業について行けなくなる子どももみられます（9歳の壁）。

　またこのころから、運動や学習の内容が高度になることで得手不得手が表れやすくなります。また、身体様相や運動機能の発達の個人差を気にする様子もみられ、運動面や情緒面においても劣等感を抱きやすい時期といえます。そのため、子どもたちの個人差をとらえて、それぞれがもつ課題に寄り添いながら環境を整える必要があります。

③ 児童期後期（小学校5〜6年生）の発達

　形式的操作期（→第2講参照）にさしかかり、図表3-2の課題にみられるような、より高度な論理的思考が可能になります。また、生活の中で

図表3-2　天秤の均衡課題

＜問題＞
下図のように、天秤に重りを吊り下げます。重りは左右のどちらに傾くでしょうか、または、釣り合うでしょうか。

●具体的操作期（7〜11歳）
　重りの数に基づいて判断する。もしくは、重りの数と、支点から重りの距離を比較したり考慮したりするが、適切な公式を知らないため当てずっぽうに回答する。

●形式的操作期（11歳以降）
　重りの数（x）と、支点から重りの距離（y）を考慮して、それらを組み合わせた適切な公式（x×y）を用いて左右を比較して解答を導き出す。

　勉強の占める割合が増加するのにともない、学校や友だちへの適応のよさが学習成績につながることが多かったそれまでに比べて、学習成績がよいことが学校や友だちへの適応につながる、という側面もみられるようになります。

　思春期に入る前段階である児童期後期は、対人関係が拡大し、親からの自立が始まります。親という依存対象から自立することは子どもにとって不安定な状態であり、その状態を補うために親密な関係を築く対象としての友人を求めるようになります。また、理想とする自分とそうなれない自分との間で葛藤が生まれる時期でもあります。児童期後期の子どものこのような対立や葛藤は、その後の第二次反抗期へとつながっていきます。

2　社会・文化と現代の子どもたち

① 環境と子どもの発達

　社会・文化が子どもたちの成長・発達に及ぼす影響はさまざまなものがあると考えられています。ブロンフェンブレンナー*は、生態学的な視点から図表3-3に示すモデルを提唱しています。このモデルによれば、子どもの発達には、子どもと環境との相互作用に加えて、環境同士の相互作用やそれを取り巻く文化や時代などの背景要因も直接的、間接的に影響していると考えられています。

　「現代の子どもの成長と徳育をめぐる今日的課題」（文部科学省、2009年）によると、現代の子どもたちは、他者への思いやりの心や、自制心、規範意識、人間関係形成力が低下しているといわれています。このような問題の背景には、手本となるべき大人の責任感の欠如した言動や、世代間の人間関係の希薄化、自然体験の機会の減少などが影響を及ぼしている可能性が指摘されています。

② 現代の子どもの身体・運動面の発達

ユリー・ブロンフェンブレンナー
1917〜2005
ソビエト連邦出身のアメリカの心理学者。生態学的発達理論を提唱した。

子どもたちの発達に影響する環境の一つとして、私たち大人の言動があるかもしれないですね。

ここでは、児童期の身体・運動面の発達についてみていきます。まず、身体発達について、児童期前半は比較的安定しており、1年に身長で4～5cm、体重で2kg程度増加します。ところが、児童期中盤以降（女子で9歳、男子では11歳頃）から思春期にかけて、身体が急激に発育する思春期スパート現象が現れます。

　それにともない、生殖器官の成長速度も急激に速まり、大人の身体に近づいていきます（第二次性徴）。また、成長にともない身体発達に男女の違いがみられるようになり、運動能力においても男女の差が顕著になっていきます。性発達においては、男子は声変わりや精通を経験し、女子は初潮を迎えます。時代と共に子どもたちの栄養状態が良くなったことや生活様式の変化による影響などもともなって発達加速現象*がみられていましたが、1980年代以降からは顕著な変化はみられなくなっています。

　運動発達について、幼児期後半には体のバランスをとる動き、体を移動する動きや用具などを操作する動きが可能になり、全身運動が滑らかで巧みになります。そのような運動発達を基礎にして、児童期ではスポーツをはじめとして運動面で高度な能力を発揮するようになります。しかしながら他方で、近年児童期における体力の低下傾向が深刻であることや、運動する子どもとそうでない子どもの二極化、運動への関心や自ら運動する意欲の低下が問題視されています。このような背景を踏まえ、小学校の教育課程においては「体つくり運動*」が導入されています。特に小学校低・中学年では、直接体力の向上を目指すのではなく、基本的な動きを身につけることに重点が置かれており、「生きる力」の育成に向けて、健やかな体のバランスのよい発育を目指していることに特徴があります。

図表3-3　ブロンフェンブレンナーの生態学的モデル

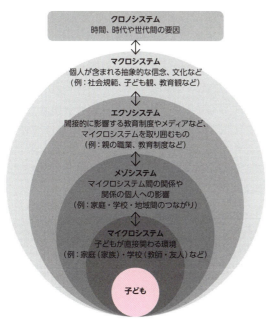

杉村伸一郎・白川佳子・清水益治『保育の心理学I』（中央法規、2015、41ページ）をもとに作成

プラスワン

身体発達の性差
たとえば、男子は体格が筋肉質になり、女子は皮下脂肪がついて丸みを帯びた体つきになる。

語句説明

発達加速現象
世代が新しいほど身体的・性的成熟（身長、体重、初潮の年齢、永久歯が生えそろう時期など）が加速的に早期化する現象のこと。

語句説明

体つくり運動
低学年では「多様な動きをつくる運動遊び」、中学年では「多様な動きをつくる運動」、高学年では「体力を高める運動」が扱われている（参考：文部科学省「学校体育実技指導資料第7集[体つくり運動]（改訂版）」2012年）。

2　児童期における思考、情動の発達

1　知能・思考の発達

　ピアジェ（Piaget, J.）による発達段階説では、児童期の前～中期は、**具体的操作期**とよばれる時期にあたります（→第2講参照）。この時期の子どもは、**脱中心化**＊によって客観的に物事をとらえられるようになったり、具体的で目に見えるような事物については論理的に理解できるようになります。児童期前期の具体的操作期に獲得するものとして**保存の概念**があります。保存の概念とは、物の形などの見た目の特徴が変わっても、数や量は変わらないということが理解できることです。保存の概念が獲得される年齢は課題の種類によって異なるといわれており、たとえば量や長さの保存の獲得は7歳ごろといわれています。また、児童期前期が日常と結びついた学習を中心とするのに対して、児童期中期では抽象的な概念や知識も学び始めます。それに関わる重さの保存の概念は9歳ごろに獲得されます。さらに、形式的操作期への移行が進む児童期後期においては、抽象的な概念を論理的に考えることができるようになっていきます。それに関わる体積の保存の概念は、11歳ごろに獲得されると考えられています。

　このような概念を自力で獲得することに困難さを抱え、学習につまずきを感じる子どもが出てきます。そのような場合には実際の天秤を用いて実験をする、理解を促す問いかけをする、というような教育的支援が有効であると考えられており、**ブルーナー**（→第8講参照）はそれを**足場がけ**＊（ス キャフォールディング）とよんでいます。

2　情動の発達

　情動とは、怒り、喜び、悲しみ、驚きなどの感情のうち、生理的・身体的反応をともない（顔が赤くなるなど）、自分だけでなく周りから見てもわかるもののことです。幼児期の子どもの情動は表情や行動にストレートにあらわれますが、児童期では、学年が上がるにつれて情動をそのまま表出することは少なくなります。学校という集団社会生活では仲間関係が重要になりますが、そこでは、「したいことを我慢しなければならない」「したくないことをしなければならない」という**自己制御**が求められる場面に多く直面します。また、自身の表出した情動が周りに影響を及ぼすということを認識するようになると周囲の目を気にするようにもなり、嬉しいのに冷静さを装ってみたり、辛い気持ちを隠して「大丈夫」と笑顔で応えたりする姿もみられるようになります。このように、子どもは周囲との相互作用を通して自身の**情動の調整**が行えるようになります。ただし、自己制御には、**自己抑制**と**自己主張**の両方が必要であり、自分の欲求や行動を抑えるだけでなく、自分の意志を明確に持ち、それを他者や集団の前で表現することも大切であるといえます。

　また、児童期の情動の発達において、子どもたちが自身に生じた感情に

重要語句

脱中心化

自己中心性を脱すること。具体的な体験を通して他者の視点を理解できるようになり、客観的にものごとを見るようになる。

語句説明

足場がけ

学習の初期に、基礎的な事項を教えたり手本を見せたりして学習の足場をつくり、それによってその先は独力で問題を解決できるようにすること。

ついて理解し、そのときどきの状況を判断し、生じた感情を適切にコントロールできることが大切になります。子どもの対人関係や情動の表出についての理解は10歳前後で大きく変化し、この時期の子どもは、誰に、どのような理由で情動を表出するのかについての意識化ができるといわれています。

3 道徳性の発達

ピアジェによれば、道徳性の発達は幼児期における養育者などの身近な大人に対する子どもの一方的尊敬から始まり、友だちなどの他者や自身のそれぞれの優れた部分に対する相互的な尊敬からなる新しい道徳的感情の出現によって変化していくと考えられます。コールバーグ*はピアジェの理論を発展させ、6つの発達段階からなる道徳的発達理論を提唱しました。この発達段階は国や地域、文化に共通してみられると考えられており、たとえば以下に示すモラル・ジレンマ課題（→第2講参照）への解答についても、共通した発達段階がみられるとされています。

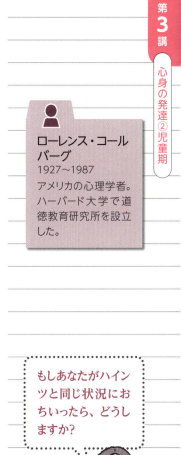

ローレンス・コールバーグ
1927〜1987
アメリカの心理学者。ハーバード大学で道徳教育研究所を設立した。

モラル・ジレンマ課題の例——ハインツのジレンマ

ヨーロッパで、一人の女性が非常に重い病気、それも特殊ながんにかかり、今にも死にそうでした。彼女の命が助かるかもしれないと医者が考えている薬が一つだけありました。それは、同じ町の薬屋が最近発見したある種の放射性物質でした。その薬はつくるのに大変なお金がかかりました。しかし薬屋は製造に要した費用の十倍の値段をつけていました。彼は単価二百ドルの薬を二千ドルで売っていたのです。病人の夫のハインツは、お金を借りるためにあらゆる知人を訪ねて回りましたが、全部で半額の千ドルしか集めることができませんでした。ハインツは薬屋に、自分の妻が死にそうだとわけを話し、値段を安くしてくれるか、それとも、支払い延期を認めてほしいと頼みました。しかし薬屋は「だめだね。この薬は私が発見したんだ。私はこれで金儲けをするんだ」というのでした。そのためハインツは絶望し、妻のために薬を盗もうとその薬屋に押し入りました。

（岩佐信道（訳）『道徳性の発達と道徳教育』麗澤大学出版会、1987）

また、アイゼンバーグ*は、自発的に他者を助けようとしたり、他者のためになることをしようとする行動である向社会的行動に注目しました。幼児期から児童期前期の子どもは、その行動が自分に利益をもたらすものか、将来自分に返ってくるものかに基づいて行動する姿が多くみられますが、児童期中期以降では、他者からの承認や受容を考慮し、また、善悪のイメージを考えに入れて向社会的行動をとるようになります。また、他者との関係への気づかいや同情なども向社会的行動に影響を及ぼすようになってきます。（図表3-4）

もしあなたがハインツと同じ状況におちいったら、どうしますか？

ナンシー・アイゼンバーグ
1950〜
アメリカの心理学者。向社会的行動や愛他的行動などの思いやり行動の研究者として知られる。

図表3-4　アイゼンバーグによる、向社会的道徳性判断の発達段階

段階	おおよその年齢	志向の発達水準	解答への理由づけ
第1段階	幼児～小学生低学年	「快楽主義的・実際的」志向	道徳的な配慮より自分にむけられた結果に関心を持っている。
第2段階	幼児～小学生全般	「他者の要求」志向	たとえ他者の要求が自分の要求と対立するものでも、他者の身体的、物質的、心理的要求に関心をよせる。
第3段階	小学生の一部・中学・高校生	「承認および対人的志向」ならびに「紋切り型志向」	善悪についての紋切り型のイメージ、他者の承認や受容を考慮し、それが行動の理由に用いられる。
第4段階A	小学生高学年の少数・中学・高校生全般	「共感的」志向	判断は、同情的応答、役割取得、他者の人間性への気遣い、人の行為の結果への罪責感やポジティブな感情などを含んでいる。
第4段階B	中学・高校生の少数～それ以降	内面化への移行段階	理由の根拠は、内在化された価値、基準、義務および責任を含んだものであり、他者の権利や尊厳を守ることの必要性に言及する。
第5段階	中学・高校生の少数～それ以降	強く内面化された段階	理由は、内在化された価値、基準や責任感に基づき、個人と社会の契約上の義務を維持しようとする願望およびすべての人の尊厳、権利、平等についての信念に基づいている。

3　児童期における対人関係

1　自己理解と他者理解

① 自己理解

　児童期前期の子どもは、感情や欲求などの自分自身が認知できる感情や、他者と具体的に比較することができる指標で自己を理解しているといわれています。ただし、児童期のはじめにはまだ自己中心性*の特徴が残っているため、他者から自分がどのようにみられているかを理解することが難しく、年齢が低いほど自己評価が高い（甘い）傾向がみられます。その後、児童期中期になると、他者から見た自分の姿（あるいは、自分が他者からどのようにみられているか）に気づくようになります。学校生活では、自分と他者との比較など、他者との関係の中で自己の理解が深まっていきます。また、他者からの評価や批判を受けて自己を知り、自己評価の甘さを修正していきます。このような他者との関わりにより、子どもたちの自己概念*は現実的なものになっていきますが、自己概念と他者評価とのズレが大きすぎて修正が難しくなると、自己認識が不適応なものとなりやすいと考えられます。適応的な自己認識を形成するためには、児童期に多くの他者と関わって、自己についての他者のさまざまな評価があることを知ることが重要であると考えられます。

重要語句

自己中心性

ピアジェによる用語で、自己以外の視点にたって、話したり考えたりすることができない様。前操作期の特徴。

語句説明

自己概念

過去の経験などから構成された自分自身に関する知識や認知。

図表3-5　一次的な信念の理解と二次的な信念の理解

② 他者理解

他者を理解するためには、その人の行動からその背後にある意図や欲求、信念*、動機について推測しなくてはなりません。児童期前期の子どもでも、相手がどんな能力を持っていて、ある課題に成功するか失敗するかについてはかなり的確に理解できているといわれています。ただし、それは目に見える行動や能力の理解に限られ、内面的な特徴に対する推測はまだ不十分です。

一例として、他者の心に対する理解について考えてみましょう（図表3-5）。子どもは4歳ごろに例えば「A君はXということを考えている（知っている）」ということを理解できるようになります（一次的な信念の理解）。その後、6〜10歳頃にかけて「A君がXということを考えている（知っている）ことを、Cさんは考えている（知っている）」ことを理解できるようになります（二次的な信念の理解）。なお、このような他者の心の理解の発達には、友だちとの関わりのなかで相手の気持ちに気づくという経験が重要な意味を持ちます。また、相手の気持ちを理解できなかったり、誤解したりする場面にも遭遇しますが、そのような時は親や教師が気持ちを理解するための援助が必要になることもあります。

③ 共感性

他者の立場に立って、相手の感情を感じたり考えたりする力を共感性とよびます。共感性には、相手の思考や感情をあたかも自分のことのように感じる情動的側面と、相手の思考や感情を考えて理解する認知的側面の2つがあるとされています。また、共感性は、例えば相手がある場面で困っているときに、それを助けようとする気持ちを引き起こします。共感性は他者との関わりのなかで育まれることから、学校における友だちとの関わりは共感性の発達に影響します。また、ホフマン*によると、共感性には図表3-6に示すように4つの発達段階があり、児童期には、他者の立場を広く想像し共感することができるようになります。

2　仲間関係

児童期は、幼児期の家族を中心とした小さな社会から、学校というより大きな社会に生活の中心が移行します。学校生活では、同じ年齢の子ども

語句説明

信念
正しいと信じる自分の考え、意思。その人の判断や行動のもとになる考えや意思のこと。

マーチン・ホフマン
アメリカの心理学者。共感と道徳性の発達に関する研究を行っている。

図表3-6　ホフマンによる共感性の発達段階

第1段階（生後1年未満）
自己と他者の区別がまだできていないため、他者の苦痛を自分の苦痛のように感じている。
第2段階（1～3歳ごろ）
自己と他者の区別はついているものの考えや感情についての自己と他者の区別ができていないため、自己中心的な共感である。
第3段階（3歳ごろから児童期にかけて）
他者の立場を想像し、推測して共感するようになる。
第4段階（児童期後期以降）
ある特定の状況においての他者への共感だけでなく、一般日常的な出来事や、長期間にわたって続く事柄に対しても共感できるようになる。

で形成された学年や学級集団という横の人間関係を広げつつ、気の合う仲間による集団をつくり、それを通して社会性を発達させていきます。

　児童期前期は、同じクラスなど、場所や行動を共有している仲間すべてを友だちと認識しますが、関係は流動的で特定の友だちとの深い関わりはあまりみられません。そして、児童期中期ごろになると気の合う数人の同性からなる仲間集団を形成するようになります（ギャングエイジ*）。ギャングエイジにおける仲間集団は男子の間で形成されることが多く、仲間であるための独自のルール（秘密の共有、悪いことでも一緒にするなど）や役割分担がつくられます。閉鎖的で結合性が高いという特徴をもつため、また、集団内では仲間としての一体感や親密さを重視し、遊びや行動を共有しようとします。その反面、閉鎖的で他のグループや大人から距離を置こうとします。

　ギャングエイジにおける仲間集団は、図表3-7に示すように児童期の発達にとって大きな意味を持ちます。

図表3-7　ギャングエイジの発達的な意味

> ・自分の行動や感情をコントロールすることの必要性を認識するのに役立つ。
> ・子どもたちが仲間（他者）のもつ多様な考え方を知る機会になる。
> ・仲間意識や集団の一員であるという感覚（所属感）が子どもたちの不安を軽減する。
> ・人間関係づくりの楽しさを学ぶきっかけとなる。
> ・遊びや活動における子ども同士の競争は、ルールについての理解を深め、仲間と協力することを学ぶ機会をつくる。
> ・仲間との協同作業においては、集団での自身の役割を考える力や、目的に向けて努力を続ける力の獲得へとつながる。

　児童期の友だち関係は、ギャングエイジの特徴にみられるような同年齢（横）の関係が中心になります。しかしながら、異年齢（縦）の関わりも

重要語句

ギャングエイジ

遊びを通して仲間意識の強い集団が形式される時期。「ギャング」＝仲間、団結を表しており、「悪いことをする」という意味で用いられているのではない。

子どもの対人関係の発達に一定の効果をもつと考えられます。例えば、児童期における縦割りの活動等を通じた異年齢の子どもたちとの関わりは、その後の思春期、青年期における縦の対人関係能力の発達の基盤をつくると考えられます。

3 親、きょうだいとの関係

児童期は、学校生活や友人と過ごす時間が長くなり、それらが発達に及ぼす影響も大きくなりますが、それでもなお子どもの情緒や社会性の発達の基盤は家族関係にあると考えられます。児童期やそれ以前では、生活面および精神面において、親（養育者）から受ける影響は大きく、親の価値観や規範意識、生活習慣などは子どもの手本となります。このため、安定した家庭環境が子どもの発達にとって重要であるといえます。

また、きょうだい関係は子ども同士における縦、横双方の関係をはぐくむための基盤になると考えられます。同じ家庭で生活するきょうだいは、年齢の異なる縦の関係ではあるものの、時には対等な立場でケンカもできることから友だち関係に近い形であるともいえます。さらに、友だちよりも心理的に近いきょうだい関係の中での関わり経験は、子どもの対人関係の発達において大切なものとなります。晩婚、少子化が進んでいる現代では、きょうだいのいない環境で育つ子どもも増えていますが、一人っ子の場合、家庭内において対等な立場で競争、協力する対象はいないことから、小学校での多様な友だち関係の経験が子どもの社会性の発達に重要であると考えられます。

仲間関係における一体感や役割取得は子どもたちの社会性の発達に重要なものとなるのですね。

第3講　心身の発達②児童期

ディスカッションしてみよう！

児童期においてはギャングエイジにみられるように同年齢同士の密接な関わりが中心となります。それでもなお、異年齢の子どもとの関わりには意味があるといえます。学校の集団活動で異年齢の関わりを体験させるとしたらどのような活動が考えられるでしょうか。具体例を出し合ってみましょう。

例えば・・・
①異年齢の子どもとの関わりの意味とは
②異年齢の関わりを体験させる活動
　　授業では…
　　特別活動や課外活動では…

ロバート・ハーヴィガースト
1900〜1991
アメリカの教育学者。物理化学から理科教育、人間発達研究と幅広い研究を行った。

プラスワン

発達課題
発達のそれぞれの段階における、人格形成と社会適応のために獲得すべき課題。
→第4講参照

エリック・エリクソン
1902〜1994
ドイツ生まれの心理学者。人間を生涯を通して発達する存在ととらえるライフサイクル論を唱え、各時期における発達課題を示した。

有能感
自分の努力によってものごとを思い通りに変えたり操作したり「できる」という感情。

確かな学力
知識や技能に加えて、学ぶ意欲や、自ら課題を見つけ、学び、主体的に判断・行動し、よりよく問題を解決する資質や能力などを含めたもの。

4 児童期の課題

1 児童期の発達課題

　児童期は、人格の基礎が形成される幼児期や、さまざまな葛藤をともなう心的自立を課題とする思春期に比べると、一般的には心理的に安定している時期といえます。しかしながら、これまで述べたように認知や社会性の発達が著しい時期である児童期には、固有の発達課題があげられます。児童期の発達課題として、ハーヴィガースト*は、「健全な生活習慣」「良心・道徳観・価値観」「男女の適切な性別による役割」「社会集団における役割取得」を挙げています。

　また、エリクソン*は「勤勉性の獲得と劣等感の克服」を児童期の発達課題としています。児童期は学校で子どもたちはさまざまな課題に挑戦し、新たな発見をし、達成感を得ます。そして、周囲から認められることに喜びを見出して勤勉性を獲得していきます。しかしながら、挑戦した課題がうまく達成できないときや有能感*が得られないときには、子どもは劣等感や不適応感を抱きます。時には劣等感を抱くことも大切な経験の一つになりますが、劣等感を抱く経験ばかりを重ねてしまうと自信や自己効力感が失われ、やる気が低下すること（学習性無力感）が危惧されます。

2 近年の小学校における課題

　本講義の最後に、2017年に改訂された新しい学習指導要領を踏まえて、学校における児童の学びを取り巻く課題について考えることにします。

　学習指導要領に示された「生きる力」の要素の一つである「確かな学力*」は、子どもが学んだことを生かして活用することができる学力を意味しており、さらにわかることへの喜びや、学習・表現することの楽しさなどを通じて学習意欲を高めることを期待しています。しかしながら、「2030年の社会と子供たちの未来」（文部科学省、2015年）によると、近年の子どもたちは、思考力・判断力・表現力等を問う読解力や記述式問題が不得意であることや、主体的に判断し行動する力が十分でないことが指摘されています。そのことを踏まえて、新しい学習指導要領では次のような力の獲得が望まれています（文部科学省「新しい学習指導要領等が目指す姿」2015年）。

- 何を知っているか、何ができるか（個別の知識・技能）
- 知っていること・できることをどう使うか（思考力・判断力・表現力等）
- どのように社会・世界と関わり、よりよい人生を送るか（学びに向かう力・人間性等）

　それぞれの力について詳しく説明すると、まず、「個別の知識・技能」

においては、学習における子どもたちの真の理解（表面的な知識の暗記ではなく、より深い理解）を促すために、問題に対する興味を喚起して学習への動機づけを行うことが大切であると考えられます。そこでは、知識や技能の定着だけでなく、それらが社会生活の中で活用できることが重要であるとされています。

「思考力・判断力・表現力」においては、子どもたちが自ら問題を発見し、その問題の解決に向けて模索しながら解決につなげていくことが大切であると考えられています。また、問題解決の過程において、他者との議論等を通じて多様な考え方を知り、互いに協力して問題を解決していく力が求められています。

「学びに向かう力、人間性」においては、子どもたちが主体的に、粘り強く問題に取り組む姿勢の育成が大切であると考えられています。そのためには、子どもたちが試行錯誤しながら問題の解決に向けた学習活動を行い、自らの学習活動を振り返って次の学びにつなげるという「深い学習のプロセス」が重要となります。また、子どもたちの学習意欲を喚起するためには、授業において現実の社会や子どもの生活に関係する問題をとりあげることが有効であると考えられています。

子どもが学習や生活に対する自信を獲得するためには、周囲から認められる経験や、自ら主体的に学習しているという実感を得ることが必要であると考えられます。そのためには、子どもが学んだ知識や経験を生かして、課題を解決できた、物事にうまく対処できたという実感を積み重ねられるよう、子どもの発達段階に応じた学習活動を行うことが大切であるといえます。また、子どもが家庭での学習習慣を身に着けるためには、学習内容が比較的容易である小学校低学年の時期から、学習することの楽しさやわかることの喜びを子どもに実感させることが大切であるといえます。

知っておくと役立つ話

復習や発展的な理解のために

メンタライゼーション
「自己や他者を適切に理解する」
ってどういうこと??

　子どもは他者との相互作用の中で社会性を発達させていきます。他者との関わりにおいては、そのときどきの自己や他者を適切に理解することが必要となりますが、「自己や他者を適切に理解する」とはどういうことなのでしょうか？

　自己や他者を理解する能力に「メンタライゼーション」という概念があります。メンタライゼーションとは、自己や他者がなぜそのように振る舞うのかということを欲求、感情、信念などの心の状態から理解する能力を指します（アレン、J.G. & フォナギー、P.「メンタライゼーション・ハンドブック——MTBの基礎と臨床」(狩野力八郎監訳) 岩崎学術出版、2011年)。

　児童期は、自己理解力、他者理解力ともにまだ発達の途上にあることから、相手の言動の意味を誤ってとらえたり、自分のルールで決めつけたりして、トラブルになることがあります。そこでは、教師など身近な大人の関わりが適切な自己理解、他者理解の促進に役立ちます。子どもに限らず人は、自身が怒りや悲しみの感情に流されているときには、たとえば「あの人は自分のことが嫌いだから冷たい態度をとったのだ」などと偏った評価をして、あたかもそれが事実であるかのように考えてしまいがちです。

　このような場面で、メンタライゼーションがどのように有効であるかについて考えてみます。まず、メンタライゼーションの自己理解の側面には、感情に流されている自分自身を客観的な視点で見ようとする力が含まれます。次に、メンタライゼーションの他者理解の側面には、他者の考えを決めつけずにさまざまな可能性を視野に入れて柔軟に理解しようとする力が含まれます。たとえば、相手は、もしかしたら、たまたま嫌なことがあって機嫌が悪かったのかもしれませんし、その時の自分の態度がきっかけとなって相手に冷たい態度をとらせてしまったのかもしれません。そして、自己理解の過程を通して他者に対する表現を修正し、他者理解の過程を通して自己の言動を振り返り、自己についてさらに深く理解していきます。こうして自己理解と他者理解の力は相互に高めあっていくと考えられています。

　自己や他者を適切に理解しようとするプロセスを通じて、子どもたちは自分自身の言動を振り返り、修正していきます。そして、他者の言動に柔軟に対応する力が育まれていきます。また、他者から理解してもらえたという経験は、子どもがその後、自己や他者を理解するときの肯定的な姿勢へとつながっていきます。

ちゃんとわかったかな?

復習問題にチャレンジ

(神戸市 2017年)

①発達段階における「ギャングエイジ」に見られる特徴として適切なものを1〜4から選び、番号で答えよ。

1　母子間の愛着が形成されるようになり、母親がそばを離れると、泣いたり探し求めたりするようになる。

2　「自我の発達」に伴って、子供をしつけようとする親などに対する反抗的な態度が見られる。

3　仲間集団への強い忠誠心や凝集性、同調を背景として集団でおとなに反抗するなどの行動が見られる。

4　集団としての仲間関係よりも個別的で親密な友人関係を重視するようになる。

第3講　心身の発達②児童期

理解できたことをまとめておこう!

ノートテイキングページ

学習のヒント：児童期の心身の発達の特徴をまとめてみよう。

第**4**講

心身の発達③
青年期以降

理解のポイント

青年期は、人間の一生の中で乳児期に次いで心身の変化の激しい時期です。そこにおいては親や同年代との対人関係、自分自身のとらえ方にも変化がみられます。それでは、具体的にどのような変化がみられるのか、「体」「心」の両面から、日に日に「大人」に向かっていく姿をみていきましょう。さらに、成人期以降の発達もあわせて学ぶことで生涯にわたる発達の姿を理解しましょう。

1 青年期における身体発達

　青年期になると発達の個人差も大きくなるため、青年期の年齢範囲に関してはさまざまな議論があります。しかし、一般的にはおおよそ中学生（12歳前後）から大学卒業時相当（22歳前後）が青年期の範囲として認識されることが多いようです。12歳前後といえば、その直前に身体変化が著しくみられる時期でもあります。本講の最初は、身体発達および身体発達に対する心理的反応がどのようなものかをみていきます。

1 変わりゆく身体

　皆さんは小学校高学年から中学生ぐらいにかけて、急激に身長が伸びたことを覚えていますか。夜寝ているときにギシギシと骨の成長する音を感じた経験のある人もいるのではないでしょうか。また、声変わりによって急に声が出にくくなる、体毛が生えてくるなど、日に日に変わっていく自分の身体を目の当たりにしたのではないでしょうか。

　人間が急激に身体変化をする時期（発育スパート）は、一生のうちで2回あります。1回目は胎児期～生後1年ぐらいまで、2回目は早い場合児童期後期からみられます。同様の時期に性徴*もみられます。

　おもしろいのは、特に9～15歳の時期、小学校高学年から中学生にかけて、男女によって年間発育量のピークに違いがあることです。すなわち、女子のほうが先に発育スパートが始まり、遅れて男子が始まります。

2 身体発達に対する心理的反応

　幼少時、身体が大きくなるにつれて、まわりの大人から「○○ちゃん、大きくなったねぇ」と褒められ、また当の本人もおにいちゃん、またはおねえちゃんになったことへの自覚とともに、うれしい気持ちがあったので

📝 語句説明

性徴

生物学的な性差、性の特徴。第一次性徴では出生前に外性器が形成され、第二次性徴では青年期前期に体つきがより性に応じて分化するとともに、生殖能力を有するようになる。

はないでしょうか。少なくとも、身体変化に対してポジティブにとらえていたものと推測されます。

　ところが、青年期初期における身体変化の受け止め方はそれほど単純なものではありません。特に初潮や精通、体つきの変化という第二次性徴の発現、発毛については、時に嫌悪感をもって受け止めることもあるようです。特に女子においてはその傾向が強く表れます。女性らしい体になる過程で脂肪がつきやすくなるのに逆らうかのように、極端な食事制限を自らに課してやせ願望を抱く（思春期やせ症）、または胸のふくらみを抑えようとすることもままあります。これは自分の変化する身体をそのまま受容できていない表れともいえるでしょう。摂食障害は男子よりも女子に多くみられます。

　かつての日本では、女子が初潮を迎えると、赤飯と尾頭付きの鯛で祝うことが風習とされてきました。また、各地で出土する土偶がくびれのある曲線の体つきをしているのは、女性の身体を表しており、地域社会の繁栄を祈っていた象徴とされています。それだけ家庭でも地域社会でも、初潮が祝福される「おめでたい出来事」であったものと考えられます。

　しかし、現代社会ではそのような風習がほとんどありません。言い換えると、そのような身体変化を受け止める仕組みがないとも言えます。自らの身体発達を素直に受け止められるように、家庭はもちろんのこと、学校においても体制を整えることは重要なことです。

📑 プラスワン

摂食障害
食事をほとんどとらなくなってしまう拒食症、極端に大量に食べてしまう過食症がある。両者の症状が交互に現れる場合もある。治療は、体重に対するこだわりや間違った自己評価などを正常にするための心理療法を中心に、心身の回復をめざして薬による治療や栄養指導などが必要に応じて行われる。

2　青年期における対人関係の発達

1　重要な他者

　皆さんにとって、一緒にいるとホッとできる人は誰ですか。また、自分の気持ちを素直にさらけ出し、なんでも話ができる人は誰でしょう。これまでの自分を支えてくれた人の存在は特に重要です。

　人は生きていく中でさまざまな他者と出会いますが、数ある他者のなかでも大きな影響をもつ人物のことを重要な他者とよびます。たとえば乳幼児期であれば多くの場合は親*ですが、青年期には同性の友人があてはまります。私たちは、重要な他者と認識している人の立ち振る舞いを真似し、それを自分のものとして取り込みます。それだけでなく、親や教師がいう「これはいい、これはだめ」というルール、基準、価値観なども素直に受け入れて学習しています。これは青年期であっても同様で、重要な他者である同性の友人の価値観と意識を共有し、同一の価値観のもとで行動します。よく、中学生や高校生の間で流行している出来事やファッション、話し言葉などを、周りの親や教師が全く価値を見いだせないばかりか、あまり快く思っていないこともままあります。

　このように、これまでの親や教師の価値観と同性の友人のそれは全く同じではありません。時として、全く正反対ということもあります。そのよ

✏️ 語句説明

親

本講での「親」とは、血がつながっていないが自分を育ててくれる「養育者」という意味も含んでいるが、本文中では省略して「親」と表記している。

うな価値観の違いが、やがて親と自分は違う存在であるという認識に向かわせていきます。

2 親子関係の発達

① 親からの自立と依存の狭間

前項でも述べたように、児童期から青年期にかけて重要な他者が親から友人へと移行し、青年期では幼児期・児童期に比べて親の存在を絶対視しなくなります。さらに、親や教師の言うことは絶対であるという意識も変化し、時には反発することもあります。これは、児童期から青年期にかけて、自らを客観視したり、物事をとらえることができるようになったりすることで、親や教師という他者の考えや価値観なども相対的にとらえられるようになったことが背景として考えられます。

このように、青年期においては、密着した親子関係はだんだんと解消されます。このような親への心理的な依存から独立しようとする動きは、乳児が乳離れ（離乳）をして自分の周りを探索するようになることに似ていることから、「心理的離乳」または「第二の個体化」とよばれます。

一方で、まるで鳥が巣立つかのように完全に親から独立し、親と離れ離れになるのかというと、そのようなこともありません。心理面では親から自立をしていたとしても、経済面では依存する面があるなど、依存と自立が両立することも考えられます。また、青年期を過ぎ、自らが社会人になる頃には、お互いが独立した人間として頼り頼られる存在になるという関係がみられることもあります。これらは、乳幼児期からの依存的な関係が青年期において再構築され、互恵的な関係へと変化していくものと考えられます。

② 青年期危機説と青年期平穏説

従来の青年心理学においては、青年の心理を「疾風怒濤*」と表していました。これは、親との関係における葛藤、反発や自立心の芽生えなど、心穏やかでない状況が続くことを表現したものと考えられます。第二次反抗期の現象もその延長線上にあるものとして説明されていました。これらは「青年期危機説」といわれるものです。

しかし、一方で「青年期平穏説」とよばれる、青年が葛藤や不満を建設的に処理し、平穏に過ごしているという考え方も存在します。両者はどちらが正しいか否かというものではなく、いずれの青年も存在しているものと考えられます。親子関係に関する調査をみても、親への満足感や好意、コミュニケーション状況において、ポジティブな関係性をもつ者が4〜5割程度、ネガティブな関係性をもつ者が2〜3割程度という固定層があり、その中間に位置する青年が2〜3割程度で、その層は調査によってポジティブ側もしくはネガティブ側に移行するようです。また、昔も今もその傾向はあまり変わらないようです。

📝 **語句説明**

疾風怒濤

もともとは激しい風と荒れ狂う波という意味。青年期の葛藤や反発などの心情を言い表している。

ディスカッションしてみよう！

皆さんは中学校・高等学校の時代、親との関係を振り返ってみると、①どのような関係でしたか。また、②親に対する反抗心というものは芽生えたことがありましたか。そして③現在と昔とを比べると親との関係に変化はありますか。お互いに話し合ってみてください。

例えば・・・
①中学・高校時代の親との関係は…
②親に対する反抗心は…
③現在と昔の親との関係の変化は…

3 親密な対人関係

① 友人関係の変化

ここでは、友人関係がどのように変化していくのかをみていきましょう。幼少時には席が隣同士など、物理的に接近している者同士で仲良くなる傾向がみられます。青年期においてもその傾向は認められるものの、ただ近接*かつ単純接触*の積み重ねで仲が深まるとは限りません。自分と相手の価値観が合う、一緒にいて落ち着くなどの心理的要因により、仲が深まるか否かが変わってきます。その中で、友人よりもより親しく特別な存在である「親友」が生まれることもあります。

また、友だちとのつきあい方にもさまざまな形があり、そこにはおおよそ以下の順に発達的な変化があります。

1）本音を出さない自己防衛的なつきあい方
2）友人と同じようにしようとする同調的なつきあい方
3）誰とでも仲良くしていたいと願う全方向的なつきあい方
4）自分が理解され、好かれ愛されたいと願うつきあい方
5）自分に自信をもって友だちと向き合えるつきあい方
6）自分を出して積極的に相互理解しようとするつきあい方

このように、青年期の友人とのつきあい方をまとめると、人との関わり方に関する姿勢が「深い（積極的関与）―浅い（防衛的関与）」、自分が関わろうとする相手の範囲が「広い（全方向的）―狭い（選択的）」という2つの次元でとらえられます（図表4-1）。発達的変化の特徴としては、「浅い―広い」というつきあい方は徐々に減少し、「深い―狭い」というつきあい方は増加する傾向にあります。

② 恋愛関係の変化

青年期は、多くの人が異性や恋愛に興味関心を持つようになります。J-POPではラブソングが青年に支持され、また青年に好まれるマンガ、ア

語句説明

近接（の効果）

近くにいる人を好きになるという傾向。

語句説明

単純接触（の効果）

頻繁に会う人を好きになるという傾向。

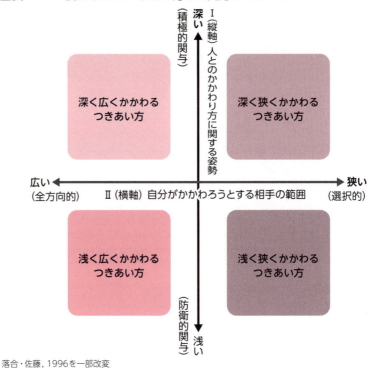

図表4-1　友だちとのつきあい方の2次元と4パターン

落合・佐藤, 1996を一部改変

ニメ、ドラマ、小説等では「ラブコメ」という恋愛をテーマにしたジャンルが確立されています。それだけ多数の作品が存在するということは、恋愛に対する興味関心の高さが反映されていると言えるでしょう。

　ただ、実際に恋愛関係にある人の割合はそれほど高くありません。各学校段階における調査では、中学生で約12～13％程度、高校生で約20～30％程度、大学生で約40％弱であるという結果でした（日本性教育協会編『「若者の性」白書——第7回青少年の性行動全国調査報告』小学館、2013年）。あくまでも一時点のみの調査であり、これまでを通してつきあったことがある人の割合はもう少し高くなることが推測されますが、それでも実際にはすべての青年に恋人がいる（いた）わけではありません。また、近年、恋人を欲しいと思わない青年も注目されており、18歳から34歳の未婚男女を対象に行った調査では、男性の30.4％、女性の25.9％が「とくに異性との交際を望んでいない」と回答しているという調査結果もあります（国立社会保障・人口問題研究所「第15回出生動向基本調査の概要」2015年）。

　それでも、現在では結婚に至るカップルの約9割が恋愛関係を経ているという現状から考えると、恋愛はその後の結婚や家族を形成するための過程として重要な位置づけにあると言えるでしょう。それでは、恋愛は人をどのように変え、そして成長させるのかを見ていきましょう。

　「アイデンティティのための恋愛」という考え方があります。簡単に言うと、「相手に愛されることで自分を保とうとする感覚」すなわち、相手

から好きと言ってもらいたいという賛美・賞賛や、よい評価を常に求めるということです。しかし、このような恋愛は多くの場合長続きしません。やがて常に相手の挙動から目が離せなくなる、自分がだんだんなくなっていくような不安感が生じて悩んでいくなどして、破局を迎えることが多いとされます（大野，1995）。これは、実は相手のことを見ているようで見えていない、自分本位の恋愛と言えるでしょう。

逆に言うと、恋愛が長続きするためには、相手のことを思いやり、お互い精神的に支え合う関係であることが重要であると言えます。何よりも、自らの存在を恋人によって支えてもらうのではなく、自分という存在が確固たるものという感覚が必要でしょう。

それでは、「自分が自分である」という感覚はどのようにして持ち合わせるようになるのでしょうか。次節で詳しくみていきたいと思います。

3 青年期の発達主題：アイデンティティの統合

1 自分への気づき

幼児が自分の姿を見て自分とわかるかを調査するテストに「ルージュタスク*」というものがあります。そのテストの結果から、だいたい1歳半で半数の子どもが自分の姿をわかっているようです。また、自分の名前を呼ばれると反応をし始めるのもこの頃と言われています。このように、幼少時にはすでに自分の身体や自分の名前が自分のものであるという認識が芽生え始めています。これらは「自分と他人を区別するもの」の原型と言えるでしょう。

では、青年期において自分が自分であることの感覚、すなわちアイデンティティとはどのようなことでしょうか。アイデンティティの研究の起源は古代ギリシャにまでさかのぼると言われていますが、心理学においてアイデンティティの概念を提唱した代表としてエリクソン（→第3講参照）があげられます。彼の提唱したライフサイクル論では人間の一生を8つの時期に分け、その中で特に青年期の時代は、アイデンティティの統合が発達主題*であるとしています（図表4-2）。エリクソンはさらに、アイデンティティを大きく2つに分けて説明しています。

第一に、以下の2つの感覚が備わっていることを挙げています。
1）斉一性：「私は他の誰とも違う、自分自身であり、私は1人しかいない」という感覚がはっきりしていること。
2）連続性：「自分はこれまでいかにして自分となってきたのか（過去〜現在）」、また「これからの自分はどうあるべきか（現在〜未来）」という感覚がはっきりしていること。

第二に、第一で述べた、斉一性、連続性という主観的な自分自身の感覚が、周り（自分の身近にいる人や世間）から見られている自分と一致するという感覚を持っているということです。

語句説明

ルージュタスク
乳幼児の気づかない間に、鼻の頭に赤いマークをつけ、その後乳幼児に鏡を見せたときに鼻に手をやろうとするかどうかを行動観察する。その行動の有無により、鏡に映る自分の姿が自分だとわかっているかどうか判断するというテスト。

語句説明

発達主題
発達課題のような、解決しなければ次に進むことができないという意味ではなく、掲げられた主題が当該時期の発達においてクローズアップされるという意味。

図表4-2　エリクソンの発達漸成理論図式　　　　　　　　　　　　　　　（死へのレディネス）

社会的発達								
Ⅷ. 成熟期								統合性 対 嫌悪・絶望
Ⅶ. 成人期							生殖性 対 自己吸収	
Ⅵ. 初期成人期					連帯感 対 社会的孤立	親密さ 対 対立		
Ⅴ. 青年期	時間的展望 対 時間的展望の拡散	自己確信 対 自己意識過剰	役割実験 対 否定的同一性	達成期待 対 労働麻痺	アイデンティティ 対 アイデンティティ拡散	性的同一性 対 両性性の拡散	指導性の分極化 対 権威の拡散	イデオロギーの分極化 対 理想の拡散
Ⅳ. 学童期				生産性 対 劣等感	労働アイデンティティ 対 アイデンティティ喪失			
Ⅲ. 遊戯期		（その後のあらわれ方）	主導性 対 罪悪感		遊戯アイデンティティ 対 アイデンティティ空想	←（それ以前のあらわれ方）		
Ⅱ. 早期幼児期		自律性 対 恥・疑惑			両極性 対 自閉			
Ⅰ. 乳児期	信頼 対 不信				一極性 対 早熟な自己分化			
生物的発達	1. 口唇期	2. 肛門期	3. 男根期	4. 潜伏期	5. 性器期	6. 成人期	(7. 成人期)	8. 老熟期
中心となる環境	母	両親	家族	近隣・学校	仲間・外集団	性愛・結婚	家政・伝統	人類・親族
徳	希望	意志力	目標	適格性	誠実	愛	世話	英智

西平, 1979をもとに作成

　　ここで重要なのは、自分自身が「自分は○○な人間だ」という感覚がはっきりしていても、周りの人や世間がそのことを認めてくれていないと、アイデンティティの感覚を得ることにはならないということです。つまり、エリクソンは、社会の中で生きる存在としての人間を重要視していたと言えます。また、周りが自分を認めてくれるまでには相当の時間がかかります。このため、青年期においてはアイデンティティを統合するという課題をクリアするというよりもむしろ、まず「○○になることを決めた」と将来の自分の人生を選び、覚悟を持つことが求められると言えます（大野, 2010）。

　　アイデンティティが達成・統合に至るまでの過程を検討した マーシア* は、以下の2つの経験を行ったかどうかで、アイデンティティ・ステイタス、すなわち、アイデンティティの達成・統合に向けて現在どの位置にいるのかが決まると考えました。

　1）探求：人生の重要な選択・決定について葛藤をしたかどうか
　2）積極的関与：自分が選択したものに真剣に打ち込んでいるかどうか

　　この2つの指標により、アイデンティティ・ステイタスを示したのが図表4-3です。それぞれの経験の有無により分類がなされています。

2　キャリアの発達

　　アイデンティティは、先ほども述べたように人生の重要な選択・決定について葛藤し、また選択・決定したものに真剣に打ち込み、さらに周りの人や世間が自分を認めてくれることが重要な要素といえます。アイデンティティが職業と必ずしも一致するとは限りませんが、職業人として社会に参

ジェームズ・マーシア
1937〜
カナダの臨床発達心理学者。
エリクソンの影響を大きく受ける。一方、安定したアイデンティティの感覚を得ることができない青年たちは、実際にさまざまなタイプがあることを面接法によって明らかにした。

図表4-3　アイデンティティ・ステイタス

アイデンティティ・ステイタス	探求	積極的関与	概要
アイデンティティ達成	すでに経験した	している	自分自身の可能性について本気で考えた末、解決に達して、それに基づいて行動している。自分の意志で生き方、職業、価値観などを選択し、こうした選択に関して自ら責任をもっている。
モラトリアム	現在経験している	あいまい	人生に関するいくつかの選択肢について迷っているところで、迷いを克服しようと一生懸命努力している。決定を延期している。
フォアクロージャー（早期完了）	経験していない	している	自分の目標と親の目標の間に不協和がない。親や年長者などの価値観を、無批判的に自分のものとして受け入れている。一見アイデンティティ達成のように見えるが、主体的に選びとったものではないため、自分の価値観をゆさぶられるような状況では、いたずらに防衛的になったり混乱したりする。
アイデンティティ拡散／アイデンティティ混乱	経験していない	していない	**危機前**（pre-crisis）自分が何者かである想像ができない。自分の責任で何かを選択しなければならない状態におかれると、どうすればよいかわからず混乱に陥ることがある。
	すでに経験した		**危機後**（post-crisis）大学を卒業しても進路未決定の状態でフリーターになる等、一見モラトリアムのように見えるが、人生に関するいくつかの選択肢について決定しようとしない。

Marcia, 1966を一部改変

画する過程は、アイデンティティを統合する一側面として大きな役割を果たしています。本節では、進路選択を始めとしたキャリア発達についてみていきます。

　現代において、キャリアとはさまざまな文脈で用いられることが多いのですが、本項ではキャリアを「（職業・生涯の）経歴」、すなわち、これまでその人がどのような経験を積んできたのかの積み重ねという意味で用います。

　私たちは、生涯にわたりキャリアを通して自分の生きる方向を定めていくことになりますが、そのような考え方をキャリア発達理論といいます。

　一般的には、キャリア発達の初期段階は興味や能力の探求が始まる時期です。そこには職業へのあこがれも含まれます。幼児期の子どもが「将来は○○になりたい」ということがよくありますが、それは職業へのあこが

れが反映していると言えます。他方で、青年期の場合は、あこがれに加え、直接見えない裏方の仕事も知ったり、実際に仕事を体験したりと、<u>役割実験</u>を行いながら自分の関心や能力のマッチングを考えたうえで、進路を選択しようとします。場合によっては、自分の力不足を感じ、その仕事に就く際に必要な能力を身につけようと努力も行います。

　キャリア教育は<u>進路指導</u>と同一視されることも多くあります。確かに目指す方向は同一なのですが、進路指導は主に中学校・高等学校において、「出口指導」、すなわち、卒業後の進路先を見つけることに主眼が置かれがちです。他方、キャリア教育は幼児教育～高等教育、成人という長期的な視点で、将来社会人・職業人として自立し、時代に柔軟に対応できる幅広い能力等を育てることを目指しています。すなわち、「一人一人の社会的・職業的自立に向け、必要な基盤となる能力や態度を育てることを通して、キャリア発達を促す」ことが求められています（中央教育審議会「今後の学校におけるキャリア教育・職業教育の在り方について（答申）」2011年）。

キャリア教育については第15講でも取り上げています。

4　成人期以降の発達

1　成人期の発達

　これまでみてきたように、青年期とは、性的に成熟し、人を愛し、「〇〇になることを決めた」と覚悟をもって、自分の興味や能力を自覚して進路を決めて社会に参画しようとする時期です。子どもから一歩ずつ大人になっていくにつれ、社会的な権利を獲得し、親から精神的・経済的に自立していきます。本講の最後は、成人期以降の発達について概観していきます。

　成人期は年齢でいうとおおよそ30～60歳代にあたります。<u>ユング</u>*は、人間の一生を太陽の変化にたとえて論じました。彼は、40歳前後の時期を「人生の正午」とよび、太陽が頭上を通過するときとみなしました。人間の頭上を太陽が通過するとき、人間の影が今までとは逆の方向に映し出されるように、人生の正午以降はこれまでとは異なる変化がみられると考えたのです。すなわち、これまでの上昇的な発達というよりもむしろ、今の生活をいかに現状維持するかということに力点が置かれたり、体力の衰えを自覚したりするなど、これまでとは異なる変化がみられるようになります。このような変化によって、新たな自分自身を創り上げる必要に迫られることもあります。

　前節でアイデンティティの統合について触れましたが、青年期のアイデンティティの感覚は、成人期以降で揺らぎが生じることが指摘されています。すなわち、アイデンティティは一度確立したら一生そのままというわけではなく、自分が生きていくなかで再体制化することもあるということです（岡本, 2002）。

　また、エリクソンによれば、成人期は生殖性、すなわち次の世代を生み育てることが発達主題とされています。この「次の世代」とは、直接血の

カール・ユング
1875～1961
スイスの心理学者・精神医学者。当初、精神分析の発展に貢献したが、のちに独自の分析的心理学を確立。内向・外向の心理的類型論、コンプレックスの概念でも有名。

つながった子どもを産み育てるという意味もありますが、わが子に限らず、広く自身の後進となる存在、たとえばものづくりの職人や芸術家などであれば、自らの弟子に技術を継承することや作品そのもの、教師にとっては教え子という意味も含みます。

2 老年期の発達

　人生の終盤である老年期においては、前項で述べた成人期の変化に加え、社会生活上でも大きな変化があります。たとえば、会社を定年退職するように、より若年層の世代にバトンタッチして社会の最前線から一歩引く機会が増えてくるのです。それは「隠居」や「悠々自適」と表現されることもある一方で、自分が社会から必要とされていない感覚が、生きがいを喪失させるきっかけにもつながりかねません。

　しかし、いわゆる「円熟」や「老練」という言葉で表現されるように、老いによって初めて生み出される価値もあります。たとえば、人に対する深い洞察力、きめ細かな配慮、高い調停能力など、これまでの人生経験に基づいた知恵を駆使するのです（鎌田，2012）。

　また、エリクソンによれば、老年期は統合性、すなわち自らが生きてきた一生を受容することが発達主題となります。もちろん、すべて自分の思い通りに人生を生きてきた人はほとんどいないでしょうが、よい意味であきらめの境地に立ち、自分の人生を積極的に引き受けることと言ってもよいかもしれません。

　さらに、人生の最後にやってくる死についても、統合性が得られている場合には恐怖心を感じることなく受け入れているように思われます。自分の人生に意義を感じ、自らの死後も次の世代がこの世界を担っていってくれると納得できているからこそ、やがて訪れる死も恐怖を感じることなく受け入れられるのかもしれません。

老年期にも発達の課題があるのですね。

復習や発展的な理解のために

知っておくと役立つ話

「青年期」の誕生

　青年期は、20世紀になって完成した概念と言われています。それ以前は、子どもと大人の区分しかなく、子どもは「小さな大人」という認識しかありませんでした。それでは、青年期はどのように誕生したのでしょうか。きっかけとなったのは、イギリスの産業革命にともなう影響だとする説があります。一見すると、両者に関連がみられないように感じるのですが、どういうことなのでしょうか。

　イギリスの産業革命は、これまでの基本的な生産基盤が農業社会から工業社会へと転換しました。それにともなって、封建制により生まれ育った地域から出ることがなかった人々が、工場で働くために都市に流入するようになりました。これは、これまで身分や出身によって職業が決まっていた時代からの変化を意味します。しかし、労働者は無権利状態であったため、低年齢（時には2～3歳頃、遅くとも6歳頃）から劣悪な工場労働を長時間にわたり働かせていたといわれています。次第に都市部における治安の悪化など、深刻な社会問題を発生させるようになり、労働者は自分たちの地位向上を社会に訴えるようになります。当時の支配者層は自らの立場を脅かすものとして危機感を募らせていきました。

　やがて、社会情勢の悪化を問題視した国家は、治安の維持及び工業化社会で必要とされる基本的能力を国民に普及させるために、国民教育制度を整備するようになりました。また、次第に児童の労働を規制する動きも出始めます。児童に系統的な教育を受けさせ、労働の義務を猶予することで、将来の職業や人生を選ぶための準備期間としての青年期が成立するようになったのです。

ちゃんとわかったかな？
復習問題にチャレンジ

類題（群馬県　2014年）

①青年期の心理についての説明として、正しいものの組合せはどれか。

ア　モラトリアムとは、自分がどう生きるべきか決めることができず、また、自分の将来について関心もない状態を言う。

イ　自我同一性の確立には、体験的な活動や友人との関わりなどにおいて、自分自身を見つめる経験が重要となる。

ウ　男子は女子よりも早く性的成熟を迎えるため、性的成熟に対する受け止め方が否定的になりやすく、大人になることへの戸惑いの気持ちをもちやすい。

エ　青年期の特徴である第二次反抗期には、依存への要求と独立への要求が心の中で葛藤するため、激情的な傾向が見られる。

オ　青年期には、自分に関することを肯定的にとらえる傾向があるため、心の問題が起こりにくく、抑うつなどの症状は見られない。

①　ア　イ　②　ア　ウ　③　イ　エ　④　ウ　オ　⑤　エ　オ

第4講　心身の発達③青年期以降

理解できたことをまとめておこう！
ノートテイキングページ

学習のヒント：青年期以降の心身の発達の特徴をまとめてみよう。

第5講

学びのメカニズム①
学習と知識獲得

理解のポイント

「学習」という言葉を聞くと、みなさんの多くは、「勉強すること」をイメージすると思います。しかし、心理学では「学習」という言葉を、もう少し幅広くとらえることにしています。たとえば、スポーツで新しい技能を獲得したり、ペットが新しい行動をとれたりするようになることも、また学習なのです。この講では、まず、学習とはどのようなものかを理解しましょう。そして、どんなときに学習が生じるものなのかを考えてみましょう。

1 学習とは？

　心理学の領域では、学習とは、「さまざまな経験によって行動が比較的持続的に変化し、その後の行動に効果をもつようになる現象やその過程」と定義されています。

　つまり、たとえば、今まで「自分の身についていなかったこと」を経験し、それが身に付いて、その後の生活に行動として現れるようになるすべてのことである、と考えることができます。ですから、勉強はもちろん、スポーツやゲームにおける練習の成果という望ましい内容は、すべて学習と言えます。しかし、一方で、望ましくない癖や習慣がついてしまうことも学習ということになります。ただし、いくら変化が起こったといっても、加齢や疲労、病気や薬の影響によって身体に一時的な変化が生じているような場合は、学習とはいわないこととしています。

2 学習理論の系譜

　この「学習」とは、どのような場面や条件で生じるものなのでしょうか。このことを明らかにするために、これまで、人間以外にラットやハトなどの動物を使ったさまざまな実験を行ってきました。これらを分類するとおおよそ以下のような体系となります（図表5-1）。

1 連合論

　学習とは「生き物の中で、刺激（Stimulus）と反応（Response）の結

図表 5-1　学習理論の体系

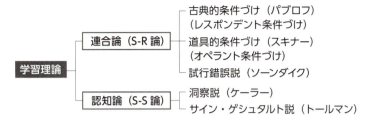

びつきができあがることである」という考え方を基本としたものです。行動主義心理学者のワトソンが、この基本原理を提唱しています。その具体的な例を、以下に3つ紹介します。

① **古典的条件づけ（レスポンデント条件づけ）**

　この理論における学習とは、「生き物に、関連のある刺激と、関連のない刺激を一緒に与えたときに、もともと、無関連の刺激と反応との間に新たな連合が生まれ、反応が生じるようになる状況である」という考え方で、パブロフ*が発見した現象です。

　この現象の具体的な例を以下に示してみます（図表5-2）。

　まず、イヌにエサを示すと、多くの場合、唾液を出します。これは、エサという刺激に対して、特に教え込まれたわけでもなく唾液を出すという反応をしているので「無条件反応」と呼びます。ところが、イヌにベルの音を聞かせたとしても、普通はそれを理由に唾液を出すことはありません。そこで、ある日から、「イヌにエサを与える」ときに「ベルの音を聞かせる」ということを組み合わせて繰り返し行ってみました。すると、その後のある日、エサがない状況でも、ベルの音を聞いただけでイヌは唾液を出すようになっていました。もともと、ベルの音を聞くこと（刺激）と唾液を出すこと（反応）との間には関係はなかったはずです。そこで、この新たな関係が生まれた「条件反射」の現象を「学習」であると説明したのです。

　ただし、このとき、イヌが「唾液を出したい」という意思をもって出したとは考えがたく、その状況におかれた中で身についたことだと考えられます。ですから、特定の刺激に「応答する」という意味から「レスポンデント条件づけ」とも呼ばれています。

　この条件は、当初、ワトソンらによって、無条件の刺激（エサ）と対に与えた刺激（ベルの音）の2つのタイミングが近いこと（時間的近接性）

図表5-2　古典的条件づけの実験状況（パブロフ）

イワン・パブロフ
1849〜1936
ロシアの生理学者で消化生理学を研究した。1904年にノーベル生理学賞を受賞している。

が強く影響すると考えられてきました。しかし、その後、研究が進み、刺激と反応の物理的な性質や合理的な予測によって成り立つこと（「随伴性」による法則：レスコーラ・ワグナーのモデル）など、その成立条件の探索がさまざまな実験によって試みられています。

② 道具的条件づけ（オペラント条件づけ）

この理論における学習とは、「生き物の自発的な行動に対し、好ましい結果がもたらされた場合には、その行動が繰り返され、やがて学習が成立する」という考え方が基本になったもので、スキナー*によって、この考え方がまとめられています。

そこで、スキナーが行った実験の様子（図表5-3）を見てみましょう。彼は、レバーを押すと餌が出てくる装置を取り付けた実験箱を作成しました（スキナー箱と呼ばれています）。その中に、ネズミを単体で入れると、はじめはスキナー箱の中を動き回るのですが、その中で偶然に体がレバーに触れて、餌が出てくることを経験します。その経験の繰り返しにより、やがてネズミが自発的にレバーを押すようになったのです。まさに、上記の通り、自発的にレバーを押すという「行動」に対し、「エサが得られた」という好ましい結果が結びつき、学習が成立した、と見ることができます。この状況は自発的に環境へ働きかけていることから、「オペラント条件づけ」とも呼ばれています。

このような学習が成立するためには、さまざまな過程や条件があります。まず、ネズミは、はじめからレバーを押すことなどできませんから、レバーに近づけたときにエサが出るようにして仕向ける必要があります。このような手続きを「シェイピング（行動形成）」といいます。また、出てくるエサが好ましいもので、しかも、すぐに出て来なければ、レバーを押すこととの関係性が成立しません。そこで、このように好ましい結果が得られることによって反応の頻度が上がることを「強化」、また、その対象（この場合はエサ）を「強化子」と呼んでいます。これらが作用して道具的条件づけが成立しているのです。

③ 試行錯誤説

この説における学習の成立過程の考え方は、上記の道具的条件づけと同様のもので、後のスキナーにも影響を与えています。この説を提唱したソーンダイク*は、次のような実験を通して、「問題解決のための学習」につ

図表5-3 道具的条件づけの実験状況（スキナー）

バラス・スキナー
1904〜1990
アメリカの心理学者。行動分析学の創始者で、行動主義心理学という客観科学としての心理学分野に大きな影響を与えた。

エドワード・ソーンダイク
1874〜1949
アメリカの心理学者。動物の試行錯誤学習に関する実験のほか、教育評価のあり方についても著明な功績を残している。

いて明らかにしています。

　まず、ネコ用の実験箱を用意しました。内側にはペダルがあり、これを踏むと、連動したヒモによって扉が開く仕掛けとなっています。なお、箱の外にはエサが置かれています。その箱の中にネコを閉じ込め、外に出てくるまでの様子を観察しました。すると、はじめは檻から手を出すなど誤った行動をしますが、試行錯誤の末、偶然にペダルを踏むと、扉が開き、外に出られる経験をします。そこで、またネコを檻に戻すという実験を繰り返しました。すると、ネコは徐々に無駄な行動をせずに短時間で箱から脱出できるようになっていきました（図表5－4）。この実験でも、やはり、ペダルを踏む（刺激）と外に出られる（好ましい反応）という学習が成立したと考えることができます。

　さらに、ソーンダイクは、このことから、問題解決の学習の過程は、「試行錯誤によるもの」であることを主張しています。具体的には、このような研究を通じて、「刺激と反応の結合は練習によって強められ、練習しないと弱められる」（練習の法則）「満足をもたらす反応は反復され、不満足をもたらす反応は除去される」（効果の法則）と結論づけています。

　以上、3つの学説から、いずれも学習とは、ある刺激に対して生じる反応が身に付き、それが維持されたり、繰り返されたりするようになることであると考えることができます。確かに、このような学習スタイルは、私たちの身の回りにもたくさんあります。たとえば、部活動で繰り返し練習したことが、試合や大会で発揮されることを経験した人もたくさんいると思います。しかし、学習という現象をすべて連合論で説明できるものでしょうか。これ対し、「そうでない学習スタイルもあるのではないか？」と異を唱える心理学者も現れてきました。そこで、次に「認知論」の考え方を紹介しましょう。

図表5－4　問題解決学習の実験結果（ソーンダイク）

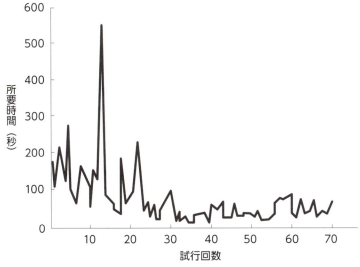

2 認知論

　学習とは、「ある場面で見られる刺激を『記号（Sign）』ととらえ、そこから何らかの『意味づけ（Significate）をする』ことによって認知の構造が変化すること、あるいは、問題場面の全体を見通して手段と目標との関係がわかる」という考え方を基本としたものです。たとえば、問題を解決するために「ひらめく」という現象もその一つです。すなわち、私たちが日常生活の中で予測をしたり、見通しを立てたりするなどのように、より合理的な方法を考え、最善の方法を頭の中につくり出していく知的活動をいいます。このような考え方は、次講で紹介される認知心理学の基本となっています。

① 洞察説

　ケーラー*は、問題解決の学習が試行錯誤によらない場合があることを明らかにしました。彼は、檻の中にいるチンパンジーを対象に、手の届かない離れた所にバナナを置き、その後の様子を観察しました。すると、チンパンジーは手元にある棒と、離れたところにある棒を駆使してバナナを引き寄せることができました。また、天井からヒモを使ってバナナを高い場所につり下げておくと（図表5-5）、チンパンジーは、近くにあった空き箱を積み重ねて取ることができました。

　このように、「新しい場面で問題解決が必要な際、試行錯誤を繰り返すことなく、問題場面を構成しているさまざまな要素間の関係をみて、洞察

ヴォルフガング・ケーラー
1887〜1967
ドイツの心理学者で、ゲシュタルト心理学という新たな心理学の分野を構築した。チンパンジーが試行錯誤によらず、洞察による学習を行うことを発見したことで有名。

図表5-5　ケーラーの洞察説を説明するチンパンジーの観察場面

図表5-6　トールマンによる迷路実験

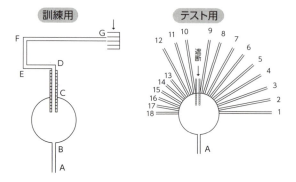

する（見通しを立てる）ことにより、問題解決が可能」であったことを見出しています。このような学習スタイルを「洞察説」とよんでいます。

② **サイン・ゲシュタルト説**

トールマン*は、「学習とは刺激と反応との結合ではなく、認知の成立、すなわち、環境に存在する手がかりをもとに、目標とそれを導く手段との関係を認知することである」と説明しています。彼はラットを対象とした迷路学習（図表5-6）によって、このことを明らかにしています。

まず、図の左側の訓練用迷路を使ってスタートからゴールまでスムーズに行動できるように、ラットの訓練づけを行いました。次に、図の右側のテスト用迷路を使用し、ラットの行動を観察しました。具体的には、ラットの視点で考えると、最初に、スタートから見える風景は、訓練用もテスト用も同じです。しかし、テスト用迷路では円形の広場から次の通路に入ったところで遮断されています。そこで、円形の広場に戻ってきたラットは、どのような行動をとったのでしょうか。実は、多くのラットは「6番」の通路に入ったのです。これは、訓練用迷路で考えるとゴールへ辿り着く最短のルートに相当します。もし、ラットが試行錯誤的に迷路学習をしていたのであるならば、このような結果は考えられません。すなわち「予測」や「期待」というものが働いたと考えられます。

この結果から、トールマンは、環境に存在する手がかりをもとに経験が蓄積され、それが「認知地図」という何らかの情報のまとまりが心につくられたことにより、これを利用して問題解決ができたと説明しています。

以上、2つの学説から、私たちが新しいことを学習するためには、試行錯誤ばかりでなく、今までの知識を活かして考えたり、また、考え方を見直したり、さまざまな方法を使っていることがわかりました。

ここまで「学習」が成立する条件について、主に動物を扱った実験を通じて紹介してきましたが、なぜ、動物を対象にしてきたのでしょうか。その一つの理由として、心理学では、明らかにしたいことに対し、極力、他の要因が混入しないように配慮をしています（これを「条件統制」といいます）。つまり、動物の方が原始的で現象を明確にしやすいということです。その結果をもとに「人間ではどうだろうか」と研究が進められてきているものも多くあります。たとえば、スキナーの研究が「プログラム学習」（→第9講参照）に発展していますし、さらにその成果から、心理療法も生み出されています。

ところで、みなさんが教師になったときには、学習場面では、単に子ども達へ知識を与えるだけでなく、自分自身の体験と結び付けて理解させたり、友だちと意見を共有したりしながら、新しい考え方を見出すなど、主体的・対話的で深い学び（アクティブ・ラーニング→第9講参照）が推奨される時代になります。これまでのさまざまな研究知見を活かしつつ、教師も子どもの「学び方を意識する」必要があるといえるでしょう。

第5講 学びのメカニズム①学習と知識獲得

エドワード・トールマン
1886～1959
アメリカの心理学者で、連合論による学習の考え方を発展させ、刺激と反応の間に存在する内的な過程に注目した。のちに登場する認知心理学という分野に影響を与えた。

3 学習による知識の獲得

1 知識獲得の特徴について

　私たちがこの社会で生きていくうえでは、当然ながら「知識」が必要です。たとえば、「文字」というもので考えてみましょう。「文字」に関する知識って何だろう、と考えると、みなさんは「読み方」や「書き方」の知識が真っ先に思い浮かぶと思いますが、もちろん、それに学習が留まることはありません。たとえば、文字が組み合わされることによって、はじめて「言葉」が生まれます。そこで、みなさんは新しい言葉を知るときに、いつも文字の読み方や書き方など、知識ゼロの状態から知ることを始めているのでしょうか。よほど難しい漢字や、なじみのない言語でもない限り、一般的には、以前、学んだことがある知識（既有知識）を活かして新しい言葉を知っていきます。その他にも、文字そのものの役割や機能を考えると、「どんなときに文字を使った方がいいのか？」「文字とそれ以外によるメッセージの伝達方法の使い分け方は？」など、これらもまた知識です。このように、私たちは、新たに知識を獲得する際に、成長にしたがって、まったく無の状態から獲得するのではなく、むしろ新しい内容とすでに知っている内容や経験などを組み合わせて、新しい知識を頭の中で「構成」している、と考えることができます。では、私たちは、日常生活の中のどのような状況で、どんな知識を構成していくのでしょうか。

2 知識は個人の持つ認識の枠組みに左右される：「スキーマ」

　私たちは、人から説明を受けるとき、詳細を語られなくてもその内容を理解できることがあります。たとえば、「私、昨日、レストランに行ってきたんだよ」と聞いたなら、何も、「椅子に座って、メニューを見ながら食べたいものを選び、注文して、フォークとナイフが出されて……」といわれなくてもだいたい内容の想像がつくものです。

　このように、私たちは、さまざまな経験によって得た細かな知識を、まとまりのある言葉や考え方にまとめて理解し、伝え合うことができます。これを「スキーマ」とよびます。中でも、前述のように日常的な行為について一般化された知識で構成されるものを「スクリプト」と呼んでいます。

　ただし、これらは個人の経験や認識の枠組みによって影響を受けます。たとえば、大工さんの集まりの中で「昨日、レストランに行ってきたんだ」と話せば、もしかすると、「それは内装の工事が大変だったでしょう」と考えることがあるかもしれません。

　ですから、私たちが新たに何かを知るときには、過去の個人の経験が影響するということを考慮する必要があります。ですので、教育の場面でも、教師の伝えたかったことが、子ども達に意外な受け止められ方をすることもあるのかもしれません。

プラスワン

伝達方法の使い分け
たとえば、LINEをコミュニケーションで利用している人は、文字によるメッセージとスタンプや写真のメッセージで、使い方や感じ方が違うことがわかると思う。

プラスワン

スキーマ
「スキーマ」の意味は幅広く、同じような物や動作の共通性などをさす場合もある。

3 知識を獲得しやすくなるのは頭の中にルールがあるから：「制約論」

ここまで、主に文字や言葉の学習を例に、知識の獲得や構成についてのさまざまな説明をしてきていますが、これらをさらにくわしく整理してまとめた説が、マークマンの「制約論」というものです。

これは、小さな子どもが新しい言葉を獲得するときに、「頭の働きには一定のルールがある」という考え方です。これをマークマンは、「制約」と呼び、言語と対象の意味の結びつきを理解する学習の過程には、「事物全体制約」「事物分類制約」「相互排他性」の3つの制約があると言われています。

まず、1つめの「事物全体制約」とは、私たちが新しいものを見て、その言葉を知るときには、細かな部分について知ろうとするのではなく、大きなまとまり（全体）のことを指しているととらえるように、頭が働くということです。

2つめの「事物分類制約」とは、新しい言葉を知るときには、カテゴリーとして把握できるということです。これら2つによって、チワワもブルドッグも「イヌ（ワンワン）」という言葉で理解できるというわけです。

3つめの、「相互排他性」は、1つのものには「同じカテゴリーに属する1つの名称」しかつかないというものです。ですから、チワワは「イヌ」の1種ですが、「ネコ」ではないです。

マークマンはこのように、子どもが言葉を獲得するときには、頭の中での整理のされ方や関係性をふまえた学習ができる、ということを説明しています。確かに、私たちの頭の中にある言葉のネットワークを想像してみると、動物→ほ乳類→イヌ→チワワ→わが家のトムちゃん……と系統性がわかりますが、いつ頃からどんなルールで頭の中で理解できていたのか、考えてみると、言葉の獲得というものは本当に奥深いものです。

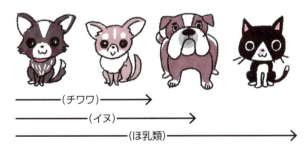

このように、マークマンは、主に私たちの頭の中にある知識獲得の構造について注目して研究を進めてきましたが、現在では、それに加えて、周囲の環境から受ける情報や、親子をはじめ人間関係など、さまざまな条件が機能し合って言葉を学習していくという考え方が主流になっています。

4 知識を獲得することの成長過程（熟達化）

アメリカの認知科学者であるノーマン*は、学習を知識の増大、知識の構造化、知識の調整という3つのタイプに分類することで、知識獲得の過程を明らかにしています。

ドナルド・ノーマン
1935～
アメリカの認知科学者。人間にとってものごとの理解しやすさ、さらに、誤りを起こさないようにものをデザインすべきというユーザビリティの概念を初めて明確化したことで有名。

第5講 学びのメカニズム① 学習と知識獲得

> ①知識の増大による学習：学習者のもっている既有知識に対して、新しい知識を付加することで、学習が進むという考え方。
> ②知識の構造化による学習：学習者にとって既有のスキーマでは対応できなくなることで、新しいスキーマを形成して学習が進むという考え方。
> ③知識の調整による学習：ある特定の学習に活用できるように、知識を調整することで、学習が進むという考え方。
>
> これらによって、知識のネットワークが広がり、新たなつながりができるようになり、より成熟した知的活動が可能になると考えられています。

5　観察学習（モデリング）

　学習は、私たちが直接的に作業をしたり、体験をしたりしなければ成立しないものなのでしょうか。もちろん、それでは獲得できる知識も限られてしまいます。たとえば、「人の振り見て我が振り直せ」ということわざがあるように、他人が経験していることを見て、自分に活かせていることもたくさんあるはずです。このことをバンデューラ*は、「観察学習」とよび、また、モデルから学ぶ行動を「モデリング」とよびました。このことを明らかにするために、バンデューラは次のような実験を行っています。

　まず、子どもたちを2つのグループに分け、それぞれ、「実験群」と「対照群」としました。そこで、実験群の子どもたちには、部屋で大人が風船でできた人形に乱暴をしているのを見せました。一方、対照群の子どもたちには普通に大人が過ごしている様子を見せています。その後、子どもたちを1人ずつ部屋の中に入れて、どのような行動を取るかを観察しました。その結果、実験群の子どもたちは対照群の子ども達よりも、攻撃的な行動が確認されました。このことから、観察によっても学習が成り立つことを見出しています。一方、これに関連して、他人の行動から報酬を得たことを観察し、「自分もそうしよう」と考えるようになることを「代理強化」といいます。

6　学習の転移

　ここまでにも、私たちが新しいことを学ぶとき、成長すればするほど、ゼロベースから学ぶのでなく、今まで得てきた知識や経験などを活かしながら、頭の中の知識を構成するものであることを説明してきました。そこで、さらに具体的な例を考えてみましょう。

　たとえば、「今年、生まれて初めてスノーボードに挑戦するぞ！」という大学生が2人いたとしましょう。しかし、そのうち1人は以前に「スキーをやったことがある」といいます。しかし、もう1人は「雪を見るのも初めてだ」と言っています。基本的な運動能力は同等だとしましょう。さて、冬になって、2人がスノーボードの練習を始めました。どちらが早く上手

アルバート・バンデューラ
1925〜
カナダの心理学者。学習が個人の経験に基づくものという考え方が中心であった時代に、社会的学習理論（モデリングによる学習）を提唱したことで注目された。

に滑ることができるようになるでしょうか？　おそらく、多くの人の答えは、「スキーを経験している人」ということになると思います。その理由は、「スキーに雪山を滑走する感覚がスノーボードに活かされた（スキー→スノーボード）」と考えられます。

　このように、「ある行動についての学習が、その後の異なる学習へ何らかの影響を及ぼすこと」を「学習の転移」と呼びます。多くの場合、以前、ある行動を学習していたおかげで、後の学習が容易になることをさし、これを「正の転移」と呼びます。

　しかし、以前、あることを経験してしまったために、後の学習がかえって困難になることもあります。たとえば、以前、ソフトテニスを経験していた人が急に硬式テニスをやろうとすると、ラケットの扱い方が異なるためについ大きく振ってしまい、初心者よりもコントロールが難しくなるというケースがあります。これを「負の転移」と呼びます。

ディスカッションしてみよう！

　スキナーのオペラント条件づけは、人間の生活行動にも応用されていることが知られています。そこで、学校生活や児童・生徒への指導場面でオペラント条件づけの原理が働いている、と考えられる事柄には、たとえばどんなものが考えられるでしょうか？　みんなで考えてみましょう。

　　例えば・・・

　　①授業では…
　　②特別活動や課外活動では…

第5講　学びのメカニズム①学習と知識獲得

71

知っておくと役立つ話

復習や発展的な理解のために

応用行動分析学（ABA）

　この章では、さまざまな学習理論について学びましたが、これらは前述の通り、動物への実験に留まることなく、その知見をヒトの望ましい行動や適応に活かそうという考え方に進展しています。

　その代表的なものの一つが、応用行動分析学（Applied Behavior Analysis）というものです。これは、オペラント条件づけを提唱したアメリカの心理学者スキナーが創始した「行動分析学」という考え方が基本になっており、人間の行動を個人と環境との相互作用によるものとして分析し、生じているさまざまな社会問題を解決に導くための応用的な学問分野です。

　そのためには、まず、行動を観察して記述し、行動のパターン分析的にとらえて予測し、その行動を制御する、という取り組みを行います。

　ここで、もう一度、当初のオペラント条件づけの実験の原理を振り返ってみましょう。「ラットがレバーを押すとエサが出てくる→ラットはレバーを自発的に押すようになる」というものでした。これを、さらに詳細に考えていくと次のようになります。

　ラットにとって、エサが与えられるというのは、好ましい反応を得たことになります。行動分析学では、このような好まれる刺激を「好子（こうし）」といいます。好子が得られる場合、その行動は積極的（たとえば、繰り返される）ようになります。一方、もし、ラットがレバーを押した際に、嫌いな生き物が飛び出してきたら、もうレバーを押そうとは考えませんよね。このような嫌いな刺激を「嫌子（けんし）」といいます。

　そこで、応用行動分析学では、基本的にこの「好子」と「嫌子」の考え方を利用して、ヒトであれば望ましい生活習慣や適応行動を身につける実践を行います。たとえば、行動が積極的になる場合とは、「好子が出現する場合」か「嫌子が消失する場合」だと言えますし、逆に行動が消極的になる場合とは、「好子が消失する場合」か「嫌子が出現する場合」ということになります。ただし、この好子や嫌子は、決まったものをさしているのではありません。たとえば、子どもが「叱られる」ことを嫌がっているのであれば嫌子ですが、それで先生の気が引けると判断すれば好子になってしまいます。

　さらに、人間の場合、これら好子や嫌子の出現や消失を「阻止」することができることもありますので、これも行動のコントロールにつながります。その他にも、「般化（学習した行動を他の場面でも応用できること）」「シェイピング」など、スキナーの実験によって明らかにされた知見が数多く利用されています。

　現在、応用行動分析の手法は、教育、医療、福祉、など幅広い領域で成果を上げており、現在も現場での実践と、研究が進んでいます。特に、発達障害の子どもへの療育にも応用研究と実践も進んでおり、実際にさまざまな成果が見られるようになっています。

行動獲得の流れ

行動 何かやってみる → **好子 or 嫌子** よいこと、悪いことが起きるか消える → **強化 or 弱化 or 消去** 何かやってみる → **行動が獲得される**

ちゃんとわかったかな?

復習問題にチャレンジ

(滋賀県　2015 年)

第5講　学びのメカニズム①学習と知識獲得

次の各文のうち、心理学者スキナー（Skinner,B.F.）について説明したものはどれか。1〜5から選びなさい。

1　心理学では意識や内観でなく、純粋に客観的に測定しうる行動を対象として扱うべきであると考えた。刺激—反応（S—R）心理学を確立し行動を神経発達との関連において研究した。著書に『行動主義の心理学』がある。

2　他人の行動の観察や表象または代理強化による行動形成の例としてモデリングの概念を明確にした。著書に『社会的学習理論』がある。

3　イヌを用いた消化腺と神経生理の研究中に、イヌが飼育員の足音を聞くだけで唾液分泌が生じたことを観察し、条件反射作用を発見した。著書に『条件反射学』がある。

4　ネコを被験体として用いた問題箱の実験を通して、学習の試行錯誤説を提唱した。学習の原理として、効果の法則・練習の法則・準備の法則を主張した。

5　オペラント条件づけの理論を基にして、学習内容をスモールステップで学習者に提示して、段階的に学習目標の達成を図るプログラムを用意し学習させるというティーチングマシンを開発した。

理解できたことをまとめておこう!

ノートテイキングページ

学習のヒント：「学習」に関するさまざまな動物実験の様子を、自分なりに図示してまとめてみよう。

第**6**講

学びのメカニズム②
認知的情報処理と記憶

理解のポイント

本講では、人間の心の働きを情報処理になぞらえてとらえる認知心理学の視点を中心に、認知的情報処理と記憶の特徴について理解しましょう。また、それらが学校における学びにどのように関係するのか、という点について考えてみましょう。

1 認知的情報処理

1 認知活動と情報処理

① 認知とは

認知とは、記憶、思考、言語や概念など、人間の脳において行われる「知」に関する活動を指します。学校の学習はもちろんのこと、われわれの日常のさまざまな行動の多くは、認知的な活動をともなっています。認知心理学*では、このような認知的活動を情報処理のモデル（認知的情報処理）としてとらえようとします。心理学における情報処理のモデルとは、まさにコンピュータの仕組みに例えて人間をとらえようとする考え方です。

私たちは主に五感（視覚、聴覚、触覚、味覚、嗅覚）を使って外界から情報（刺激）を得ていますが、認知活動で扱われる情報の大半は視覚と聴覚によるものです。その理由として、視覚と聴覚は他の感覚機能に比べて言語的な処理に優れているという点が挙げられます。

② 継次処理と同時処理

人間の情報処理の能力はその速さだけではなく、情報処理の形式によって区分することができます。その一例として、継次処理と同時処理が挙げられます。継次処理とは、情報を連続的にとらえ、時間的に順を追って分析をしていく処理を指します。同時処理とは、情報を全体的にとらえ、情報の関係性を視覚的、空間的に分析していく処理を指します。なお、継次処理は話し言葉などの音韻的・聴覚的情報に、他方同時処理は図形などの空間的・視覚的情報に関係性が大きいとされます。

授業では、教師の発話には継次処理が、図や表には同時処理が求められます。このため、授業を理解するためには両者の能力がバランスよく働く必要があり、どちらか一方でも不得意さがあったり、2つの能力がアンバランスであったりすると、授業の理解が困難になる場合があります。

重要語句

認知心理学

心を脳の情報処理の過程及び結果としてとらえようとする心理学の一分野。教育心理学をはじめとする心理学の幅広い分野においても認知心理学の方法論が応用される。

2　認知のコントロール機能

① メタ認知

たとえば、算数の文章問題を解く際には、文章を読む際に「これは国語ではなく算数の問題である」と考え、問題を読んで「この問題であればあの計算式を使えばよい」と考え、さらに、今自分がどこまで問題を解いていて、ここまで間違っていないかを確認しながら解答を進めます。そこにおいては、情報処理の上位にメタ認知*とよばれる機能が想定されています。メタ認知とは、自分の認知活動に対する知識やコントロール（制御）、モニタリング（監視）、誤りの検出や訂正、注意の選択や抑制といった、認知機能を管理、統制する機能です。

② 抑制機能

問題を解くための認知活動においては、処理に必要な情報に注意を向ける必要がありますが、その一方で、注意を向ける対象以外の不必要な情報を抑制する機能が存在しています。たとえば、次のような算数の問題を解くことを考えてみましょう。

> 商店街のお菓子屋さんで、1個120円のイチゴ味のアイスクリームを2個と1個70円のクッキーを3個買い、さいふから500円を出して払いました。おつりはいくらでしょうか？

多くの子どもはこの問題文から、「120円のものを2個（120×2）」「70円のものを3個（70×3）」「500円を払った」「お釣りはいくら」という、計算に必要な情報に注目するでしょう。他方、計算にあまり必要ではない情報、たとえば「どこの商店街なのだろう」「イチゴ味のアイスクリームって美味しそうだな」「クッキーは何味だろう」ということはあまり気にならないと思います。しかしながら実は、脳の中では不必要な情報に一度注意を向けたうえで、それらを抑制する機能が働いているのです。そして、注意力が乏しいとされている子どもの中には、実は注意力よりも抑制機能に困難さがあることが指摘されています。すなわち、不必要な情報を抑制できず、それに情報処理の力を割いてしまうために、本来必要な情報に注意を向け、処理することができなくなるのです。抑制が難しい子どもたちに対しては必要な情報を強調するよりもむしろ、注意を引き付ける不必要な情報を子どもの前から排除することのほうが有効であると考えられます。

3　推論

認知的情報処理の過程およびその結果は、私たちの「考える」（思考）という行為に最もよく表れます。授業において特に重要になる思考の働きの一つに推論があります。推論とは、新しい問題に対して、以前の経験に基づいて予想を立て、それに基づいて結論を導くような思考を指します。

推論は、主に演繹的推論と帰納的推論（トップダウン型とボトムアップ型）*とに区分されます（図表6-1）。演繹的推論とは、前提となる法則（公式など）に従い、それを用いることによって個々の事例に対する結論を導

重要語句

メタ認知
認知活動を認知する働き。なお、メタとは「上位」という意味。

メタ認知は、オーケストラにおける指揮者の役割のようですね。

プラスワン

抑制機能の障害
抑制機能の障害は、注意欠如・多動性障害（ADHD）のある子どもにみられる、注意の持続が難しいという特徴の原因の一つであると考えられている。

重要語句

トップダウン型とボトムアップ型
トップダウン型：一般的な法則をもとにして、個別の具体例をその法則に当てはめる思考の形式。
ボトムアップ型：個別の具体例の共通点をもとにして、一般的な法則を導き出す思考の形式。

図表6-1　演繹的推論と帰納的推論

き出す、トップダウン型の思考の形式です。たとえば、「すべての哺乳類は四つ足である」という定義に従い、さまざまな哺乳類をこれに当てはめるような場合です。帰納的推論とは、経験の積み重ねからある法則を導き出す、ボトムアップ型の思考の形式です。たとえば、さまざまな哺乳類についての知識を総合して、「(たぶん) すべての哺乳類は四つ足であろう」という結論(推測)を導くような場合です。演繹的推論は、科学的思考において必要な思考の形式です。しかしながら、われわれが日常生活で行う推論の多くは帰納的推論のほうです。つまり、私たちは哺乳類の足の数を、哺乳類の定義から理解しているのではなく、哺乳類とよばれる生物個々に対する知識や経験に基づいて理解しているのです。

2　記憶のメカニズム

1　記憶と忘却

① 覚える・覚えておく・思い出す

　私たちが学習したものを覚えたり、思い出したりすることができるのは、「記憶」という能力があるからです。先に述べた認知的情報処理の基礎にあると考えられる記憶は、心理学における重要な研究対象になっています。「記憶」というと学習や知識に関する側面を考えがちですが、たとえば過去のさまざまな経験の記憶が今の自分の性格を形作っていると考えると、記憶は過去の経験が影響するさまざまな心的事象の基礎にあるものといえます。

　記憶という言葉は、一般的には物事を「覚える」こととして考えられていますが、心理学では記憶の機能は主に記銘(覚える)、保持(覚えておく)、想起(思い出す)に区分されます。

　心理学における最初の記憶に関する実験である、エビングハウス*による無意味語(でたらめな単語)の記憶と再生の実験によれば、単語の再生率は記憶後数時間のうちに急速に低下し、それ以降の保持率は20～30%程度でほぼ一定となります(忘却〔保持〕曲線：図表6-2)。言い換えれば、勉強で覚えた内容は、数時間覚えていることができれば、その後は忘れにくいと言えます。また、記憶成績は、必ずしも記銘から想起までの時間が短いほどよいとは限りません。物事を順番に記憶する際の記憶成績(系列

ヘルマン・エビングハウス
1850〜1909
ドイツの心理学者。自分自身を被験者として、無意味語を使用した記憶の測定に関する研究を行い、忘却曲線を示した。

最初と最後に覚えたものが記憶に残りやすいのね。

位置効果）は、最初と最後に記憶したものがよいこと（初頭効果、新近性効果）がわかっています（図表6-3）。

　学習（記銘）した直後よりも、一定時間経過（たとえば、文章の場合は2～3日後）した後の方が記憶成績がよい、レミニセンスとよばれる現象があります。レミニセンスは、時間の経過とともに記銘された内容が記憶の中で整理されることで、学習直後よりも想起しやすくなるために生じると考えられています。

　また、記憶の内容が変化すること（記憶の変容）があります。バートレット＊によれば、記憶の変容には、個人の持つスキーマ（認識の枠組み→第5講参照）の影響がみられ、新しく覚えたものが、思い出す際には自分の知っているものに置き換わってしまうことがあります。つまり、記憶とはそのままの形ではなく、学習者自身の持つスキーマに沿って再構成されて保存されていると考えることができます。

② **忘却の仕組み**

　忘却とは、覚えたはずの事柄を「忘れた」すなわち保持の失敗、あるいは「思い出せない」すなわち想起の失敗を指します。一見両者は同じように思われますが、テストの問題の形式によって違いがみられます。すなわ

> **フレデリック・バートレット**
> 1886～1969
> イギリスの心理学者。記憶とその変容に関する研究のなかでスキーマの概念を提案し、現在の認知心理学研究の基礎を築いた一人。

図表6-2　忘却曲線

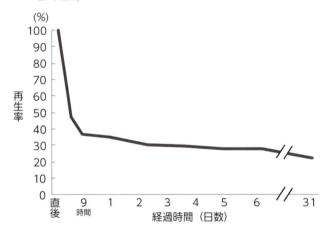

図表6-3　系列位置効果

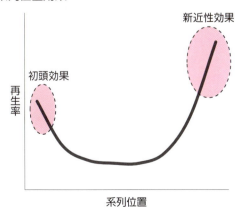

プラスワン

再生課題と再認課題の例
再生課題：「平安京があったのは現在の（　　）である」。
再認課題：「平安京があったのは現在の（A.大阪府、B.京都府、C.奈良県）である」。

プラスワン

記憶方略の具体例
体制化：イヌ、ネコ、ウマを「動物」というカテゴリーにまとめるなど。
精緻化：歴史の年号の語呂合わせ（794ウグイス平安京）など。

重要語句

リハーサル
口頭または頭の中で繰り返し復唱するなどして、忘却を防ぐ方略。

記憶にはいろいろな種類があるのね。

図表6-4　忘却のメカニズム

保持の失敗	減衰（記憶痕跡崩壊）説	記銘の際の印象が薄いなど、脳内に残される痕跡が弱い場合、時間とともに痕跡が消えてしまうために忘却が生じる。
	干渉説	記銘された内容がそれ以前に記憶した事柄（順向抑制）や、以後に記憶した事柄（逆向抑制）の干渉を受けるために忘却が生じる。
想起の失敗	検索失敗説	記憶に保持されている情報が何らかの理由で検索に失敗し想起できないために忘却が生じる。
	抑圧説	主に精神分析学の立場における考え方。自我を脅かすような不快なことは意識にのぼらないように無意識の中に抑圧され、想起できないために忘却が生じる。

ち、前者の場合は再生課題（記憶した対象を解答する）も再認課題（記憶した対象をリストの中から選択する）も失敗しますが、後者の場合は再生課題には失敗しても再認課題には成功します。忘却が生じる原因については図表6-4に示すようないくつかの理由が考えられています。

2　記憶方略

　情報の効率的な記銘や想起のために用いる方略を記憶方略といいます。記憶方略には、カテゴリー化などにより関連する情報を整理する体制化、情報に意味を持たせて符号化する精緻化、記憶する項目を復唱して言語的に符号化するリハーサル*などがあります。

　ただし、幼児期においては、課題に合わせた有効な記憶方略の使用は難しいと考えられています。たとえば、リハーサルの場合、5歳児では1割程度しか使用することができず、多くの子どもにみられるようになるのは10歳頃からといわれます。

　また、記憶方略はメタ認知能力、すなわち自分の記憶に対する認識の発達とも関連しています。フラベルらによれば、記憶に対するメタ認知（メタ記憶）の能力は年齢とともに発達し、それによって、記憶課題の成績が向上するとともに自身の記憶成績に対する予想と実際の成績との誤差が小さくなり、より正確で効率的な記憶が可能になると考えられます。

3　記憶の種類

　初期の心理学の記憶研究においては、記憶は情報の貯蔵庫という、単一の機能として扱われていました。しかしながらその後、記憶はいくつかの

図表6-5　記憶における二重貯蔵モデル

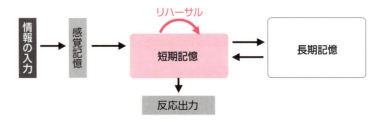

Atkinson & Shiffrin, 1968をもとに作成

視点から区分できることがわかってきました。以下では、このような記憶の区分について考えてみます。

① 二重貯蔵モデル

アトキンソンとシフリンの提唱した二重貯蔵モデル（図表6-5）では、保持できる時間と容量によって、記憶を感覚記憶、短期記憶、長期記憶の3つに区分しています。まず刺激（情報）が提示されると、感覚記憶において知覚的な情報として一時的に保持されます。続いて、感覚記憶において貯蔵された情報のうち、注意を向けられた情報は短期記憶に貯蔵されます。その際、情報は知覚的なものから意味のあるものへと変換（符号化）されます。

このモデルにおいて最も重要なことは、短期記憶と長期記憶とを区分したことです（このため、二重貯蔵とよばれます）。短期記憶とは、情報の短期的な貯蔵庫であり、保持できる時間や情報量は非常に限られたものです。そのため、情報は短期記憶に保持されている間に長期記憶に送るための処理がなされなければ忘却されてしまいます。そこにおいて重要な働きをするのがリハーサルです。リハーサルとは、短期記憶における忘却を防ぎ、長期記憶に情報を正確に伝達するために保持すべき内容を頭の中で繰り返す活動を指します。

短期記憶における処理の結果、必要な情報が長期記憶に伝達、保持されます。長期記憶は永続的で無意識的な、無限の容量を持つ記憶であり、そ

リチャード・アトキンソン
1929～
アメリカの心理学者。知覚や記憶の数学的理論についての研究を行い、リチャード・シフリンとともに記憶の二重貯蔵モデル、短期記憶・長期記憶の概念を提唱した。

プラスワン

短期記憶の容量
保持できる時間は通常15～30秒程度、情報量は成人で7±2桁、10歳児では4桁、幼児では3桁程度。

図表6-6　長期記憶の区分

①言語的表象の有無による区分	
宣言的記憶	言語により記述できる、事実に関する記憶。
意味記憶	辞書にあるような定義的な知識など、個人の主観的な経験や特定の場所や時間に関係しない、客観的に共有することが可能な一般的な情報に関する記憶。例：「レストラン」「カレーライス」。
エピソード記憶	個人的な体験や経験と結び付いた記憶。客観的な事実だけでなく、経験者の主観的な印象をともなったもの。例：「昨日、近所のレストランでカレーライスを食べた」。
手続き的記憶	スキル（技能）や方略に関する記憶であり、自転車の乗り方や楽器の弾き方などに関する行動的スキルや、暗算などの方略に関する認知的スキルがある。言語化できないものも多い。
②想起における意識の有無による区分	
顕在記憶	思い出していることを実感できるような、想起に意識をともなう記憶。通常の記憶テストで使用される再生課題や再認課題は顕在記憶によるものである。
潜在記憶	想起しているという意識をともなわず、無意識のうちに行動に影響を及ぼしている記憶。たとえば毎日の学校の登下校では、道順を思い出しているという意識をともなわずに行動している。
③保持される内容の時制による区分	
回想的記憶	過去の出来事に関する記憶。一般的な記憶の多くは回想的記憶に含まれる。
展望記憶	将来の行動に関する記憶。主に「どのような行動を」「いつ」行うのかという情報が含まれ、行動の実行や計画に関係している。

の内容には次項でとりあげるさまざまな区分があります。また、想起の際には長期記憶において検索、選択された情報が短期記憶に伝達されます。

② 長期記憶の区分

私たちが経験や学習を通して蓄積された知識は、前述した二重貯蔵モデルのうち、長期記憶に保持されています。長期記憶は永続的で容量はほぼ無限であると考えられますが、そこに保持される情報は、図表6-6に示すようにいくつかの種類に分けることができます。

図表6-6のうち、私たちが「知識」とよんでいるものは主に**宣言的記憶**にあたり、**タルヴィング***はこれを**意味記憶**と**エピソード記憶**とに区分しています。そのうち、授業で習う知識の多くは意味記憶に含まれるものです。意味記憶は単語の綴りや発音、意味や他の知識との関係などの知識が含まれる辞書のようなものです。また、意味記憶に含まれる知識は、ネットワーク状につながって保持されていると考えられており、コリンズとキリアンはこれを**階層的ネットワークモデル***（図表6-7）に表しています。この図から、学習においては物事をばらばらに覚えるのではなく、関連性を意識しながら学習を進めることが効率的であることがわかります。

他方、エピソード記憶は個人の経験によるもので、必ずしも一般化できないものもあります。ただし、低年齢の子どもほど、思考や問題解決においてエピソード記憶の影響が強い傾向にあります。このため、小学校以降の授業では、個人の経験を超えた一般的な知識である意味記憶の蓄積と、それを使った問題解決のしかたを学んでいく必要があると考えられます。

また、技能に関する記憶は**手続き的記憶**に含まれます。手続き的記憶には言語化しにくいものも多く、教師による教授が難しい場合があります。たとえば、逆上がりができる（できない）子どもは、多くの場合なぜできる（できない）のかを言葉で説明できません。また、できない子どもは先生や友だちからの言葉による説明だけではできるようにはなりません。

4　ワーキングメモリ

① ワーキングメモリとは

前述した記憶の二重貯蔵モデルにおける短期記憶を拡張したモデルとして、**バドリー***らによる**ワーキングメモリ**（作動記憶）の理論が注目され

図表6-7　意味記憶の階層的ネットワークモデル

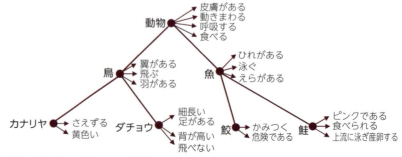

Collins & Quillian, 1969をもとに作成

エンデル・タルヴィング
1927〜

カナダの心理学者。記憶研究の中心的人物の一人であり、エピソード記憶と意味記憶の区分や複数記憶システム論などの概念を提唱した。

階層的ネットワークモデル

長期記憶のなかでは、ある知識に対してそれに関連する情報がネットワーク状につながっているという考え方。

アラン・バドリー
1934〜

イギリスの心理学者。記憶に関する数多くの実験研究を行い、ワーキングメモリの理論を提唱した。ワーキングメモリは記憶研究以外にも、教育、発達、臨床など多くの心理学分野において注目されている。

てます（図表6-8）。ワーキングメモリとは、情報を一時的に保持しながら、同時に操作する機能のことです。短期記憶では、情報を保持できる時間や容量などの「量」を重視しますが、ワーキングメモリにおいては、量とともに情報の「内容」と情報を「操作」する機能とに焦点を当てています。

まず、情報の内容については、処理される情報の種類によって、ワーキングメモリの中で使われる機能が異なると考えられています。具体的には、たとえば授業においては、板書などの視覚的情報は視空間スケッチパッド（視空間的短期記憶）において、そして、教師の発話などの聴覚的情報は音韻ループ（聴覚的短期記憶）において処理されます。さらには複数の情報を統合して処理するエピソード・バッファというシステムが想定されています。

情報の操作とは、入力された情報に応じて視空間スケッチパッドや音韻ループなどのシステムに割り当てたり、記憶した情報に操作を加えたり、必要な情報に注目し、不要な情報を抑制して限られた記憶容量を効率的に使用するといった能力です。ワーキングメモリには、それらを司り、情報処理の状態を管理する中央実行系というシステムが想定されています。

ワーキングメモリについて理解するために、簡単な実験をしましょう。

> **ワーキングメモリの実験**
> まず次の文字列を読んで覚えてください。
> 　　　　　WしNやGこKう
> 次に、文字列を見えないよう隠してください。覚えた文字列について
> 　①10秒後に、そのまま答えてください。
> 次に、
> 　②平仮名を五十音順、英字をアルファベット順に並べ替えて答えてください。その際、メモを取ってはいけません。

上の問題のうち、①が短期記憶（聴覚的短期記憶）、②がワーキングメモリ（聴覚的短期記憶＋中央実行系）に関する課題です。②の課題では、課題（並べ替え方のルール）に従い、頭の中で並べ替えの操作を行い、さらに操作を行っている間中文字列を保持しなければいけないので、①よりも困難になるでしょう。このように、②の課題を適切に行う際に、ワーキングメモリにおいて情報の管理や操作を行う中央実行系が機能していると

図表6-8　ワーキングメモリのモデル

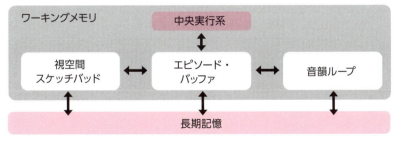

バドリー、2012をもとに作成

プラスワン

短期記憶とワーキングメモリ
短期記憶がいわゆる「丸暗記」する力であるのに対して、ワーキングメモリは覚えたものを頭の中で「扱う」能力であると考えられる。

考えられるのです。

② ワーキングメモリと学習

上の課題から、ワーキングメモリが授業における重要な能力であることがわかります。すなわち、たとえば算数においては、問題で示される数字をそのまま覚えるだけではなく、それを操作して問題を解くことが求められます。また、文章の読解では、前の文章を保持しながら次の文章を読み進め、全体としての意味を把握しなければなりません。ワーキングメモリの容量の小さい子どもは、単純な暗記はできても情報の操作が難しいために学習に困難さが生じてしまう場合があります。つまり、ワーキングメモリの理論は記憶について、単に覚えるためのものだけではなく、「使える」ものであることが重要であることを示唆しています。

問題を解いているときは常にワーキングメモリを使っているのね。

3 認知的情報処理、記憶の理論と教育

授業における学びのメカニズムの背景には、本講で学んだ認知的情報処理や記憶の機能が関係しています。ここでは、認知的情報処理や記憶の理論と教育との関係について、本書で取り上げる内容とも対応させながらまとめてみることにします。

学校教育において、教師は子どもたちがそれぞれの認知的能力を最大限に活かして学ぶことができるような工夫を行わなければなりません。そのためには、教師はまずは子どもの認知的な特徴について理解し、そのうえでさまざまな授業の方法を知っておく必要があります。このような、子どもの認知的特性に基づく授業のあり方については、第8講において学びます。もし、子どもが授業の内容を十分理解していなかった場合、子どもの能力不足に原因を求めるよりも先に、その授業では子どもの持っている力を十分に活かすことが出来ていただろうか、ということについて振り返る必要があるでしょう。

また、従来の認知心理学では認知的情報処理や記憶、あるいは学習を一人ひとりの子どもの個人内の問題としてとらえてきました。しかしながら現実のクラスでは、クラスの仲間と一緒に学び合う中で、友だちから知識を得たり、友だちと話すことで自分の知識が整理されたりすることも多くあります。つまり、認知的情報処理や記憶、学習を集団という点から見つめ直す必要性があり、近年では「<u>主体的・対話的で深い学び（アクティブ・ラーニング）</u>」という学習の形式が注目されています。なお、「主体的・対話的で深い学び」については第8講で、学習における集団の意義や、集団の特徴を生かした授業の形態については、第9講において学びます。

ところで、大人（教師）に比べれば、子どもの認知的情報処理や記憶の能力は未発達な状態です。しかしながら、単に未熟な存在としてではなく、大人とは違った（大げさに言えば、異文化の）存在としての子どもの姿を受け止める必要もあります。また、大人と子どもとの違いだけでなく、児

童期の年齢による発達的な変化、さらには同じ年齢（学年）の子どもにおいても認知的情報処理や記憶の能力に個人差があることを考慮しなければなりません。なお、子どもの個人差と教師の支援との関係を考えるとき、個人差のマイナスの側面に注目し、子どもの不得意な部分を支援するという考え方がなされます。しかしながら、反対に個人差のプラスの側面に注目し、子どもの持つ得意な面を活かせるような工夫も必要であるといえます。このような、個人差の理解やそれを踏まえた学習指導のあり方については、第10講で学びます。

さらに、個人差の範囲を超え、学習において困難さの大きい、発達障害のある子どもたちの特性の背景にも、認知的情報処理や記憶の問題が関係しており、支援においてもそのことを踏まえておかなければなりません。この点については、第12、13講において取り上げます。

ディスカッションしてみよう!

小学校で使用されている教科書あるいはテストから、問題を1つ持ち寄ってみましょう。

そして、本講で取り上げた認知的情報処理や記憶の観点から、その問題を解くためには、①子どもにはどのような能力が要求されているのか、②この問題がうまく解けない子どもにはどのような特徴があるのかについて、話し合ってみましょう。

例えば・・・

①必要な能力は…
②うまく解けない子どもは…

知っておくと役立つ話　復習や発展的な理解のために

潜在記憶とプライミング効果

　潜在記憶は、想起に意識をともなわない、すなわち自分が今それを「思い出している」という実感のない記憶です。タルヴィングによれば、潜在記憶が基礎となって意識をともなう顕在記憶が成立していると考えられます。

　潜在記憶は、現在自分が思い出しているかどうかわからないものですから、再生課題や再認課題などの記憶課題では確かめることができません。それでは、このような潜在記憶の存在や内容をどうやって明らかにすることができるのでしょうか。

　潜在記憶を確認する方法の一つに、**プライミング効果**を利用した課題があります。簡単な実験で試してみましょう。

> ①～③の単語リストを読み上げて下さい。最後の欠けている部分は意味のある単語になるように、自由に補いながら読みましょう。
> 　①体操服 － 商店街 － 牛肉 － ヨット － か＿＿＿り
> 　②北国 － 流氷 － 時計台 － キタキツネ － ほ＿＿＿＿＿う
> 　③野菜 － おひたし － 緑 － ビタミン － ほ＿＿＿＿＿う

　空欄の部分を補うのは、①よりも②や③の方が簡単ではなかったでしょうか。また、②と③では違った単語を読み上げたのではないでしょうか。

　このように、先行して提示される情報（プライム）が後続する情報の処理に影響を与える現象をプライミング効果といいます。空欄の読みに違いが出るのは、その前に提示された単語の影響であると言えます。すなわち、前後で全く関係の無い①（答えは「かまきり」「かんきり」など）よりも、事前提示される単語から連想することのできる②③のほうが簡単に答えることができます。さらに、前に並んでいる単語により、②（「ほっかいどう」）と③（「ほうれんそう」）とで答えが違ってしまいます。ここで重要なことは、関連する単語が提示されることによって、隠された部分を含む単語が連想、すなわち潜在的に想起されたということです。すなわち、この「連想」こそが潜在記憶の存在を証明しているのです。

　もう１つ重要なことは、関連する単語によって潜在的な記憶が想起されるということから、私たちの記憶の中の知識はばらばらに保存されているのではなく、関連する言葉や概念同士がネットワーク状に結びついて保存されていると考えられることです。コリンズとロフタスは、本講で取り上げたコリンズとキリアンの階層的ネットワークモデルを発展させて、記憶における意味ネットワークを図表６-９のように表しています。この図によれば、たとえば「赤」という言葉から「道路」を連想する人は少ないかもしれませんが、「赤－火－消防車－車－道路」というように、関連する言葉が次々に拡散して（活性化－拡散理論）、潜在記憶が想起されるのです。

　学校の授業において、教師は直接答えを言うのではなく、関連する情報から潜在記憶に働きかけることで、子ども達からさまざまな意見を主体的に引き出す事ができると考えられます。

図表６-９　記憶における知識のネットワーク

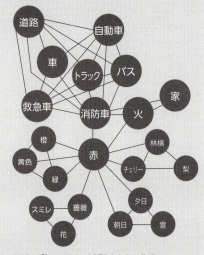

コリンズとロフタス，1975をもとに作成

ちゃんとわかったかな？

復習問題にチャレンジ

(神奈川県／横浜市／川崎市　2008年)

①次の文は，記憶について述べたものである。誤っているものを，次の1～5の中から一つ選びなさい。

1　経験したことが記憶として取り込まれることを記銘という。

2　保持されていた記憶が、ある期間の後に、外に現れることを想起という。

3　以前の経験を言葉や絵、動作で再現することを再生という。

4　事物・事象についての一般的な知識や言葉の意味等は、いつどこであったか分からないが、いろいろな経験を積み重ねることによってできた記憶であり、エピソード記憶といわれる。

5　作業記憶(ワーキングメモリー)は、会話、計算、問題解決等の認知作業の遂行中に働く記憶である。

第6講　学びのメカニズム②認知的情報処理と記憶

理解できたことをまとめておこう！

ノートテイキングページ

学習のヒント：認知や記憶の理論が教育で生かせる場面を考えて、まとめてみよう。

第**7**講

学びのメカニズム③
動機づけと学習

理解のポイント

多くのことを学んでいくにあたって、動機づけは非常に重要な役割を果たします。教育心理学において、動機づけはどのように理論化され、研究されてきたのでしょうか。本講では、学びにおける動機づけの理論や機能、動機づけの高め方などについて考えていきましょう。

1 動機づけ研究の概要と理論

　本講では、学習における動機づけについて紹介していきます。動機づけとは、「ある目標を達成するために行動を起こし、それを持続し、目標達成へとみちびく内的な力」のことです（桜井茂男『学習意欲の心理学：自ら学ぶ子どもを育てる』誠信書房、1997年）。教育心理学において、学習を支える「動機づけ」が非常に重要なキーワードであることは間違いありません。そのため、動機づけのプロセスを説明するために研究が行われ、多くの理論が提唱されてきました。ここでは、なかでも特に主要な動機づけ理論である、期待×価値理論、達成目標理論、自己決定理論について紹介します。そして、自己調整学習という研究分野をとおして、自律的な学習プロセスのなかでの動機づけの役割や機能について考えてみましょう。そして本講の最後では、近年注目されているエンゲージメントという概念を紹介しながら、状況的な動機づけについても考えてみます。

2 期待×価値理論

　期待×価値理論とは、動機づけを「期待」と「価値」からとらえようとする理論の総称です。古くはアトキンソンによって提唱され、エクレスとウィグフィールドによって発展されました。この理論では、その名の示すように、課題に対する「期待」と「価値」が動機づけをみちびくカギとされています。ここでの「期待」とは、主観的に認知された成功の見込みを指します。たとえば、「この算数の課題が解けそうだ」と思えば動機づけは高まりますが、逆に、「まったく解けなさそうだ」と思えば動機づけは高まりにくいでしょう。一方で、「価値」とは課題やその達成に対してど

プラスワン

動機づけ
動機づけというと、行動を促す「エネルギー」というイメージが強いが、目標達成へ向けてどんな行動をするのか（例：算数のドリル学習、英語の文法学習）といった「方向づけ」の機能ももっている。

の程度価値を認知しているのかを指します。たとえば、「この学習課題は自分にとって役に立つ」といったように、課題に何らかの価値をもっていれば、動機づけは高まります。

期待×価値理論の特徴は、期待と価値のかけあわせを重視している点です。つまり、期待だけでも、価値だけでも不十分であり、両者がそろってこそ動機づけが導かれると考えます。たとえば、「課題が解けそうだ」という期待が高くても、「課題がおもしろくない」といったように価値が低ければ、動機づけは促進されないといったぐあいです。つまり、積極的な学習を促すためには、期待と価値の両者にうまく働きかけることが重要になります。以下では、わかりやすいように期待と価値それぞれの側面から、具体的に紹介します。

1 期待と動機づけ

① 結果期待

動機づけの分野では、バンデューラ（→第5講参照）によって概念化された2つの期待が多く扱われています。1つ目は、結果期待というもので、「その行動が結果につながるかどうか」に関する期待です。簡単に言うと、結果期待とは「やればできそう」といった期待です。たとえば、「がんばって勉強すればテストでいい点がとれそうだ」という結果期待をもてば動機づけは高まりますが、一方で、「がんばって勉強してもテストではいい点はとれない」というように結果期待が低ければ、動機づけは高まりにくいでしょう。この結果期待を促すためには、自分が行動することで結果がともなうといった、行動と結果が結び付く経験を多く積むことが重要でしょう。逆に、こういった随伴経験が得られないと、学習性無力感*に陥ってしまう可能性があります。

② 自己効力感

高い動機づけをもって学習に取り組むためには、結果期待だけで十分でしょうか。たとえば、「がんばって勉強すればいい点がとれそうだ」という結果期待が高くても、「そもそも自分はがんばって勉強することができない」といったように自分の能力に対して期待がもてなければ、動機づけは高まらないでしょう。このような、「自分がその行動をとることができるかどうか」といった自身の能力に関する期待が、もう1つの期待である自己効力感です。実際に「できる」という能力も大事ですが、その能力をうまく発揮するためには、「できそうかどうか」という期待である自己効力感が重要になります。図表7-1には、人間の行動に影響を及ぼす自己効力感と結果期待の関係を整理しました。

第7講 学びのメカニズム③ 動機づけと学習

📝 **語句説明**

学習性無力感
自分が行動しても結果がともなわないという経験を繰り返すと、「自分にはできない（能力がない）」という無力感を学習してしまう。セリグマンは、イヌに電気ショックを与える実験を通して、この学習性無力感を提唱した。

図表7-1 自己効力感と結果期待の関係

③ 自己効力感の情報源

これまでの研究から、自己効力感が人間の行動を強く予測することが示されてきました。それでは、どのようにしたら自己効力感を高めることができるでしょうか。自己効力感に影響を及ぼす要因として、以下の4つの情報源があるとされています。

達成経験	：自身の達成や失敗の経験
代理的経験	：社会的モデルの成功や失敗の観察
言語的説得	：他者からの言葉がけ、自己教示
情動的喚起	：生理的反応（リラックス、不安など）

この情報源を活用した自己効力感を高める具体的な方法として、まず、達成経験に対しては目標の設定のやり方があげられます。これは、遠くの大きな目標（例：次の数学のテストで100点をとる）を近くの小さな目標（例：数学の問題集をこれから毎日3ページ解いていく）に細分化するというものです。大きな目標だけではなかなか達成を経験することができませんが、小さな目標を設定することで日々の達成を経験しやすくなり、自己効力感が高まります。ポイントは、小さな目標をより具体的で明確なものにすることです。これにより、どのように、どの程度まで達成すればいいのかが明確になり、目標達成の評価もしやすくなるでしょう。

また、代理的経験によって自己効力感を促す場合においてもポイントがあります。なんでもうまく完璧にこなすモデル（**マスタリーモデル**）を観察するよりも、つまずきながらもなんとか達成するモデル（**コーピングモデル**）を観察するほうが効果的とされています。後者のモデルを観察したほうが、「自分にもできそうだ」と思いやすいはずです。そして、言語的説得（例：君ならできるよ、などの言葉がけ）やリラックスさせるといった情動的喚起による自己効力感の促進は、実際には一時的な効果しかないと考えられるため、達成経験や代理的経験とうまく組み合わせることが大事でしょう。

> 目標を立てるときには「千里の道も一歩から」と考えることが大事なのですね。

2　価値と動機づけ

エクレスとウィグフィールドは動機づけにおける「価値」の役割に注目し、取り組む課題に対する価値づけである**課題価値**を概念化しています。具体的には、次の4つの課題価値が想定されています。

興味価値	：その課題に取り組むことがおもしろいのかどうか、楽しいのかどうかといった価値づけ
獲得価値	：その課題に取り組むことが自分にとって重要なのかどうかという価値づけ
利用価値	：その課題に取り組むことが自分の生活において役に立つのかどうかという価値づけ
コスト	：その課題に取り組む負担感といったような課題を行うう

> **プラスワン**
>
> **課題価値**
> 近年では、課題価値のなかでも利用価値が注目されることが多く、その促進を目指した介入研究も行われている。また、利用価値を実践的利用価値（職業的な実践に対する有用性）と制度的利用価値（進学や就職などの試験に対する有用性）に細分化している研究もみられる。

えでの負の側面

　最初の３つは、ポジティブな課題価値であり、それぞれの価値づけが強いほど、動機づけが高まると考えられます。そのため、課題のおもしろさや楽しさを強調したり、目の前にある課題が学習者の将来にどのように役立つのかなどを強調したりすることで、動機づけを高めることができるでしょう。一方で、コストは、ネガティブな課題価値です。このコストには、必要な努力量に対する負担感、ほかの活動（例：趣味）に取り組む機会の喪失、課題の遂行に失敗した場合の不安感などが含まれます。ポジティブな価値を促す一方で、こういったネガティブな価値をいかに低減できるかという視点も重要でしょう。

　課題価値は、学習内容や課題の意義につながる重要な視点です。あなたが教師となったとき、児童・生徒に対して学ぶ意義をどのように説明したらよいでしょうか。じっくりと考えておくことが必要でしょう。

3 達成目標理論

1 ３つの達成目標

　「学習内容を理解することが目標」「目標は、クラスの友だちよりもいい点をとること」といったように、学習場面において何かしらの目標をもつことは多いでしょう。学習のような、何かを達成する場面における目標に焦点をあてた達成目標理論では、どのような目標をもつのかによって、学習への動機づけや取り組み方が変わってくるとされています。

　近年では、エリオットによって以下の３つの具体的な達成目標が提唱されています。

> 熟達目標　　：学習内容を理解し、自身の能力を高めることが目標
> 遂行接近目標：他者よりもよい成績をおさめて自身の高い能力を示すことが目標
> 遂行回避目標：他者よりも悪い成績をおさめて自身の低い能力を露呈しないようにすることが目標

　熟達目標では「自分」の「熟達」に焦点があたっているのに対して、遂行接近目標と遂行回避目標では「他者」と比較した「パフォーマンス」（遂行）に焦点があたっていることがわかります。

　これまでの研究から、熟達目標が楽しさや興味に基づく動機づけを促したり、効果的な学習方略（→第５講参照）の使用を促したりすることなどが示されています。また、遂行接近目標は、他者に勝つことが重要になるため、学習に対する努力や達成につながる一方で、「とりあえずテストでいい点がとれればいい」といったように、理解をともなわない暗記型の学

プラスワン

達成目標理論
初期の達成目標理論におけるドウェックのモデルでは、学習目標（能力を伸ばすことが目標）と遂行目標（能力が高いと判断されるようにして、低いと判断されるのを避けることが目標）という2つの達成目標が扱われていた。

第7講　学びのメカニズム③　動機づけと学習

図表7-2　熟達目標を支援する3つの構造と教授方略

構造	教授方略
課題構造	学習課題を新規性や多様性があり、興味をひく内容にする　効果的な学習方略の使用を支援する　など
権威構造	学習者の意思決定への参加を援助する、責任感や自律性を育成する機会を提供する　など
評価／承認構造	学習者の進歩や改善、熟達に注目する、失敗は学習の一部であるという視点を強調する　など

Ames, 1992をもとに作成

習につながる危険性もあります。そして、遂行回避目標は、評価不安と関連し、他者への援助要請*の回避につながるなど、学習への取り組みに対してネガティブな影響を示すことがわかっています。

2　教室の目標構造

それでは、どのようにすれば児童・生徒を学習においてポジティブな効果をもつ熟達目標へ向かわせることができるでしょうか。ここでは、目標構造という観点から考えてみましょう。目標構造とは教師の指導様式やクラスの雰囲気（学級風土）などがもっている、ある特定の目標を強調するような仕組みのことです。

エイムズは、学習者の熟達目標を支援する教室の目標構造として、具体的に3つの構造を設定しています（図表7-2）。たとえば、課題構造は学習者に与える課題の内容を工夫したり、課題を解くための学習方略を教えたりすることで、学習者の熟達を支援するものです。ほかにも、たとえば目標に準拠した評価*を行う際には、評価／承認構造を参考にして、学習の結果だけでなく、そのプロセスにも目を向けることが重要でしょう。図表7-2に示したように、3つの構造のそれぞれから包括的に働きかけることで、学習者が熟達目標へ向かいやすくなると考えられます。こういった目標構造は、教師が動機づけを支援しながら学級を運営していくうえでの重要な指針になります。

語句説明

援助要請

他者に援助を求めることであり、問題解決においても重要。学習場面においては、ヒント／解き方の説明を求めるといった自律的援助要請と、答えそのものを尋ねる依存的援助要請に区分されることがある。

重要語句

目標に準拠した評価

目標に照らして評価の観点を明確にし、それぞれの観点の具体的な到達段階を設定したうえで評価しようとするもの。

4　自己決定理論

1　内発的動機づけと外発的動機づけ

動機づけ研究では、「おもしろいから、楽しいから勉強する」といったように、学ぶことそれ自体が「目的」になって自律的に取り組む内発的動機づけと、「ご褒美を得るため、叱られるのを避けるために勉強する」といったように、外的な要因を得るため／避けるために学ぶことが「手段」となって他律的に取り組む外発的動機づけが取り上げられてきました。

多くの研究によって、内発的動機づけが深い理解をともなう学習を促すことが示され、内発的動機づけはポジティブな動機づけとして考えられて

きました。一方で、外発的動機づけでは、目先の賞を得たり罰を避けたりすることが目的となり、暗記型の学習につながってしまうことが示され、悪者扱いされることが多くなりました。そのため、内発的動機づけを高める教育を行うべきだという考えにつながりましたが、つねに「楽しく」「おもしろく」学習をすることは可能でしょうか？ みなさんの経験からもわかるように、現実的ではないでしょう。こういった観点からも、内発的動機づけだけに頼った学習は難しそうです。

そうなると、外発的動機づけをうまく活用していく必要がでてきます。上述したように、外発的動機づけは悪者扱いされることが多かったのですが、本当にそうなのでしょうか。たとえば、勉強しないと叱られるから仕方がなくするといった「やらされている（他律的な）外発的動機づけ」以外にも、将来就きたい職業に学んだことが活かせるから勉強するといった、積極的で「自ら取り組む（自律的な）外発的動機づけ」も存在するでしょう。こう考えると、外発的動機づけをひとくくりにするのではなく、細かく区分する必要がありそうです。

2 自己決定理論とは

デシとライアンにより提唱された自己決定理論では、自律性の程度に沿って動機づけ、特に外発的動機づけが詳細に区分されています（図表7-3）。まず、最も自律性が低い無調整は、動機づけられていない状態を意味します。外的調整は、「褒められるために／怒られないために勉強する」という従来の典型的な外発的動機づけに対応し、外発的動機づけのなかで最も自律性が低い段階です。取り入れ調整は、「勉強しておかないと恥ずかしいから」「勉強しないと不安だから」という、恥や義務などによる動機づけの段階です。同一化調整は、「将来に役立つから、必要だから勉強する」というもので、外発的動機づけではありますが、必要性や重要性を感じて自ら取り組むというように、自律性が高い段階です。統合的調整は、外発的動機づけのなかで最も自律性が高いとされ、学習の価値が自分の価値観や欲求と矛盾なく調和している段階です。内的調整は、「楽しいから／おもしろいから勉強する」というもので、従来の内発的動機づけに対応します。このように、外発と内発を切り離して考えるのではなく、自律性の程度から、両者を一次元上で扱っている点が自己決定理論の特徴です。

これまでの研究で、外発的動機づけでも自律性が高い段階であれば、積

> **プラスワン**
>
> **自律性**
> たとえば、自発的に勉強しようとしたときに、他者から「勉強しなさい」といわれるととたんにやる気をなくしてしまうなど、自己決定理論では、人間は「自分のことは自分で決めたい」という自律性の欲求をもっていると仮定し、理論の中核に位置づけている。

図表7-3 自己決定理論における動機づけの区分

Deci & Ryan, 2002をもとに作成

極的な学習を促すことが示されています。つまり、学習の楽しさに基づく内発的動機づけでなくても、自律性の高い外発的動機づけをうまく活用し、児童・生徒の学習を支援していくことが重要であるといえます。

学習者の動機づけを他律的なものから自律的なものに促すためには、価値の内在化が必要です。つまり、学習の価値（必要性や重要性など）を児童・生徒にきちんと伝え、納得して受け入れてもらうということです。価値の内在化をスムーズに進めるためには、児童・生徒との関係性が重要になります。たとえば、同じ話の内容でも、より親しい先生から聞いたほうが受け入れられやすいでしょう。関係性が良好であれば、学習の価値をスムーズに伝えることができる可能性が高まります。良好な関係性をつくるポイントとして、たとえば自己開示*や傾聴*などがあげられるでしょう。しかし、そういった良好な関係性は一朝一夕でつくられるものではありません。そのため、普段の学校生活のなかで、児童・生徒とコミュニケーションをとりながらじっくりと関係性をつくり上げていくことが重要です。

一方で、内発的動機づけの高い学習者に対して外的な「報酬」を与えることが、自律的な動機づけである内発的動機づけを低下させてしまうことも知られています。これはアンダーマイニング効果とよばれます。たとえば、「よい点数が取れたらお小遣いをあげる」といって学習者を学習へ向かわせることがよくあります。もともとその教科が好きで勉強をしていた場合は、これによって自律性が低下し、学習への動機づけが低下してしまうことがあります。しかし、もともとの内発的動機づけが低い場合や、報酬を与える者と学習者の関係が良好な場合などは、アンダーマイニング効果が生じにくいと考えられます。さらに、お小遣いのような物質的な報酬ではなく、学習の進歩を褒めるなどの言語的な報酬であれば、むしろ内発的動機づけを促すことができるでしょう。また、学習者が無調整の段階であれば、まずは物質的な報酬を用いて外発的な動機づけを促進させることも必要かもしれません。そのため、動機づけを促進させるための適切な報酬の使い方について考えることも重要でしょう。

自己開示

自分のありのままをきちんと相手に伝えること。親密な対人関係を形成するうえでは、自己開示を行うことが重要になる。

語句説明

傾聴

相手を受け止めながら注意深く話を聴くこと。カウンセリングにおけるコミュニケーション技法としても重要である。

好きなことも「やらされている」と感じると意欲が失われるのですね。

ディスカッションしてみよう！

あなたが学習をする動機づけはどのようなものでしょうか？　自己決定理論では、内的調整、統合的調整、同一化調整、取り入れ調整、外的調整に動機づけが区分されていました。たとえば、今受講しているこの授業について、まずあなたの学習の動機づけを考えて、みんなの意見を聞きながらディスカッションしてみましょう。

例えば・・・
①あなたの動機づけとその理由
②友だちの動機づけとその理由

5 自己調整学習と動機づけ

1 自己調整学習とは

「自ら学ぶ力」の重要性が指摘されて久しいですが、どうすれば自ら学ぶ力を育成できるのでしょうか。この問いに答えるために、まずは自ら学ぶ力とは具体的にどのような力なのかを明らかにしなければなりません。そうしてはじめて、支援のやり方を考えることができるでしょう。

自ら学ぶ力を解き明かすヒントとなるのが、自己調整学習です。自己調整学習とは、「学習者が目標を設定し、その目標を達成するために自身の認知動機づけや行動をモニターし、調整し、コントロールする積極的なプロセス」であり、学習者が「動機づけ、認知、行動」に積極的に関わっていくことが重要視されています。これはまさに、自律的に学ぶプロセスといえるでしょう。

2 自己調整学習の3つの段階

自己調整学習では、学習を「予見」「遂行」「自己内省」の3つの段階に分けて考えています。この3つの段階は、それぞれ次の段階に影響するとされており、サイクルモデルとよばれます（図表7-4）。つまり、遂行後に自己内省をすればそれで学習は終わりということではなく、次の学習活動につながっていくのです。

「予見」の段階では、実際の取り組みに先立って、学習の目標やそれに至る計画を立てることになります。また、ここでは、「その課題が解けそうか」「その課題は自分にとって重要か」といったような、学習に取り組み始めるための動機づけが重要になります。

次の「遂行」の段階は、実際に学習に取り組む段階です。ここでは、設定した目標や計画と照らして、自分の進度や理解度を客観的に把握し、学習行動をコントロールする力であるメタ認知が特に重要になります。また、学習方略を使用することや、動機づけが低下した際に自身の動機づけを調整すること（→本講「知っておくと役立つ話」参照）も重要です。

そして「自己内省」の段階では、学習プロセスや学習結果に対する振り返りや自己評価が行われます。うまくできたかどうかといった学習結果に対する振り返りだけではなく、どこがうまくいった／うまくいかなかったのか、それはなぜなのかといった学習プロセスに対する具体的な振り返り

> **プラスワン**
>
> メタ認知
> 学業達成において、メタ認知が知能の低さを補うという知見もあり、学習における非常に重要な概念として注目されている。

図表7-4　自己調整学習のサイクルモデル

Zimmerman & Schunk, 2011をもとに作成

や自己評価が重要です。それにより、次回の学習活動の改善や動機づけの促進につながっていくのです。

3 学習方略と動機づけ

学習方略とは、「学習の効果を高めることをめざして意図的に行う心的操作あるいは活動」のことで（辰野千壽『学習方略の心理学——賢い学習者の育て方』図書文化社、1997年）、簡単に言うと「学習のやり方」です。これまで多くの学習方略が見いだされてきていますが、主に認知的方略とメタ認知的方略が注目されています。

理解や記憶に関連する学習のやり方である認知的方略は、具体的には「浅い処理の方略」と「深い処理の方略」に区分されます。「浅い処理の方略」とは、内容の意味を考えずに単純に繰り返して覚えるといった暗記型の方略です。一方で、深い処理の方略とは、内容を関連づけながら意味を考えて覚えるといった理解型の方略です。一般的には、深い処理の方略のほうが有効であるとされていますが、状況に応じて複数の学習方略を使い分けるという視点も重要でしょう。

メタ認知的方略は、学習行動のコントロールに関連する学習のやり方です。具体的には、学習の計画を立てるプランニング、自身の理解度を客観的に把握するモニタリング、自分の行動を制御する調整などが含まれます。

効果的な学習のやり方を知らない学習者もいるため、まずは知識として学習方略を教え、練習する機会を与えることが重要です。しかし、効果的な学習方略を知っていても使わないという学習者も実際には多く存在します。そこで、学習方略の自発的な使用を促すためには、動機づけが重要なカギとなります。動機づけは、学習に長く取り組むといった学習の「量」にも影響しますが、どのように学習するのかといった学習の「質」にも大きな影響を与えます。そのため、学習の質を高めるうえでも、動機づけについて考えることが重要なのです。

📝 プラスワン

メタ認知的方略
メタ認知的方略には、認知的方略の使用を調整するといった機能も含まれるため、より高次な学習方略だと考えられる。

6 学習の水準とエンゲージメント

1 学習の水準

近年、学習の水準が重視されはじめています。学習は、「全体（特性）、領域（文脈）、状況」といったように、3つの水準でとらえることができます（図表7-5）。たとえば、「全体」には、国語学習、英語学習、算数学習などのようにさまざまな学習の「領域」が含まれます。また、英語学習のなかにも、授業中の会話活動による学習、ドリル形式の単語学習、家での音声教材を用いたリスニングの学習といったようにさまざまな学習の「状況」が含まれます。このように学習を3つの水準でとらえることは、教師が児童・生徒の学習や動機づけを把握する際にも参考になります。

図表7-5　学習の三つの水準

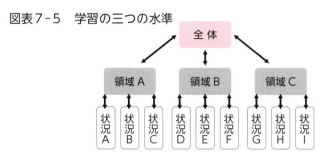

鹿毛, 2013をもとに作成

2　3つのエンゲージメント

　これまで、動機づけについては、全体の水準（学習の動機づけ）や、領域の水準（たとえば「国語学習の動機づけ」など）に注目されることが多く、状況的な動機づけや学習に焦点をあてられることがほとんどありませんでした。

　しかし、たとえば英単語のドリル学習にはほとんど興味を示さない生徒が、授業中の英会話活動には目を輝かせて取り組むといったように、同じ学習者であっても、動機づけや学習は状況によって変わり得るものです。そこで注目されているが、エンゲージメントという概念です。エンゲージメントとは、人と環境の間に現在進行形で生起してダイナミックに変化する、より「状況」に根差した学習への意欲的な取り組みや関与のあり方をとらえようとするものです。具体的には、主に次に示す3つのエンゲージメントが扱われています。

> 行動的エンゲージメント：特定の具体的な学習場面や学習課題における関与、努力や持続性、忍耐を含む概念
> 感情的エンゲージメント：特定の具体的な学習場面や学習課題における興味、退屈、不安、楽しさといった学習者の感情的反応に関する概念
> 認知的エンゲージメント：特定の具体的な学習場面や学習課題における注意、集中、挑戦への選好、認知的な操作（認知的方略、メタ認知的方略の使用など）を含む概念

　エンゲージメントとは、状況によって移りゆく学習への取り組みを示し、動機づけの要素を含んだ概念です。このエンゲージメントは、学業成果と直接的に関連するとされていることからも、学習にとって重要であると考えられます。学習指導要領には、学習評価の観点の一つとして「関心・意欲・態度*」があげられています。つまり、教師は児童・生徒の意欲的な取り組みを適切にとらえて評価しなければならないこともあるでしょう。そのため、まずはどの水準に目を向けたらよいのか考え、さまざまな場面や状況での児童・生徒の取り組みや動機づけに対して、普段から意識的に注意を払う必要があると考えられます。

第7講　学びのメカニズム③動機づけと学習

重要語句

関心・意欲・態度

現在の「学習指導要領」では、評価の観点は「関心・意欲・態度」、「思考・判断・表現」、「技能」、「知識・理解」に整理されている。

知っておくと役立つ話

復習や発展的な理解のために

学習意欲を高める
動機づけ調整方略

　自ら学んでいくプロセスを系統的に研究している自己調整学習という分野において、近年、動機づけ調整に関する研究が行われています。常に意欲的に学習を進めていくことは非常に難しいことです。たとえば、学習内容に興味がもてなかったり、学習内容が難しかったりすると、動機づけは容易に低下してしまいます。そういった場合には、自分自身の動機づけを効果的に調整することが必要になります。

　学習者は、学習中にどのように動機づけを調整しているのでしょうか。具体的な動機づけ調整のやり方は動機づけ調整方略とよばれており、学習方略の一つとして位置づけられます。梅本と田中は、日本の大学生を対象として研究を行い、大きく3つの動機づけ調整方略を明らかにしています（梅本貴豊・田中健史朗「大学生における動機づけ調整方略」『パーソナリティ研究』21巻3号、日本パーソナリティ心理学会、2012年）。1つ目は、自律的調整方略といって、学習の内容を自分の興味と関連づけたり、学習に価値づけたりして動機づけを高めるやり方です。2つ目は、協同方略といって、他者と一緒に学習することで動機づけを高めるやり方です。3つ目は、成績重視方略といって、成績を意識することで動機づけを高めるやり方です。

　それでは、どのような動機づけ調整方略が積極的な学習につながるのかをみてみましょう。これまでの研究では、自律的調整方略が、深い処理の方略の使用や学習の持続性、感情的エンゲージメントを促すことが示されています。一方で、成績重視方略は、浅い処理の方略の使用を促進し、学習の持続性や感情的エンゲージメントを阻害することが示されています。これらの結果から、成績や単位を意識して動機づけを調整するよりも、学習内容と興味との関連づけや学習内容の価値を考えて動機づけを調整することのほうが効果的だといえそうです。大学生を対象とした研究以外にも、小学生を対象としたもの、中学生を対象としたもの、高校生を対象としたものなどがあります。

　上に示したように、動機づけを調整して学習に取り組むためには、動機づけ調整方略も重要ですが、それだけでは不十分です。たとえば、「次の英語のテストで80点以上とりたい」といったような明確な学習の目標をもっていなければ、そもそも動機づけを調整してでも学習を続けようとはなかなか思えません。また、動機づけを調整するためには、まずは自分の動機づけの低下に気づくことが必要です。そのため、自分の学習状況を客観的に把握するメタ認知の力が必要になります。実際の学習では、こういった多くの要素が複雑に絡み合って、学習活動を支えています。効果的な学習プロセスを解明するためには、多くの学習の要素にきちんと目を向ける必要があります。

　これまでの動機づけ研究とは異なり、動機づけ調整研究は、「動機づけは、学習中に自分自身で積極的に調整していくものでもある」という視点を与えてくれます。みなさんは、学習中に自分の動機づけをどのように調整していますか？

ちゃんとわかったかな?

復習問題にチャレンジ

類題(福井県 2015年)

> ①子どもとの面接から分かったこととその対応について述べた次のア～ウの文の空欄Ａ～Ｃに
> 当てはまる語句として、最も適切な組み合わせを1～6の中から1つ選んで番号で答えなさい。

ア　面接で、学習の遅れについて「自分に国語ができるとは思えない。」と語った。この状態は、(A)が低くなったと考え、できるところから個別指導をしていった。

イ　面接で、「最初はいろいろ努力してみたけど、何をやってもダメだった。もうあきらめた。」と語った。この状態は、(B)が強まったと考え、まずは、できているところを認めるようにした。

ウ　面接で、友達がいなくて「自分は価値がなく、ダメな人間なんだ。」と語った。この状態は、自己肯定感もしくは(C)が低くなったといえ、保護者と連絡を取り合いながら存在そのものを認める関わりをしていった。

1　A:学習性無力感　B:自己効力感　C:自尊感情
2　A:学習性無力感　B:自尊感情　C:自己効力感
3　A:自尊感情　　　B:学習性無力感　C:自己効力感
4　A:自尊感情　　　B:自己効力感　C:学習性無力感
5　A:自己効力感　　B:学習性無力感　C:自尊感情
6　A:自己効力感　　B:自尊感情　C:学習性無力感

第7講
学びのメカニズム③動機づけと学習

理解できたことをまとめておこう!
ノートテイキングページ

学習のヒント:動機づけのそれぞれの理論の特徴をまとめてみよう。

第8講

教育心理学と教育実践①
認知発達と学習支援

理解のポイント

本講では、認知心理学の立場から学習のプロセスを見ていきます。そこでは、新しい情報を機械的に頭に詰め込むのではなく、すでに知っている知識に関連づけ、つなぎ止めていくという知識構造の変化をどのように促していくのかということが重要になります。これらの点を踏まえ、児童生徒の学びと効果的な学習指導や授業づくりについて考えていきましょう。

1 認知心理学とは何か

1 行動主義心理学 vs 認知心理学

　皆さんは「学ぶ」ということや学習をどのようなものとして受け止めていますか？　一言で学習といっても、そこには多種多様な考え方があり、人によってとらえ方はさまざまです。たとえば、「たくさん勉強すればするほど学力が上がる」といったイメージは一般的に広く共有されていると思われますが、そこには「多くの投資（input）をすれば、多くの見返り（output）が得られる」という物量主義ともいうべき考え方が潜んでいます。また「きちんと理解したことは忘れにくい」というイメージをもっている人は、学ぶ内容を自分の頭で考え、自分なりに意味づけて学ぶことの重要性を認めていると考えられます。

　学習の基本的なメカニズムは第5講でも取り上げましたが、ここでは効果的な授業づくりという観点から改めて考えてみることにしましょう。図表8-1は学習に対するとらえ方（学習観）として、行動主義心理学のアプローチと認知心理学のアプローチの違いを示したものです。もっと細か

図表8-1　行動主義心理学、認知心理学における学習観

	行動主義心理学	認知心理学
学習の定義	行動の変化	知識の構成
学習原理	刺激と反応の連合	知識構造（スキーマ）の再構造化
学習に影響する要因	反復、報酬、罰	体制化、精緻化、問題解決、アナロジーなど
教師の役割	学習を促進させる環境条件を整備する	効果的な学習方略を明確化する
	望ましい方向に行動が変わるようにフィードバックする	既有知識を明示し、学習すべき情報が構造化されるように伝える

く学習観を分類する考え方もありますが、ここでは認知心理学を広く、包括的なものとして取り上げています。以下に行動主義心理学の学習観、認知心理学の学習観のそれぞれを見ていきましょう。

2　行動主義心理学

　行動主義心理学*では、学習を行動の変化としてとらえます。「学習した」というためには、学習の前後で行動が変化しないといけません。児童・生徒がいくら「ちゃんとやった」と主張しても、成績に変化がなければ、少なくとも行動主義心理学の考え方では「学習した」とはいえないわけです。また行動主義心理学では、経験によって刺激と反応が結び付く（連合）ことで知識が獲得されると考えます。問題（刺激）を見たら、解き方が思い浮かぶ（反応）ようになることで知識が定着したということになります。その際、うまくいったときに報酬（ご褒美、褒めるなど）を与える、何度も繰り返し反復するなどのやり方で学習が促されると考えます。

3　認知心理学

　一方で認知心理学*の考え方では、学習は知識の構成と考えます。すでにもっている知識（既有知識）が新しい情報と結びつき、再構造化されることで知識が獲得されたと考えるわけです。その際、新しい情報をまとまりのあるように分類・整理する（体制化）、情報をつけ足して内容を豊かなものにする（精緻化）、試行錯誤しながらじっくり考える（問題解決）、身近なものにたとえて考える（アナロジー）といった方法で学習が促進されると考えます。認知心理学では、行動主義心理学のように白紙の状態から学びが進んでいくと考えるのではなく、児童・生徒が事前にもっている知識が新たな情報と結び付くことで、どのように変わっていくかに着目します。

　学びに対する考え方の違いは、児童・生徒に対する教師の学習指導や授業づくりの違いへとつながっていきます。行動主義心理学の立場では、学習者が効率よく学習できるように教材を工夫したり、指導方法を修正したりして環境条件を整えることや、学習が望ましい方向に進行するよう、褒めたり、注意を与えたりといった適切なフィードバックを示していくことが教師の役割として重要視されます。一方、認知心理学の立場では、児童・生徒が学習前にどのような知識をもっているかということを明らかにし、学習題材が既有知識とうまく関連づけられるようにガイドしていくことが教師の役割として重要になります。

　効果的な学びを実現するために、教師は何をすべきなのでしょうか。ここでは認知心理学の立場から、児童・生徒の学習や授業づくりについてもう少し詳しく見ていきましょう。

重要語句

行動主義心理学

心理学の一流派で、意識に着目するのではなく、客観的に観測可能な行動に研究対象を限定すべきとした。刺激と反応の連合から、人間の行動を予測し、制御できるとしたワトソンの主張が有名。
→第5講参照

重要語句

認知心理学

人間の認知過程そのものを研究対象としなかった、行動主義心理学に対する批判から台頭してきた心理学の流派。情報の符号化、貯蔵、検索など、人間をコンピュータと同じ「情報処理システム」と見なして、認知過程を理解できると考えるところに特徴がある。

プラスワン

知識の構成
ピアジェは、人が環境に適応していくために、同化と調整という2つの働きを通して自らの知識構造（スキーマ）をうまく適用させることが必要であると考えた。
→第2講参照

第8講　教育心理学と教育実践①認知発達と学習支援

99

2 認知心理学に基づく学習

1 素朴概念と科学的概念

「チューリップも悲しみを感じる」「地球は円盤状で、その上に人が住んでいる」など、日常世界で遭遇する事物に対して、幼児であっても何らかの知識・考えをもっています。こうした知識・考えのことを素朴概念といいますが、生活のなかで獲得された「日常知」ということもできます。

図表8-2を見てください。1枚のコインが空中に投げ上げられ、自然落下によって落ちてくる様子（鉛直投げ上げ）が示されています。aはコインが上方向に動いているところで、bはコインが下に落ちていくところです。皆さんはa、bそれぞれの位置で、コインに対しどのような力が働いていると思いますか？　コインに働いている力の向きと大きさを、矢印を使って図のなかに記入してみてください。

クレメントが理系の大学生に同じ質問をしたところ、aの位置ではコインに上向きと下向きの2つの矢印を、bでは下向きの矢印を記入する学生が多かったのです。物理学が得意な人はおわかりでしょうが、これは誤りです。a、bとも重力による下向きの力だけがはたらいているというのが正解です。クレメントの実験では、理系の大学生でも正答した人は1割程度しかいませんでした。

不正解だった人は、「コインが上昇しているときには重力による下向きの力よりも、上向きに大きな力が働いている」「上向きの力は徐々に弱くなり、重力よりも小さくなったときに落下し始める」といったようなことを考えませんでしたか？　実はそう思わせるのが素朴概念の影響なのです。実際には、慣性の法則として知られているように、動いている物体は（特に外から力が働かない限り）そのまま動き続けるわけで、コインが宙に投げ放たれたときに上向きの力は加わっていないのです。

クレメントの実験は、人がもっている素朴概念がいかに根強く残っているかということを物語っているといえます。こうした人がもっている素朴概念は学校で教えられる科学的概念の学習を妨げることが多々あり、それをどう克服し、スムーズに習得させるかが問題になっています。

図表8-2　コインに働く力は？

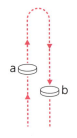

Clement, 1982; 稲垣・波多野, 1989をもとに作成

100

2 概念変容を促す学習方法

　先に、認知心理学では学びを知識の変容としてとらえていると述べたことを思い出してください。つまり認知心理学の考え方に立てば、素朴概念が科学的概念として置き換わり、新たな知識構造（スキーマ）として再構造化されていくことを学びとしてとらえていることになります。それでは実際にどのようにしてそれが可能になるのでしょうか？　ここでは概念変容を促す学習方法としてよく知られている、認知的不協和とアナロジーの2つのアプローチについて見ていきましょう。

① 認知的不協和

・驚きや葛藤を利用する

　まず1つ目の方法は、児童・生徒の素朴概念に対立する事実や考え方をつきつけ、「つじつまが合わない」「説明できない」という驚きや葛藤を体験させることによって概念変容を促すものです。その際よく用いられるのが、児童・生徒が予めもっている、素朴概念の反証データ*を示すというやり方です。たとえば、「物を燃やすと軽くなる」という素朴概念をもっている児童が、「マグネシウムを燃やすと重さはどうなるか？」という問いに対し、「燃焼前よりも軽くなる」という予想を立てたものとしましょう。実際にマグネシウムを燃焼させ（酸化マグネシウム）、重さをはかりで量ってみると燃焼前よりも重くなっているのがわかり、予想に反した結果（反証データ）にびっくりするわけです。同時に、「物を燃やすと軽くなる」「燃やすことによって物体から何かが外に出て行く」といった考えではうまく説明できないことに不満をもちます（さらに、「理解したい」という知的好奇心が喚起されます）。この不満は認知的不協和といって、心理的に不快な状態ですから、児童は何とかそれを解消しようとしてうまく説明できる考え方を求めようとします。この場合では事前にもっていた考え方（素朴概念）を捨て、「加熱したことで酸素とマグネシウムが化合し、その分重さが増えた」という科学的概念を受け入れていくことにつながるわけです。認知的不協和の状態を概念変容の起爆剤として用いる方法は、わが国でも細谷順が「ドヒャー型」の学習法として紹介しています。

・認知的不協和の留意点

　一方で、認知的不協和の状態そのものが常に学習を促進するわけではないという点にも注意してください。チンとブリューワの研究では反証データに直面しても、それを無視したり、除外したり、あるいはもとの仮説を少しだけ変えて修正したりするに留めるなど、事前の考えが変わらなかったケースを多数指摘しています。これなども、人がもともともっている考え方（素朴概念）がいかに変化しにくいかということを改めて示すものといえるでしょう。予想とあわないという認知的不協和をつくり出すだけでは、直ちにそれが科学的概念の習得につながるとは限りません。「ドヒャー型」のような認知的不協和をつくり出して一気に概念変容を図るやり方とは別に、細谷順は素朴概念からの予想と結果が一致するような、児童・生徒にとって納得しやすい事例をまず設定しておいて、それを足がかりにして科学的概念の導入を行い、徐々に素朴概念の予想と異なる事例へと広げてい

語句説明

反証データ
仮説（予想）に合わない事実や証拠のこと。

くやり方を紹介しています。科学的概念が児童・生徒のなかに徐々に浸透していくという意味で、「じわじわ型」の学習法という名がついています。

② アナロジー
・自分が知っているものにたとえる

2つめの学習方法は、アナロジー*を用いた説明を行うというものです。たとえば「電流は水の流れ（水流）のようなものだ」といったときに、電流の性質をまったく知らなかったとしても水の流れの性質を知っていれば、そこから推測することができます。電気は水と違って直接見ることができず、普段なじみが薄いのですが、より身近な事物である水の流れを引き合いに出すことで児童・生徒の理解を促す方法は実際によく使われています。

ホリオークとサガードによると、アナロジーのプロセスは4つの段階から構成されます。まず、第一段階で課題にのぞむにあたり以前の経験から類似した事例を思い出します（ベース選択）。先の電流の例では、水の流れの性質を思い出したことになります。そして、第二段階で想起した事例（ベース）から解くべき課題（ターゲット）へ知識の対応づけ（マッピング）を行います（対応づけ）。例では、水流の知識を電流の性質や構造に結びつけることです。さらに第三段階で、先に行った対応づけが課題を解くうえで適切だったかどうかを評価します（評価と修正）。ベースとターゲットの表面的な類似性だけでなく、より抽象的な構造の類似性や、何のためにアナロジーを使うのかという目標に照らし合わせて評価を行う必要があります。先の例では、水と電気では見かけ上の性質は異なりますが（水は見えるが、電気は直接見えないなど）、「圧力が高まると流れの勢いが増す」という点は共通しており、今回の電流の理解ではそれが適切であったと評価されるわけです。そして第四段階で、想起した事例（ベース）と課題（ターゲット）との共通点を抽出し、それを抽象的知識として自己の知識のなかに取り入れます（学習）。アナロジーを使って学んだことがその場限りで終わってしまわないよう、自らの知識構造のなかに統合するのです。

③ 橋渡しアナロジー
・アナロジーの留意点

アナロジーは常にうまく働くとは限りません。アナロジーを使うことで誤った推論をして、本来意図していたものとは異なる学習をしてしまう危険性もあります。また素朴概念（ベース）が強力な場合には、科学的概念（ターゲット）への転換がスムーズに行われないこともあるのです。

図表8-3　橋渡しアナロジーの仕組み

Clement, 1993をもとに作成

語句説明

アナロジー

類推ともよばれ、あるものを考える際にそれと似た（類似した）ものから推し量る認知活動のこと。「たとえるもの（ベース）」と「たとえられるもの（ターゲット）」からなる。

図表8-3の右側を見てください。これは物理学における垂直抗力の問題ですが、机の上に本が載っています。本には重力によって下向きの（本が机を押す）力が働いているのですが、それと同時に上向きの（机が本を押す）力が働いています。この上向きの力は抗力とよばれ、本に働く重力と抗力が同じ大きさでつり合っているから、本は静止しているわけです。しかし一般に抗力はイメージしづらく、「本に働いている力の向きと大きさを書きなさい」という問題に対して誤答する人が多いのです。これは「重力によって本が落下するのを妨ぐ障壁として机が存在しているだけで、本を押し返す上向きの力（抗力）は働いていない」といった素朴概念を多くの人がもっているからと考えられます。

そこで適切な科学的概念の習得へと導くため、「手でバネを押し下げている」事例をもとにアナロジーを使って説明するやり方が考えられます（図表8-3の左側）。この事例だと、手にはバネを押し下げる下向きの力だけでなく、バネから押し返される上向きの力が働いていることは容易にイメージできます。しかし「手でバネを押し下げている」事例をベースとして、「机の上に本が載っている」事例をターゲットとするアナロジーがうまく機能しない場合があるのです。「バネには柔軟性（弾性）があり、下向きの力が働いて縮んだとしても、元に戻ろうとする（上向きの）力が働く」のはイメージできても、「机は固く、動かない」という知識が邪魔をしてアナロジーによる概念変容を妨げるからです。実際は、机もバネと同じで柔軟性がある弾性体なのですが、日常経験で得られた机のイメージがそう思わせないように仕向けるのです。

・橋渡し事例を仲介したアナロジー

クレメントはベースとターゲットを橋渡しするような事例をまず呈示し、それを足がかりにして科学的概念の習得をはかる方法として、橋渡しアナロジーの有効性を主張しています。図表8-3の中央部を見てください。スポンジのような柔らかい素材でできている台の上に本が載っている様子が示されています。スポンジのような素材は、ちょうど「固い（動かない）机」と「柔らかい（動く）バネ」の中間的な特徴をもっており、ベースからターゲットへの情報の移行を仲介するように機能するのです。ベースからターゲットへと一気に概念を変えるのではなく、橋渡し事例を中継して徐々に変容するように導くわけです。その意味で橋渡しアナロジーを用いて説明するやり方は、先に挙げた細谷順の「じわじわ型」の学習法と共通しているところがあります。

3 授業づくりへの視点

1 主体的・対話的で深い学び

文部科学省中央教育審議会は「幼稚園、小学校、中学校、高等学校及び特別支援学校の学習指導要領等の改善及び必要な方策等について（答申）」

（2016）を取りまとめ、そこで新しい「学習指導要領*」の理念・方向性が示されました。その際の学習活動の中核をなすものとして「主体的・対話的で深い学び（アクティブ・ラーニング）」の実現がうたわれ、そのために学習指導を工夫・改善し、学習環境を整備していくことが求められています。

こうした「主体的・対話的で深い学び」の考え方は、認知心理学の学習観やプロセスと共通するところが多いのです。質の高い学びを実現するための授業づくりのヒントとして、以下に認知心理学の理論や知見に基づく学習方法について見ていきましょう。

① 発見学習
・発見を通して学ぶ

ブルーナー*は、教師が知識を直接教えるのではなく、児童・生徒が自らそれを発見し、習得することを意図した学習方法を提唱しました。たとえば、「三角形の内角の和は180°である」ということを教師が説明するのではなく、直角三角形や正三角形、二等辺三角形など、さまざまな三角形を教師が用意しておいて、これらの三角形を詳しく調べていくことで児童・生徒が自らそれに気づくように導くというものです。科学者が実験や観察を通して新しい発見をしていくのと同じように、児童・生徒も課題に潜んでいる法則や概念について発見することができるという考え方から、発見学習とよばれています。

発見学習は、学び手である児童・生徒がまず解くべき課題は何であるのかを見極め（問題発見）、その課題を解くためにどうしたらよいか、どうやったら解けるかを考え、課題を解くやり方を試行錯誤していくことで最終的に答えを見つける（問題解決）というプロセスで進行していきます。先ほどの例でいえば、課題は「三角形の内角のひみつについて調べる」ことになり、そのために分度器で3つの角度を測って合計したり、三角形を並べて隙間なく敷きつめたり、考えについて隣の人と話し合ったりなど、自分なりにさまざまなやり方を試していくことで「どのような三角形であっても、内角の和は180°になる」ということに気づくのです。

発見学習は単に知識を習得するだけでなく、答えに至るための手段や方法についての知識、すなわち問題解決スキルも身につけることができます。それに加えて、「うまくできた」「自分の力で答えを見つけることができた」という経験は学習に対する満足感や達成感を高め、「やればできる」という自信や自己評価も高めることもできるのです。こうした感情的な体験は、学習に対する「やる気」や「粘り強さ」と密接につながっており、次の学習に対しても意欲的に取り組む児童・生徒をはぐくむという点で大いに重要です。

・発見学習の留意点

発見学習（仮説実験授業も同様）は、直接教えることに比べて学習に時間と労力がかかるというコスト面での問題があります。特に授業時間の確保に苦労する状況では多用するのは難しいでしょう。またそれ以上に厄介なこととして、教師が児童・生徒の活動をうまくガイドしていかないと、

> **重要語句**
> **学習指導要領**
> 文部科学省が告示する学校教育における教育課程の基準。ほぼ10年ごとに改訂され、2017年3月に「新学習指導要領」が告示された。

> **ジェローム・ブルーナー**
> 1915〜2016
> アメリカの心理学者。概念学習、言語獲得、ナラティブ論などの研究で認知心理学・教育心理学・発達心理学・文化心理学の発展に大きく貢献した。

> **プラスワン**
> **仮説実験授業**
> 発見学習と同じような考え方から生まれたものとして、板倉聖宣が提唱した仮説実験授業がよく知られている。仮説実験授業は、課題に対する予想を児童・生徒が立て、それを全員で討論し、実験によって確かめるという流れを繰り返すことで知識の習得をはかるというもの。
> 教師から知識が直接与えられて学ぶのではなく、児童・生徒が討論や実験を通し、自分が納得のいくまで考えることで学ぶという点は、発見学習とよく似ている。

学習が浅くなったり、誤った知識を習得してしまったりする危険性もあります。学び手である児童・生徒の好きなように活動させるだけでは、必ずしも深い学びへと至らないということであり、注意が必要です。

② 有意味受容学習
・知識構造（スキーマ）に結びつける

オーズベル*は学習の際に機械的に丸暗記するのではなく、意味のあるものとして学ぶことの重要性を指摘しました。新しい情報（学ぶべき情報）を既有知識と関連づけることにより、意味のある情報として自らの知識構造のなかに取り入れる（包摂する）ことができ、それによって知識の定着をはかるわけです。そのための学習方法として先行オーガナイザー*に着目し、有意味受容学習として提案しました。

図表8-4に先行オーガナイザーの例を示します。なぜ人は風邪をひいたり、ひかなかったりするのか、その原因について述べられています。まずこれを読んだ後に、山崩れが起こる原因について学習すると、風邪（先行オーガナイザー）と山崩れ（学習題材）を比較し、両者を関連づけて理解することができるので学習効果が高くなるのです。一般になじみの薄い事柄や難しい事柄について学ぶ際には、児童・生徒になじみのある先行オーガナイザーを予め経験させておくと、先行オーガナイザーを足がかりにして学習題材を既有知識に結びつけたり、つけ足したり、まとめ上げたりして自らの知識構造（スキーマ→第5講参照）に取り入れやすくなるわけです。図表8-4にあるような先行オーガナイザーは特に比較オーガナイザーとよばれていますが、先に述べたアナロジーによる学習法の一つと考える

図表8-4　先行オーガナイザーの一例

先行オーガナイザー

　山崩れが起きる仕組みは、私たちがカゼにかかる仕組みとよく似ている。
　第一に、私たちがカゼをひくとき、私たちの外側にカゼのビールスが存在する。このような外側にある原因を「誘因」という。同様に、山崩れも、それを引き起こす何らかの原因が、まずその山の外側になければならない。
　第二に、私たちの内側にも何らかの原因がなければカゼはひかない。この内側の原因を「素因」という。カゼの要因としては、疲労・栄養不良などがある。同様に、山崩れがおこるために、その山の内側にもしかるべき素因が認められる。
　第三は「免疫性」である。過去に一度カゼにかかったことがあれば、その型のカゼのビールスに対して私たちには免疫ができる。同様に、過去に一度大規模な山崩れを起こしていれば、その山は今後の山崩れに対して免疫性を獲得したといわれる。

↓

教材（免疫性に関する部分のみ）

……キャサリン台風は、赤城山に襲来する以前に、群馬県の手前の埼玉ですでに秩父山地を襲っていたのである。けれども、赤城山の場合とは対照的に秩父山地では山崩れも土石流も起こらなかった。これはどういうことだろうか。
……その理由としては、約40年ほど前の……大豪雨が挙げられるだろう。この時、秩父山地はいたるところで被害にあい……「谷は大きな土石流を押し出し、徹底的に砂レキをはきだしてしまった」ということである。赤城山には、このような以前の災害の記録はないことから、キャサリン台風による大被害を招いたものと思われる……

池田・田中, 1985; 鹿内, 1993をもとに作成

デイヴィッド・オーズベル
1918〜2008
アメリカの心理学者。学習者がすでにもっている知識構造のなかに、新しい個々の経験が取り入れられ、関連づけられることで学習が進むとした包摂理論を提唱した。またそれを促す方法として有意味受容学習を紹介し、非効率的な発見学習を批判している。

語句説明

先行オーガナイザー

オーガナイザーとは「知識の構成を助けるもの」という意味で、有意味受容学習では重要なツールとなる。学習題材（学ぶ内容）を学習者の知識構造の中に結びつけるための枠組み（ことば、図表など）をあらかじめ呈示しておき、それを積極的に活用するよう促すことで、学習者にとって「意味のあるもの」として知識が整理、体系化され、記憶に定着しやすくなることが期待できる。

> **プラスワン**
>
> **概念地図法**
> 概念とそれらの関係がどのようになっているかをネットワーク地図として書き表す方法。児童・生徒がどのような既有知識をもっているか、学習内容をどのように受け止めているかが視覚化され、教師が見とりやすくなる。同様に児童・生徒にとっても、自らの学習状況を把握できるというメリットがある。

こともできます。

　先行オーガナイザーはことば（文章）による説明だけでなく、図や表でも効果があります。児童・生徒の既有知識にある身近な事柄以外にも、個々の事例を超えたより抽象的で一般的な説明（説明オーガナイザー）として呈示する方法もよく使われます。先ほどの山崩れの学習を例に取れば、風邪を引き合いに出すかわりに、山崩れが起こる仕組みの概略図を呈示するやり方が考えられます。

・有意味受容学習の留意点

　有意味受容学習における「有意味」とは、児童・生徒にとってなじみやすい、身近な事柄が使われることを指しているわけではありません。そうではなく、学習題材が児童・生徒の知識構造のなかに取り入れられ、はじめて「有意味」になるのです。そのためには学び手である児童・生徒が、学習題材を積極的・能動的に自らの既有知識と関連づけ、新しい知識として統合していくことが必要になります。与えられた情報をただ受け取るという、受け身的な学習姿勢・態度では「有意味」な学習にならないこともあるということです。またこうした統合過程にはある程度の既有知識と、自分自身の学びを意識的に振り返り、意図的に方向づけることのできる力（メタ認知能力）が求められます。

③ 自己調整学習

・主体的・能動的に学びをマネジメントする

　教育基本法にある「自ら進んで学習に取り組む意欲を高める」といった文言や、学校教育法にある「主体的に学習に取り組む態度を養う」ということばに代表されるように、わが国の学校教育では児童・生徒が自主的・主体的に学ぶことのできる力、いわゆる「自ら学ぶ力」の育成が重要視されています。変化の激しい時代に適応していくためには、生涯にわたって学び続ける姿勢・態度や困難にうち勝ち、障害を乗り越えることのできる力を育成することが大切だと考えられているためです。こうした「自ら学ぶ力」として、近年では自己調整学習（→第7講参照）が注目されています。

　自己調整学習のプロセスは3つの段階のサイクルで構成されており、す

図表8-5　自己調整学習のプロセス

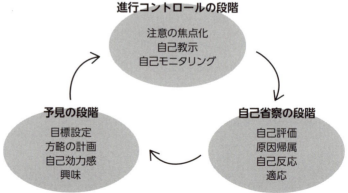

Schunk & Zimmerman, 1998; 伊藤, 2014をもとに作成

なわち予見の段階、遂行コントロールの段階、自己省察の段階で、いわゆるPlan-Do-Seeのサイクルに沿って学びが進行していくというとらえ方をしています。もう少し詳しく見ていきましょう。

まずは予見の段階です。学習活動を始める前に、まずその見通しを立てる段階になります。学習すべき課題を分析し、自分自身の学習目標を設定します。そして目標に到達するためには、どのようなやり方で勉強を進めようかという計画（方略の計画）を立てるわけです。予見の段階がうまく進行していくためには、「やればできる」という自信や「積極的に学びたい」というやる気、課題への興味関心が大いに影響します。

次に遂行コントロールの段階です。これは実際に学習を行う段階にあたります。予見の段階で立てた「どのように学ぶか」という計画に基づき、それがうまく実行されるように課題に集中したり、環境を整えたり、順調に進行しているかをチェックしたり、「うまくいかない」と判断された活動を途中で修正したりする段階です。

最後は自己省察の段階です。自分自身の学習活動を振り返って、自己評価を行う段階です。学習の成果が予め立てておいた目標に到達したかどうか、到達できたときにはどうしてうまくいったのかを、失敗したときはどうしてうまくいかなかったのかを振り返り、次の学習へと活かすのです。つまり、もしうまくいかなかったときに、目標の立て方や課題への取り組み方（学習への取り組み方）に問題があったのであれば、それを改善したものが次の学習の予見の段階に反映されることになります。またもしうまくいったときには、「やってよかった」「頑張ったかいがあった」と目標達成できた喜びや満足感に浸ることで、「次もきっとうまくやってみせる」と後の学習にも高い意欲をもってのぞむことになるわけです。

自己調整学習では予見、遂行コントロール、自己省察の３つの段階をうまく循環させていきながら、「志望校に合格するためにはどうすればよいか」「教師になりたい夢を実現するには何をすればよいか」といった長期的な視点で学習活動をマネジメントしていくことが求められています。

・自己調整学習とメタ認知

こうした自己調整学習のプロセスには、メタ認知の働きがとても重要になります。メタ認知とは「認知活動の認知」を意味することばで、モニタリング＊とコントロール＊というプロセスから構成されています（→第６講参照）。またメタ認知は対象レベルとメタレベルの２つの水準から構成されると考えられています。対象レベルは見る、聞く、思い出す、考えるといった現在進行中の認知活動のレベルで、メタレベルは対象レベルの上位に位置し、対象レベルを監督する認知活動のレベルになります。この対象レベルとメタレベルの相互作用がどのように行われるかについて、対象レベルがメタレベルに本の内容を読んで聞かせているシーンを例に取り説明しましょう。対象レベルは本を読み上げますが、所々本の中に難しい表現があります。メタレベルは理解しづらい表現に気づくと（モニタリング）、「ちょっと待って。もう一回読んで」「この○○というのはどんな意味？」といったぐあいに対象レベルに問い合わせます。対象レベルはメタレベル

語句説明

モニタリング

自分が知っていることを意識する、考える活動がうまく進行しているかを監視するというように、認知活動の進捗や現在の状況を把握すること。

語句説明

コントロール

思考が堂々めぐりになったときに考えるのを中断したり、うまくいっていないやり方を修正して別の方法を試したりと、進行中の認知活動の調整を行うこと。

プラスワン

自己説明

他者に対してわかりやすく説明するように、自分自身に対して説明する方法。「自分が理解している部分」「わからない部分」が明確になり（自己モニタリング）、自分が理解できるように自分自身の言葉で説明することで、課題成績が高まることが知られている。

からの問い合わせを受け、該当部分をもう一度ゆっくり読み上げたり、○○の意味を辞書で調べてわかりやすく伝えたりするのです（コントロール）。こうしてモニタリングとコントロールは互いに影響し、循環的に働きながら進行していきます。

・自己調整学習の留意点

自己調整学習は児童・生徒の学びを認知面、情意面から包括的にとらえようとするモデルで、学び手である児童・生徒がメタ認知をうまく働かせることが必要になります。それには児童・生徒が「自分はちゃんと理解できているか」「うまくいかなかったところは何か」といったことを自らに問いかけ、確認できるように普段から促すことです。最近では、ワークシートやチェックリストを用いて、学習活動の振り返りを児童・生徒に求めることも多くなってきました。「学習がうまくいったかどうか」を問うだけでなく、もう一歩踏み込んで「どのようにしたら、もっとうまくいくと思うか」「自分が試したやり方以外にどんな方法が考えられるか」「その他にどういうやり方を試してみたいか」といった具体的な考えを求めるようにすると、メタ認知のコントロールの力を高めることが期待できます。児童・生徒同士で発表させるようにすると、意見を交わし合うことで「自分のやり方が他人にはどう映るか」が意識化されるので、より効果的といえるでしょう。その際、もし何も思い浮かばない児童・生徒や、効率の悪いやり方を書いている児童・生徒がいれば、教師が適切な方法を教えて理解させることも必要です。自己調整学習が上手にできるようになるには時間がかかるかもしれませんが、長期的な視点で徐々に身に付くよう促していきたいものです。

ディスカッションしてみよう!

認知心理学の学習観に基づき、「自ら主体的に学ぶ」ことができる児童・生徒をはぐくむために、学ぶときの工夫の仕方や勉強への取り組み方など、児童・生徒に具体的なやり方を示し、アドバイスすることはとても大切です。児童・生徒に伝えることができるよう、これまでに培ってきた勉強のコツやノウハウについて、みんなで考えを話し合いましょう。

例えば・・・

①勉強する際のコツ

②苦手教科に向き合うコツ

③スランプを克服するコツ

復習や発展的な理解のために

知っておくと役立つ話

脳トレプログラムは効果があるか?

第**8**講 | 教育心理学と教育実践①認知発達と学習支援

　パズルやゲームを通して認知機能を向上させることを意図した、いわゆる脳トレプログラムが人気を博しています。書籍をはじめとして携帯ゲームやスマートフォンのアプリ、Webサイトなど、さまざまな媒体で用意されており、きっと皆さんのなかにも体験したことがある人もいることでしょう。こうしたプログラムを体験することで、「頭がよくなる」「IQが向上する」といったことが実際に期待できるのでしょうか?　ここでは学習心理学の知見をもとに考えてみましょう。

　学んだことが後の学習に影響を及ぼすことを転移といいます（→第5講参照）。学習転移はいつでも起こるとは限らず、転移しない、つまり先に学んだことが後の学習に活かされないケースが多々あることが報告されてきました。その一つとして、学んだ内容と近い領域・課題に対しては学習転移が起こりやすく、学んだ内容とかけ離れた領域・課題に対しては起こりにくいことが知られています。つまり学習には特異性（固有性）があり、脳トレプログラムで鍛えた課題（およびそれと似た課題）に対しては成績が向上するものの、トレーニングで使用したものとは違った課題に対しては成績が向上するわけではないということになります。そう考えると、脳トレプログラムは「効果はあるが、限定的」と考えた方がよさそうです。要は「経験していないことは学んでいない」ということですから、児童・生徒の力を伸ばそうというのであれば、その力が付くような学習経験を授業のなかにきちんと組み込むことが必要です。

ちゃんとわかったかな?

復習問題にチャレンジ

類題（福井県　2015年）

①学習心理について述べた次のア〜ウの文の波線部の正誤の組み合わせとして、適切なものを1〜6の中から1つ選んで番号で答えなさい。

ア　「自分には、この方法では解けないので他の方法を試そう」とやり方を変えた行動は、メタ認知的な行動（活動）といえる。

イ　「あの子の勉強の仕方は参考になる」とやり方を変えた行動は、モデリング（観察学習）といえる。

ウ　「成績が上がったらゲームを買ってもらえるから勉強する」という行動は、内発的動機づけによる行動といえる。

1　ア：正　イ：正　ウ：誤　　2　ア：正　イ：誤　ウ：誤
3　ア：正　イ：誤　ウ：正　　4　ア：誤　イ：正　ウ：正
5　ア：誤　イ：正　ウ：誤　　6　ア：誤　イ：誤　ウ：正

（東京都　2014年）

②次の文は、ある学習方法に関するものである。この学習方法の名称として適切なものは、下の1〜5のうちのどれか。

オーズベルが提唱したもので、教師が知識を提供するとき、学習者の内部にある認知構造に関係づけるように学習させる方法のこと。

1　問題解決学習
2　バズ学習
3　有意味受容学習
4　完全習得学習
5　発見学習

110

理解できたことをまとめておこう！

ノートテイキングページ

学習のヒント：認知心理学に基づく授業の理論についてまとめてみよう。

第9講 教育心理学と教育実践② 学級集団と学習支援

理解のポイント

学校では学級をはじめとする特定のメンバーからなる集団が形成され、その中の一員として周囲と関わりながら学習を進めていくことになります。第9講では、学級をはじめとする児童生徒の集団の特徴や、集団で行う学習形態とそこにおける教師や生徒の人間関係がどのように学習効果に影響するかを理解し、集団で学ぶ意義について考えられるようになりましょう。

1 学級集団とは

1 学級集団の機能

　学級集団は、通常1名の担任教師と、複数名の児童・生徒からなる集団です。児童・生徒は日常生活の大部分をその集団の中で過ごすことになりますので、学級集団が望ましいものであることはとても重要です。学級集団がよりよく機能するための要素としては、「集団目標」「集団規範」「教師のリーダーシップ」「集団凝集性」などがあげられます。

　集団目標とは、集団の形成や活動の目的であり、集団を望ましい状況に導く機能のことです。学級集団の目標としては、学習により知識や技能を獲得することがあげられますが、問題解決に至る過程や方法を学んだり、周囲の人と協力する方法を学んだりするなど、教科の内容を超えたさまざまな能力の習得も含まれます。

　集団規範とは、集団に所属する際にメンバーに課せられるルールのことを指します。各メンバーは規範を守ることで、その集団の一員であるという意識が生まれます。校則や学級の決まりのように公的な、明文化されたルールもありますが、集団が発展していくなかで新たにメンバー間でつくられていくルールもあり、リーダーやメンバーの特性によって集団独自の雰囲気が形成されていきます。

　授業においては、教師がリーダーシップを発揮し、児童・生徒が知識・技能を獲得していくにあたっての基準や手本となることや、学級を居心地が良いと感じられる集団であるように維持することはとても重要です。そのためには、教師は自分自身や学級内の各メンバーがその学級集団全体に与える影響について理解しておく必要があります。教師のリーダーシップについては、次節にて詳しく述べていきます。

複数の教師で授業を行うティームティーチングや、個別に子どもの学習をサポートするティーチングアシスタント（TA）を用いる場合もあります。

集団凝集性とは、集団としてのまとまりの良さのことをいい、社会心理学では「集団内に成員を自発的にとどまらせようとする力の総体」と定義されています。学級集団について評価する際に、「あのクラスはまとまりがいい」とか「あのクラスは気持ちがバラバラだ」といったように、集団のまとまりについて意見が述べられることがあります。先ほどの定義を当てはめるならば、教師を含めた学級の一人ひとりが主体的にそこに居たい、そこで学びたいと感じさせる学級は、集団凝集性が高いと言えるでしょう。

2 学級集団における教師の影響

1 リーダーシップ

　リーダーシップとは、集団や組織の維持・強化及び目標達成に向けて他者を導く役割ないしはその能力を指します。教師は担当する学級を率いるリーダーですから、適切なリーダーシップを発揮することが必要になります。

　とはいえ、子どもたちは学校生活を送る中でさまざまな先生と出会い、関わっていくなかでそれぞれ好きな先生や苦手な先生だと感じることがあります。これまで、どのようなリーダーシップが効果的なのかを明らかにするための研究が進められてきました。有名なものとしては、**レヴィン**＊らによるリーダーシップ行動の研究が挙げられます。彼らは10歳の子どもの集団に対して「専制型」「民主型」「放任型」の三つの指導スタイルを設定し、それぞれのリーダーが所属する集団の雰囲気と作業の量や質を観察しました（図表9-1）。その結果は、①民主型のリーダーのもとでは集団の雰囲気も良く作業の能率も良い、②専制型のリーダーのもとでは能率

クルト・レヴィン
1890～1947
ドイツの心理学者。人格や動機づけ、集団力学（グループ・ダイナミクス）に関する研究で知られる。

図表9-1　リーダーシップ行動のタイプ

	専制型	民主型	放任型
集団活動方針の決定	指導者がすべて決める	集団の決議で決め、指導者はそれを補佐する	指導者は関与せずメンバーに任せる
仕事の見通し	作業ごとに指導者が指示を出すため、メンバーは作業全体の見通しが立てられない	仕事の進め方を集団の決議で決めるため、メンバー全員が仕事の見通しを立てられる	メンバーが指導者に委ねた場合にだけ指示が与えられる
仕事の分担	仕事の分担や一緒に作業する相手は指導者がすべて決め指示する	一緒に作業する相手や分担は集団の決議で決める	指導者は関与しない
メンバーの作業に対する評価	主観的な要素が強い	客観的な事実に基づいて評価された	メンバーが指導者に尋ねない限りは仕事に口出ししない

Lewinら，1939をもとに作成

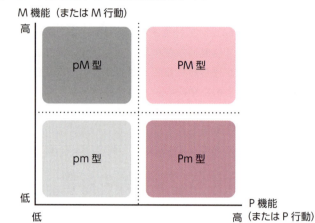

図表9-2　PM理論による集団機能のタイプ

三隅, 1966をもとに作成

は良いが集団の雰囲気は悪い、③放任型のリーダーのもとでは雰囲気も作業能率も悪いというものでした。

　また、三隅二不二（1966）によって提唱された**PM理論**では、集団機能は課題解決や目標達成（performance（P））に関する機能と、集団の維持（maintenance（M））に関する機能から成り立っていると考えられます。所属する集団のリーダーが、この二つの機能をどの程度果たしているかによって、リーダーシップを4つの類型に分類しました（図表9-2）。類型の特徴は次のとおりです。

> PM型：課題達成機能も集団をまとめる力もある理想的な型。
> Pm型：課題達成機能は高いが集団をまとめる力が弱い型。
> pM型：集団をまとめる力はあるが課題達成機能が弱い型。
> pm型：どちらもうまく機能していない型。

　また、PM型の教師の学級では、子ども同士の連帯が強く、規則への遵守もなされ、学習意欲も良好であることも示されました（三隅、1978）。

2　教師期待効果（ピグマリオン効果）

　教師が児童・生徒にもつさまざまな期待は、意図するかしないかに関わらず、児童・生徒の学習成績に影響を与えることがあります。**ローゼンソール***らは、ある学級集団において「子どもの成績の伸びを予想できる能力開花テスト」を実施すると教師に伝え、テストを実施しました。その後の教師との会話のなかで、何名かの子どもの名前を伝え、8か月後に成績の伸びを検査しました。その結果、教師に名前を告げられた子どもの成績が実際に向上していることが示されました。ここで注目したいのは、①先ほどの能力開花テストが単なる知能テストであったということ、②研究者が指名した子どもはクラスからランダムで選ばれただけであり、知能テストの成績で選ばれたわけではなく、その後の成績が伸びるという保証はなかっ

ロバート・ローゼンソール
1933～
アメリカの心理学者。対人行動やコミュニケーションに関する研究を行い、実験者の抱く仮説が実験参加者に与える影響（実験者効果）を明らかにした。ピグマリオン効果もこれに類するものであると考えられる。

たということです。

　教師が児童・生徒にもつ期待が児童・生徒の学習成績に影響を与える現象を教師期待効果（ピグマリオン効果）といいます。教師期待効果が生じる理由は、児童・生徒に期待を持つことで教師の接し方が変わり、それが子どもの動機づけを向上させることにつながると考えられます。たとえば教師が「この子は知的好奇心が強い」という期待を持つと、その子どもが近づいてきたときにしっかり応じようとするでしょう。また、失敗したときでも叱るよりも励まし、成功すれば褒めるという対応をとりがちになります。そうした対応を繰り返された子どもは教師の丁寧な指導によって学習が促進されたり、「先生に期待されている。がんばろう」という気持ちが高まることで学習への意欲が増し、その結果学習成績が向上すると考えられます。

　一方で、児童・生徒に期待しなかったり悪いレッテルを貼ることによって、実際に成績が下がってしまうことをゴーレム効果といいます。教師がどのようなイメージを持つかが、児童・生徒の成績をプラス方面にもマイナス方面にも影響してしまうことはよく理解しておいたほうがよいでしょう。

3　児童・生徒同士の対人関係

1　友人選択の理由

　学級は、多くの人間関係を提供してくれる場としても機能します。就学前の幼児期には家庭内の親子関係やきょうだい、祖父母などの家族関係を中心に対人関係が形成されますが、就学後には学級内での友人関係が加わり、さらに他者との関わりが増えていくことになります。田中（1957）によると、子ども同士の友人関係には図表9-3に示す4つの成立要因があるとされ、いずれの成立要因が影響を及ぼすかは年齢によって変化するといわれています。すなわち、就学前や小学校入学間もない時期では①相互的接近や②同情・愛着の影響が多く見られますが、学年が上がっていくにつれて、③尊敬・共鳴の影響が強くなり、さらに中学生頃になると④集団的協同が友人選択の理由としてあげられるようになります。

　①相互的接近のように、年齢が低い時期にみられる外発的な友人関係は、席替えやクラス替えなどで希薄になっていくこともありますが、③尊敬・

プラスワン

ピグマリオン効果
ピグマリオンとは、ギリシャ神話の逸話に出てくるキプロスの王の名前である。彼は自分でつくった乙女像に恋をして、本物の人間になるよう願い続けたところ、女神アフロディアがその祈りを聞き届け、その像に命を与えた。ピグマリオン効果という名称は、この逸話に由来している。

第9講　教育心理学と教育実践②学級集団と学習支援

プラスワン

各時期の対人関係
各時期の対人関係の特徴については、第2講（乳幼児期）、第3講（児童期）、第4講（青年期以降）も合わせて参照。

図表9-3　友人関係の成立要因

①相互的接近	家が近所である、学級内での席が近いなどといった外部事情によるもの
②同情・愛着	なんとなく好感が持てる、親切である、かわいい・かっこいいなどの情緒的要因
③尊敬・共鳴	学業や知的能力が優れていたり性格が似ていたりというような、内的な要因
④集団的協同	教え合う、助け合う、共通の目標に共に向かう、など

115

共鳴など内的要因で形成された友人関係は年齢が進むにつれて安定していくようになります。特に、小学校中学年頃には同性のクラスメートを中心とした親密な仲間集団を自主的につくるようになります。そのなかでは、秘密基地をつくったり仲間内だけのルールや合言葉を共有したりと、大人の干渉や束縛を避けようとする行動が見られます。このように非常にまとまりが強く閉鎖的な集団をギャンググループといい、そのような集団が多くみられる時期をギャングエイジ（→第3講参照）とよびます。ギャンググループは、対人関係のスキルを学んだり、所属感によって情緒を安定させたり、肯定的な自尊感情の発達など、さまざまな側面に影響します。

2 集団の影響

① 集団規範

　集団は、目標達成だけでなく、集団としてのまとまりを維持することも必要です。集団のまとまりを維持するためには、所属するメンバーが集団に留まろうとする意志があることが重要です。集団規範（集団内のルール）を守ることもその意志を保つことにつながります。集団規範には、校則のように明文化されたものだけでなく、仲のよい友だちグループ内での暗黙の了解などもあります。

② 同調

　集団内では、他のメンバーとの相互作用を繰り返す中で、周りに合わせようとして同じような行動をとったり、同じ意見を言ったりすることがあります。これを同調といいます。アッシュによる同調行動の実験では、実験に参加した大学生は、7名の参加者集団の中にいて、線分の長さが3つの選択肢のうちどれと同じであるかを当てるという、非常に簡単で通常では間違えようのない問題に答えました。実は、参加者のうち一人を除いた全員がサクラであり、同じ誤答をするように実験者から指示されていました。本当の実験参加者は、先に答えた他の参加者たちが明らかに違う答えを次々と出すのを目の当たりにしてしまい、結局は自分も周りと同じ誤答を選んでしまいました。この実験から、いくら簡単な問題であっても、周囲に合わせるという圧力には勝てなかったことがわかります。ただし、サクラのうち一人でも異なる解答を上げた場合には、同調する率が下がったという結果も得られています。自分が孤立していると感じる時に、同調はより強く見られるようです。

③ 観客効果

　他者の存在が個人の課題遂行に影響することを観客効果といいます。たとえば、授業中、問題を解いている最中に先生が近づいてきたとき、解答のしづらさを感じたことはないでしょうか。これを社会的抑制といい、課題が困難で失敗や周囲からの非難が予想される場合に作業の速さや正確さが悪化するといわれています。それとは対照的に、課題が容易であったり、慣れているものであったりする場合に作業の速さや正確さが向上することを社会的促進といいます。

3 集団構造の把握

前にも述べたように、望ましい学級集団であるためには、学級のメンバー一人ひとりが学級集団に留まろうとすることが重要です。そのために、教師は、メンバー間の仲の良さを把握しておくことも必要になります。しかしながら、対人関係を調べること自体が児童・生徒の対人関係に影響を与えることもありますので、プライバシーを守るための注意と配慮が必要になります。精神分析家のモレノ*は、集団成員同士の好き嫌いの感情に着目し、集団の構造を把握することを提案しました。これをソシオメトリーといいます。

① ソシオメトリックテスト

ソシオメトリックテストとは、質問項目に対して選択と排斥を回答することで集団の構造を把握するものです。たとえば「グループで勉強したいとき、このクラスの中の誰と一緒にしたいですか」「クラスで席替えを行うとき、隣に座って欲しくない人は誰ですか」といった質問をして、クラスのメンバーの名前を挙げてもらいます。その際、人数を指定する場合としない場合とがあります。同時に、選択または排斥した理由の回答を求めます。回答の結果から、選択と排斥を表にしたソシオマトリックスを作成し、そこからメンバー間の関係を示したソシオグラムを記述します（図表9-4）。ソシオメトリックテストの結果から、メンバー同士の心理的相互関係や集団の構造を知ることができます。被排斥数が多い子どもは、問題行動が多いため、目立ちやすく対応もできやすいのですが、ほとんど名前の挙がらない非社会的な子どもについては、普段からおとなしいために問題があった場合にもそれに気づきにくく、対応が遅れることも考えられます。またこのような子どもは友だち同士の関わりが少ないためソーシャルスキルを学ぶ機会に乏しいといえます。教師は、問題行動の目立つ子どもだけではなく、このような「目立たない」子どもたちにも目を配り、問題に気付いて早めに対応することが重要になってくるでしょう。

図表9-4 ソシオマトリックスとソシオグラム

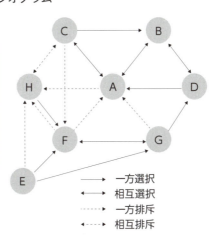

ヤコブ・モレノ
1892〜1974
ルーマニア生まれの精神分析家。ソシオメトリーの理論とともに、サイコドラマ（心理劇）の創始者としても知られる。

プラスワン

テスト実施時の注意点
ソシオメトリックテスト、ゲス・フー・テスト、学級社会的距離尺度は、児童・生徒にクラスのメンバーに対する好き嫌いや問題行動を尋ねるため、倫理的な観点から実施には慎重でなければならないとされている。

② ゲス・フー・テスト

　ハーツホーンらによって考案された、子ども同士の人物評価を知ることができるテストのことをゲス・フー・テストといいます。たとえば、「クラスの中でいつも明るく元気な人」「クラスの中で勝手なことばかりして困らせる人」などのさまざまな性格特性や行動例を挙げ、集団内の誰がそれに当てはまるかをお互いに評定させることで、集団内の個人の相対的位置を把握する方法です。ソシオメトリックテストが感情面を尋ねるのに対し、実際の行動について尋ねるという特徴があります。ソシオメトリックテストと同じく、ネガティブな質問には答えにくいという欠点があります。また、ほとんど名前があがらない子どもにも注意する必要があります。

③ 学級社会的距離尺度

　学級社会的距離尺度は、ボガーダスによって考案された測定法で、子ども同士の心理的な距離を測定することができます。学級の子ども全員に対して、「グループに入ると大変嬉しい。親友の一人にしたい（5点）」「同じグループにいたいが、親友としてではない（4点）」「同じ学級にいたいが、あまり多くはいやだ（3点）」「同じグループにいても気にならないが、あまり一緒にいたくはない（2点）」「同じグループにいてほしくない（1点）」の5段階で相互評定をさせます。学級内の全員分の評定を行いますので、ソシオメトリックテストやゲス・フー・テストで名前があがらない子どもの学級内での位置も把握することができます。この尺度では、評定値の合計得点から子どもがどの程度学級を受け入れているのか（自己社会的距離）と、子どもがどれくらい学級のメンバーに受け入れられているか（集団社会的距離）を見ることができます。

4　学級集団と学習の形態

1　一斉学習、グループ学習、個別学習

① 一斉学習

　教師1名が児童・生徒全体に向けて行われる授業形態です。講義形式の授業の基本的な形式で、ほとんどの教科で実施することができます。また、大人数に向けての授業が可能ですので、効率的な教授方法といえます。しかしながら、集団の中間の学力の子どもに合わせた内容や進度で行われることが多いため、学力の高い子は退屈に思うことがありますし、学力の低い子は授業についていけず意欲が低下してしまうこともあります。1人の教師が多くの児童・生徒に対応する場合でも、できる限り個々の児童・生徒の学習状況を把握しながら授業を進める必要性があります。また、一斉学習では、教師の一方的な情報伝達になってしまいがちになるため、児童・生徒への発問を中心とした児童・生徒が参加できるような働きかけが重要になります。教師の説明をただ聞き続けるだけでは児童・生徒の集中力も長く続きませんので、発問や教材の提示の仕方を工夫する必要があります。

プラスワン

一斉学習における個人差への配慮
たとえば、授業中問題を解かせる場合、進度の速い子どもには追加の課題を、進度の遅い子どもには基礎を振り返る課題を出すことなどが考えられる。

また、教師と児童・生徒とのやり取りだけではなく、児童・生徒同士がお互いに意見を交換できる場面をつくることも有効であると考えられます。

② グループ学習

複数の児童・生徒でグループをつくり、協力して課題に取り組む授業形態です。具体例として、理科の実験などが挙げられます。児童・生徒一人ひとりが主体的に参加でき、集団で問題を解決する方法を学んだり、他者の考えや意見に触れる経験という点で、効果的な学習形態であると考えられます。しかしながら一方で、グループによっては人間関係の問題が起きてしまったり、一部のメンバーに作業の負担が偏ってしまったりすることが考えられるため、教師には集団に対する配慮が必要になります。具体的なグループ学習の形態については、次節でも述べていきます。

③ 個別学習

児童・生徒が一人で作業を進める形態です。具体例として、図画工作の授業や、コンピュータを用いた授業が挙げられます。個別学習には、スキナーによるプログラム学習の考えがベースにあります。プログラム学習とは、習得すべき学習内容を小単位ごとに進めていき、最終的にそれらを統合した学習内容全体の理解へ向かう学習方法です。進め方としては直線型と分岐型があります。直線型はスモールステップ、積極的反応、即時確認、自己ペースといった特徴があります。分岐型は、クラウダーによって提案された、学習者の習得状況に合わせて進め方を変える方法で、多肢選択問題を出し、正解した場合には次のステップへ進み、間違えた場合には補習のためのルートにつなげていくものです。直線型の場合では間違えた際に次に進めなくなるか、答えを提示して次に進ませることになりますので、分岐型は習得状況に応じた学習になります。

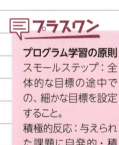

プラスワン

プログラム学習の原則
スモールステップ：全体的な目標の途中での、細かな目標を設定すること。
積極的反応：与えられた課題に自発的・積極的に反応すること。
即時確認：解答に対する正誤の情報（結果の知識〈KR〉）が即時に与えられ、確認できること。
自己ペース：学習者のペースで学習を進められること。

5 集団で学ぶ意味

1 グループ学習の意義

　学習は、一人で行うイメージがありますが、学習において他者の存在は大きな影響をもたらします。前に述べた観客効果のように、誰かがそばにいるだけで励みになったりプレッシャーになったりすることもありますし、誰かと一緒に課題に取り組むことで、内容を深く理解することもできます。また、教え合う相手がいることによって、自分が理解できていないポイントを知ることができるので、その後の学習の方向性を定めることもできます。

　ところで、第8講で取り上げた認知心理学の考え方では、学習は主に個人が知識を獲得する過程としてとらえており、これは情報処理理論とよばれます。近年では、学習を個人の内的な問題だけでなく、集団に主体的に参加することで学習が成立するという考え方もなされるようになっており、これを状況学習理論*とよびます。状況学習理論では、授業において獲得すべき知識は教師や教科書に限らず、自分とは異なる考えや意見をもった他の児童・生徒の中にも存在すると考えます。このため、他の児童・生徒と関わることができるという学級集団の特性は、授業における知識獲得にも大いに影響を及ぼしていると考えることができるのです。

　また、2017年に改訂された新しい学習指導要領では、授業において「主体的・対話的で深い学び（アクティブ・ラーニング→第8講参照）」を行うことが求められています。このため授業の中で主体的かつ対話的活動を通して深い学びが成立するための学習形態として、グループによる学習の重要性が改めて注目されています。

2 グループ学習の種類

① バズ学習

　小集団の中で自由に意見交換を行うことで、学習者が積極的に活動に取り組むことができるように考えられたのがバズ学習です。大勢の中で自分の意見を言うことが苦手であっても、4〜6名のグループ内であれば心理的な抵抗感を減らすことができます。それぞれのグループが賑やかに意見を交わす様子が、ブンブンと飛ぶハチの羽音（buzz）に似ていることから、バズ学習という名前が付いています。

② ジグソー学習

　ジグソー学習は、アロンソンが考案した協同学習法の一つです。たとえば社会科の授業で、スーパーマーケットについて調べるという授業を実施するとします。このとき、図表9-5のように、まず児童・生徒を複数のグループ（原グループ）に分けます。次に、原グループのメンバーを別々のグループ（カウンターグループ）に割り当てます。そして、あるグループは商品の値段について、別のグループは商品の鮮度について、また別のグループはお店の広告について調べます。このように、各カウンターグルー

重要語句

状況学習理論

知識は個人を取り巻く社会や文化に埋め込まれており、そこに実践的に参加することで学習が成立するという考え方。レイブとウェンガーは実践共同体（学級集団など）への参加の度合いを増すこと（正統的周辺参加）の重要性を唱えた。

図表9-5　ジグソー学習のながれ

例 スーパーマーケットについて考えよう

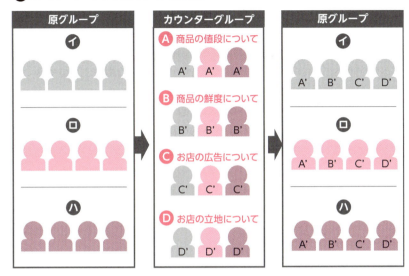

プはより細かなテーマで調べたり話し合ったりして学習を進めます。その後、カウンターグループは解散し、メンバーは原グループに戻ります。原グループに戻ったメンバーは、各テーマの「専門家」として意見を出すことで話し合いを進めていきます。

　ジグソー学習では、それぞれのメンバーは、教材のある部分に関しては「専門家」ですが、他の部分について学習するためには他のメンバーから教えてもらわなければならないため、自然と協力的な関係の中で学習を進めることが出来るようになります。また、ある部分の「専門家」としてメンバーに説明することでよりその内容についての理解が深まったり、メンバーから注目されることで自尊感情が高まるなどの効果も考えられます。

3　グループ学習のメリット・デメリット

　グループ学習を行うことでどのような効果が期待できるでしょうか。たとえば、多くの視点で学習課題に臨むことで、一人では気づけない視点から理解することができますし、お互いに教え合うことで自分自身が本当に理解できているかどうかを確かめることができます。また、共通の課題に取り組むことによって、協調性が育つことも期待できます。グループをつくるときには仲のよい友人同士で固まることが多くありますが、その場合はグループ内の力関係によって、作業負担に偏りが出ることがあります。あえて普段関わりの少ない相手と課題へ取り組むことによって、作業負担を均等にすることができます。また、活動をきっかけに新たな友人関係を築くことも期待できます。

　一方でグループ学習では、「自分で考えない子や意見を述べられない子が出る場合がある」「成績が上位の子どもに依存しがちである」などの適切な相互作用ができないという問題点があるともいわれています（出口、

2003)。教師は、グループ学習の効果を考えつつ、グループの中の一人ひとりの児童・生徒の様子にも配慮しながら授業を進める必要があると言えるでしょう。

ディスカッションしてみよう!

グループ学習は児童・生徒が主体的に学習に取り組むことができますが、本文で述べたように幾つかの問題点も挙げられます。①グループ学習の問題点を踏まえ、②問題解消のためにはどのような指導が適切かを話し合ってみましょう。

例えば・・・

①グループ学習の問題点とは
②問題解消のための適切な指導とは

知っておくと役立つ話

復習や発展的な理解のために

権威への服従

集団として活動するにあたり、リーダーはメンバーを追従させる権威が与えられますが、権威は時として、人の行為を過剰なものにしてしまう力を持っています。1962年に行われたミルグラムによる実験では、権威のある者に従う人間の心理状況について調べられました。この実験では、「記憶の研究」に参加すれば４ドルの報酬が支払われるという新聞広告によって集められた実験参加者が教師役、別の参加者（実際はサクラ）が生徒役に振り分けられました。この実験中、教師役は、単語対のリストを生徒に対して読み上げ、その後に生徒に対して単語の再認テストを行い生徒役の記憶を評価していくよう指示されていました。また、教師役は生徒役が誤答するたびに、電撃を与える装置のスイッチを押すことが指示されていました。

生徒役が椅子に固定され、手首に電極がつけられるのを見た後、教師役は隣の部屋で、電撃を与える装置の前に着席し、生徒役に問題を出していきます。装置には30ものスイッチが並んでおり、生徒が１問間違えるごとに電圧を15ボルトずつ上げるように指示されました。実験が開始される前に、教師役は見本として45ボルトの電撃を受け、罰として与えられる電撃の強さをあらかじめ把握することができていました。

実験が始まると、生徒役は誤答を連発し、教師役は罰として電撃を送らなければなりませんでした。隣室にいる生徒役はサクラですので、実際のところ電撃は全く受けていなかったのですが、電圧のレベルに合わせてうめき声をあげたり叫び声を上げたりするなどの苦痛を訴える演技を続けました。教師役は生徒役が苦痛を訴える様子が聞こえてくるたびに実験参加に対して迷いを見せはじめますが、その都度、かたわらにいる実験者が教師役に実験を続けるよう促しました。結果として、65％近い参加者が、最大値である450ボルトの電撃を与えるまで実験が続けられました。その他の教師役も300ボルト以前で実験を中止することはありませんでした。

ミルグラムの実験では、権威という社会的な圧力が孤立した状態の個人に向けられていたことで、高い水準での服従が見受けられました。この状況は、アッシュによる同調実験のものと似ています。アッシュの実験で、サクラが一人でも別の解答をした場合には同調する率が下がったのと同様の結果が、服従の実験でも起こっています。別の実験では実験協力者が教師役として２人参加しているという状況が設定されていました。電圧が上がっていくなかで２名の教師役が次々に実験を中止するよう訴え、参加を取りやめる様子を見せると、実験者が続けるよう促しても最後までやり通す参加者は10％しかいませんでした。

第9講 教育心理学と教育実践②学級集団と学習支援

ちゃんとわかったかな？
復習問題にチャレンジ

(長崎県　2015年)

> ①次の（1）〜（4）の学習指導における長所をA〜D、短所をア〜エからそれぞれ1つずつ選び、記号で答えよ。

（1）講義法　（2）ジグソー学習　（3）発見学習　（4）プログラム学習

【長所】

A　「学習課題の把握→仮説の設定→仮説の練り上げ→仮説の検証→発展とまとめ」という学習過程を通して、学習者に問題解決能力、応用力が身に付き、内発的動機付けが高められる。

B　主にティーチングマシンを用いるため、教師の学習指導方法における個人差の影響が少なく、学習者各自の理解度や能力に即した速さで個別に学習を行うことができる。

C　指導過程について全体の見通しが立てやすく、短時間に大量の知識を大人数の学習者に教授でき、必要な部分を集中的に教えたり、最後にまとめたりできるなど効率的である。

D　他者との交流によりメタ認知能力を活性化させ、内容理解が深まるとともに、学習者全員に教え教えられるという役割が与えられるため、一人一人に責任感や自己有用感が育まれる。

【短所】

ア　知識の教授に重点が置かれた言語中心の授業のため、学習者に実践的な技能や態度、問題解決能力や創造しようとする能力が身に付きにくく、個人差に応じる指導がしにくい。

イ　学習者を主体として進めるので多くの時間と労力が必要となり、基礎的知識が不十分な低学年の児童や動機付けが弱い学習者には適さず、適用できる教科・内容も限られる。

ウ　課題設定と人数に応じた学習課題のパート分けが重要となるため、教師に相応の力量が求められるとともに、個々の学習者の知的能力が学習者全体へ影響を及ぼしてしまう。

エ　学習者の自由な発想や積極的な学習活動を育成しづらく、課題が単調になるため、学習者が飽きてしまう場合があり、適用できる教科も確実に正解が出せる理数系科目に限られる。

理解できたことをまとめておこう！

ノートテイキングページ

学習のヒント：学習における集団の意義と、集団を生かした学習形態についてまとめてみよう。

第10講 教育心理学と教育実践③ 個性や個人差と学習支援

理解のポイント
私たちにはさまざまな個性や個人差があります。本講では、性格や認知の特性に関する理論を踏まえながら、子どもの個性や個人差のとらえ方について理解しましょう。また、子どもの個性や個人差と学校における学びとの関係、さらにはそれを踏まえた学習支援のあり方について考えてみましょう。

1 個性、個人差とは

　学校で学ぶ児童・生徒はもちろん、私たちは誰一人として同じ人間はいません。身長や体つきなどの身体面はもちろんですが、性格やものの考え方などの心理的側面にもさまざまな個性や個人差があります。

　「個性」と「個人差」という用語は、他人と比較するか否かという点において異なります。つまり、個性とは、個々に独自の性質を指します。これに対して個人差とは、他人と比較したときの資質や能力の差のことを指します。たとえば、性格には優しい、几帳面、せっかちなど、さまざまな個性がありますが、これらは他人と異なっていたとしても一概に比較できるものではありません。一方で、たとえば優しさについて、ある場面で人を助ける頻度など、ある基準で測ると他人との比較が可能になります。このような側面を個人差と考えます。

　いずれにしても、学校教育のさまざまな場面では、教師は子どもの個性や個人差を踏まえながら関わることが重要になります。本講では、個性や個人差のうち、特に学習面に深く関わると考えられる、性格と認知の側面について取り上げて解説することにします。

金子みすゞの詩には「みんなちがって、みんないい」という言葉があります。

2 性格の個性と個人差

1 性格を表す言葉

　人間の心理面の個性や個人差を表す代表的なものに、性格が挙げられます。心理学では、性格に関するさまざまな用語を使用しています。ここでは、まず、それらの用語を整理してみることにしましょう。図表10-1に、

性格に関するさまざまな用語とその説明を挙げます。それぞれ、異なった定義や意味はありますが、たとえば「性格」と「人格」は、一般的には本来よりも広い意味で、心理的な個性や個人差を示す用語としてほぼ同じ意味として使用されていることも多いようです。

なお、本講では、「性格」を代表的な用語として使用することにします。

2 性格の理論

性格の個性や個人差をどのように分類するかについてはいくつかの考えがあります。ここでは、その代表的なものとして**類型論**と**特性論**を取り上げます。

① 類型論

類型論とは、ある基準に基づいた典型的な性格を示し、個々の性格をそれらのいずれかに分類しようとする考え方で、20世紀初めにドイツを中心に発展しました。代表的なものとして、**クレッチマー***は体格による性格類型論を提唱しました（図表10-2）。また、シュプランガーは、理論、審美、経済、宗教、社会、権力の中のどれに文化的価値を求めるかによっ

図表10-1　性格に関するさまざまな用語

用　語	主な定義
人　格 (personality)	その人の行動に時間的、空間的一貫性を与えているもの。自我、性格、個性などの総合した概念。
性　格 (character)	各々の人間に特有の行動の仕方。統合的な組織体としての個人の全体像。個人の適応における独自性を規定するもの。個人に共通してみられる行動の特徴を没価値的に記述したもの。
自　我 (ego)	個人が、自分自身を唯一の持続的な存在とみなす働き（自我意識）。自我意識には、活動の感じ（能動性）、独自だという意識（単一性）、時間が経過しても同一だという意識（同一性）、外界と他人に対して自分が存在しているという意識などが挙げられる。
自　己(self)	自分自身によって知られた個人。対象としての自分。
気　質 (temperament)	性格の基礎になっている感情に関する遺伝的、生物学的な性質。刺激に対する感受性、気分の質、気分の強さ、動揺の程度、反応の強さ、テンポなど。

宮城,1965年ほかをもとに作成

図表10-2　クレッチマーによる、体格に基づく性格類型

	細長型（無力型）	闘士型	肥満型
体格の特徴			
性格の特徴	分裂気質。内向的、静か、控えめ、真面目。	粘着気質。几帳面、頑固、熱中しやすい、興奮しやすい。	循環気質（躁うつ気質）。明朗活発、社交的、親切、温厚。

クレッチマー, E.,相場均(訳), 1955/1960をもとに作成

エルンスト・クレッチマー
1888～1964
ドイツの精神医学者。身体特徴や体質と性格との関係に関する研究で知られる。

プラスワン

シュプランガーによる性格の6類型
理論型：理論的であることに価値をおく。
経済型：金銭や社会的地位に価値をおく。
審美型：美的なものに価値をおく。
宗教型：信仰に価値をおく。
権力型：他人を従わせることに価値をおく。
社会型：奉仕活動や福祉に価値をおく。

レイモンド・キャッテル
1905～1998
イギリスの性格心理学者。因子分析を使用した性格研究や、知能を流動性知能と結晶性知能とに区分したことで知られる。

プラスワン
因子分析
統計分析の手法の一つで、複数の項目に共通する潜在的な要因（因子）を導き出す。

ルイス・ゴールドバーグ
1932～
アメリカの性格心理学者。性格特性がその文化の言語で表現されるという仮説に基づく性格理論を唱えた。

重要語句
特性5因子論（ビッグファイブ）
人間の性格の個性は、5つの性格特性の組み合わせにより構成されるという考え方。

重要語句
無意識
本人には意識されていないが、その人の心理状態や行動に影響を及ぼしている心理過程。

図表10-3　ゴールドバーグによる5つの性格特性（ビッグファイブ）

性格特性	特徴	性格を表す言葉の例
神経症傾向（N）	環境刺激やストレッサーに対する敏感さ、不安や緊張の強さ	心配性、傷つきやすい、緊張しやすい
外向性（E）	社交性や活動性、積極性	社交的、話好き、陽気
経験への開放性（O）	知的好奇心の強さ、想像力、新しいものへの親和性	独創的な、頭の回転の速い、好奇心が強い
協調性（A）	利他性や共感性、優しさ	温和、寛大、協力的
誠実性（C）	自己統制力や達成への意志、真面目さ、責任感の強さ	計画性のある、勤勉、几帳面

て、性格を6種類に分類しました。類型論は、性格の理解を容易にすることが出来るという点で有効であると考えられます。しかしながら、中間型の性格など、典型例に合わない性格が無視されたり、性格を固定的に考えてしまいがちになるなどの短所があります。

② **特性論**

　特性論とは、性格を特性（ある状況に特徴的にみられる行動の傾向）の組合せによって決定しようとする考え方で、イギリスやアメリカを中心に発展しました。代表的な研究として、キャッテル*は因子分析の手法を用いて16の性格特性を提唱しました。また、ゴールドバーグ*は、性格特性を5つの因子の組み合わせから考える、**特性5因子論（ビッグファイブ）** * を示しています（図表10-3）。特性論では、性格の個人差を各特性の量的な差異として考えます。このため、性格の特性を詳細にとらえたり、個人間の比較がしやすいという特徴があります。その一方で、各特性を総合したその人の全体としての特徴や個性がとらえにくくなるという短所があります。

3 性格検査

　性格の個人差を測定しようとする検査にはさまざまなものがありますが、大きくは**質問紙法**、**投影法**、**作業検査法**に分けることが出来ます（図表10-4）。

① **質問紙法**

　質問紙法は、紙に書かれた質問に対する回答に基づいて性格を診断する方法です。言葉による回答（自由記述）によるものもありますが、選択肢法が多く用いられます。選択肢法は、回答を得点化することで客観的な測定が可能であるという特徴があります。

② **投影法**

　投影法とは、曖昧な図形や場面を見せ、回答者がそれに対して感じるイメージや連想することから性格を診断するテストです。投影法は、回答の自由度が高く、回答者の発想の中に個性が反映されると考えられることから、**無意識***レベルの個性を測定することが可能であるとされます。ただし、検査の結果を評価するためには訓練が必要であることや、評価者によって解釈が異なりやすく、結果の信頼性が問題になる場合もあります。

128

③ 作業検査法

　作業検査法は、対象者に一定の作業をさせ、その際の作業態度や結果から性格をとらえようとする検査法です。言葉を使用しない単純な作業が多いため、言語能力に依存しないという長所があります。ただし、作業でわかる性格の特性は限られたものであることや、単純な作業を長時間行うことが回答者にとってストレスになるという短所もあります。

図表10-4　さまざまな性格検査

方法	検査名	内　　容	主に診断される性格特性
質問紙法	YG（矢田部＝ギルフォード）性格検査	ギルフォードの性格理論に基づき、矢田部達郎が日本版の項目を選択作成した。120の質問項目から性格を診断する。	平均型、情緒不安積極型、安定消極型、安定積極型、情緒不安消極型の、5つの性格類型
	ミネソタ多面人格目録（MMPI）	ハザウェーとマッキンレーによって開発された。550の質問項目から人格を多面的に診断する。妥当性尺度により、回答に意図的な歪曲がないか調べることができる。	心気症、抑うつ傾向、ヒステリー性、精神病質的偏奇、偏執性（パラノイア）、神経衰弱、統合失調症傾向、軽躁性、男性性・女性性、社会的内向性
投影法	ロールシャッハテスト	ロールシャッハが考案。左右対称のインクのしみを見せ、それが何に見えるかについての回答から性格を把握しようとする。	性格、思考様式、感情状態、対人関係、自己認知等のパーソナリティ構造
	主題統覚検査（TAT）	モーガンとマレーによって開発された。ある場面や情景が描かれた絵を示し、そこから物語をつくるように求めることで、回答者の性格や欲求の側面を明らかにしようとする。	主に欲求の側面を中心とした性格
	文章完成法（SCT）	未完成の文章を刺激材料として提示し、文章から連想したことを自由に記入して文章を完成する。 例：「私はよく～」	前意識レベル（意識されてはいないが、思い出すことは可能なもの）の性格傾向
	P-Fスタディ	ローゼンツヴァイクによって開発された。被害や欲求不満の場面の絵を示し、もし自分が経験したらどのように発言するかを登場人物の空白の吹き出しに記入する。 「P-Fスタディの図版の例」 	欲求不満場面での外罰型、自責型、無罰型など
作業検査法	内田クレペリン精神検査	一列に並んだ数字を連続して加算する作業を繰り返させ、作業速度の変化を評価する。 例：3 5 6 1 9 8 2 　　8 1 7 0	処理能力や、作業における適性、性格傾向

プラスワン

選択肢法
質問に対して、「はい・いいえ」を選ぶ形式や、当てはまる程度を数字で表す（例：5＝とても当てはまる、4＝どちらかといえば当てはまる、3＝どちらともいえない、2＝余り当てはまらない、1＝全く当てはまらない）などの方法がある。

第**10**講　教育心理学と教育実践③個性や個人差と学習支援

3 認知の個性と個人差

1 学習場面における認知の個性と個人差

突然ですが、「8＋9＝」という計算をしてみてください。答えは「17」という１つに決まっています。しかしながら、「17」という答えをどうやって導き出すかには次に示すものをはじめとしてさまざまな考え方があります。

- （九九のように）「8＋9＝17」と覚えている。
- 8は10より２小さい、9は10より１小さいので、10＋10＝20、20－2－1＝17。
- 8は５より３大きい、9は５より４大きいので、5＋5＝10、10＋3＋4＝17。
- 8は9より１小さいので、9×2＝18、18－1＝17。
- 9は8より１大きいので、8×2＝16、16＋1＝17。
- 9に1を加えて10をつくり、8から1を引く。
  （9＋1）＋（8－1）＝17

> 皆さんはどのようにして計算しましたか？

子どももまた、同じ答えを出すためにさまざまな問題解決の方略を用い、そこには個性や個人差がみられます。以下では、学習場面における子どもの思考や問題解決の背景となる認知の個性や個人差について考えてみることにします。

2 認知スタイル

学習や仕事において、課題を解決する際の速さや正確さ、また課題をどのようにとらえるかなどの認知のしかたには個人差があり、このような個人差を認知スタイル*とよびます。

① 衝動型と熟慮型

たとえば、問題解決（この場合は、アイデアを出すような発展的なものよりも、計算問題などの単純作業を指します）における速さと正確さは両立しにくく、どちらを優先するかによって認知スタイルの違いがある

重要語句

認知スタイル
情報の処理や判断のしかたにおける個性。多くの状況に共通して、個人のなかで一貫していると考えられる。

図表10-5　MFFテストの例

課題：【見本】と同じ絵を、できるだけ早く、正確に見つけてください

【見本】

ケイガンら，1964をもとに作成

とされます。ケイガン*らは、MFF(Matching Familiar Figures)テスト（図10-5）を用いた研究により、解答は速いけれども誤りの多い衝動型と、解答に時間を要するけれども誤りの少ない熟慮型とに区分しています。

② 場―依存型と場―独立型

ウィトキン*らは、周囲の情報の影響を受けやすいか否かで、認知スタイルを場―依存型と場―独立型とに区分しました。場―依存型の人は、周囲の影響を受けやすいタイプで、問題解決において周囲の情報を利用できる反面、周りに惑わされやすいという特徴があります。反対に、場―独立型の人は、周囲の影響を受けにくいタイプで、周りに惑わされにくい反面、周囲の情報を活用するのが苦手な傾向にあります。

3 記憶や情報処理の個人差

日常生活や学習場面における記憶や情報処理の仕組みについては、第6講で説明しています。ここでは、これらの機能を個人差という観点から考えてみます。

① 記憶の個人差

記憶は、経験を通して蓄積された知識が保持されている長期記憶と、情報を一時的に保持する短期記憶（あるいは短期記憶の理論を拡張したワーキングメモリ）とに区分することが出来ます。このどちらにも個人差があるのですが、学習において新しい物事を覚えたり、問題を解決する場合には特にワーキングメモリの個人差が影響します。ワーキングメモリの容量の個人差を調べたギャザコールとアロウェイによれば、図表10-6に示すように、年齢にともなって容量自体は増えるものの、同じ年齢の中でも個人差が大きくなっていました。たとえば、7、8歳時点ではワーキングメモリの容量が11歳程度に大きい子どももいれば、4歳の平均よりも小さい子どももみられています。

学校の授業においては、教師の説明を聞き、教科書や黒板に書かれた内容を読んで、他の子どもの発言も聞き取り、ノートに書き留めるなど、さまざまな活動を並行して行わなければなりません。しかしながら、ワーキ

ジェロム・ケイガン
1929～
アメリカの心理学者。主に個人差の研究を行い、熟慮型・衝動型の認知スタイルを提唱した。

ハーマン・ウィトキン
1916～1979
アメリカの心理学者。認知と性格との関係を研究し、場―依存型・場―独立型の認知スタイルを提唱した。

記憶・情報処理
記憶や情報処理ワーキングメモリについての解説は、第6講参照。

図表10-6　ワーキングメモリ容量の発達と個人差

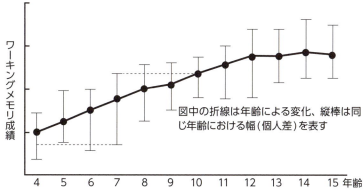

図中の折線は年齢による変化、縦棒は同じ年齢における幅（個人差）を表す

Gathercole & Alloway, 湯澤正通・湯澤美紀（訳）, 2008/2009をもとに作成

ングメモリの容量の小さい子どもは、一度に多くの物事を覚えたり、複数の活動を同時に行うのが苦手であるため、教室において適切な行動や学習をすることが難しくなってしまいます。このため、少しずつ、順序良く課題をこなすことが出来るような配慮が必要になります。反対に、ワーキングメモリの容量が大きすぎる子どもの中には、教師の指示や学習内容を簡単に処理できてしまうために授業内容に飽きてしまい、学習への意欲が低減してしまう可能性も考えられます。

また、ワーキングメモリは、記憶や処理ができる量だけでなく、処理される情報の種類によっても個人差がみられます。たとえば同じ内容でも口頭（聴覚的情報）であれば理解しやすいのに、板書（視覚的情報）で示されると理解が難しい（もしくはその逆の）場合があります。

② 継次処理と同時処理

第6講では、人間の情報処理の形式として、継次処理と同時処理について説明しましたが、これらにおいても個人差がみられます。授業では、文章や発話の理解には継次処理が、図や表の理解には同時処理が求められます。このため、授業を理解するためには両者の能力がバランスよく働く必要があり、どちらか一方に不得意さがあったり、2つの能力がアンバランスであったりすると、授業の理解が困難になる場合があります。

4 思考スタイル

授業において学習内容をうまく理解できるかどうかの違いについて、知的能力の高さだけでなく、自分の持っている能力をどのように使って問題を解こうとするのかという「思考の好み」の個人差も影響しているといわれます。スタンバーグ*はこのような個人差を思考スタイルとよびました。スタンバーグによれば、思考スタイルにはいくつかのカテゴリがありますが（→P.137「知っておくと役立つ話参照」）、図表10-7にはその中の思考の形態のタイプ分けを示しています。同じ程度の能力を持っていても、その課題や場面において必要される思考スタイルを得意とする人の方が、高い能力を発揮することが出来ます。例えば授業においては、図表10-7に示すような場面で強みを発揮するでしょう。

図表10-7　思考スタイル（形態）のタイプ

思考タイプ	特徴	得意とする場面の例
単独型	一つのことに専念する	集中した作業が求められる場面
序列型	優先順位を決めて行う	教師の説明に優先順位をつけ、重要なことから効率よく課題に取り組む場面
並列型	複数の課題に同時に取り組む	一度に複数のことをしなければならない場面
任意型	複数の課題に無作為に取り組む	色々な場所から情報を得なければならない場面

プラスワン

継次処理と同時処理
継次処理は情報を連続的にとらえ、順を追って分析する処理で、聴覚的情報に関連する。同時処理は、情報を全体的にとらえ、情報の関係性を視覚的、空間的に分析する処理で、視覚的情報に関連する。
→第6講参照

ロバート・スタンバーグ
1949〜
アメリカの心理学者。思考スタイルの研究のほかに、知能を構造、機能、社会的文脈の各側面からとらえる知能の鼎立理論を提唱したことでも知られる。

プラスワン

思考スタイル
スタンバーグは、個人には自分の思考活動に対してどのように命令し、管理するのかという「考え方の好み」があるとした。

4 個性や個人差を生かした学習支援

1 子どもの個性や個人差と授業

① 認知スタイルと学習支援

　子どもの個性や個人差と学習支援の関係を考えるための例として、前節で説明した認知スタイルの問題を取り上げてみましょう。認知スタイルは、子どもの学習活動に影響を与えることがあります。つまり、同じ問題を解く際にも、子どもの認知スタイルによって得手不得手ができてしまうことがあるのです。

　まず、「衝動型、熟慮型」について、衝動型の子どもは、問題を解くのは早いのですが、誤りが多い傾向にあります。そのような子どもに対する教師の支援としては、ゆっくり丁寧に問題を解くことを促すことも必要ですが、子どもの個性によっては限界があります。むしろ、早くできて余った時間を確認に充てるように促すアドバイスが有効でしょう。他方、熟慮型の子どもは、問題をゆっくり丁寧に解くため、誤りは少ないのですが、時間がかかってしまう傾向にあります。テストの場合、もし後半に得意な問題があったとしても、その問題にたどり着かなかったりしてしまいます。そのような子どもに対する教師の支援としては、衝動型の場合とは反対に急いで問題を解くことを促しても、やはり限界があります。そこで、まずテストの全体を見渡し、簡単に解けるところから取り組むことを促すアドバイスが考えられます。

　次に、「場―依存型、場―独立型」について考えてみましょう。場―依存型の子どもは、長文読解など、全体の流れを大まかにつかんだり、前後の関係を踏まえる必要のある問題を解くのは得意です。反面、計算問題など、特定の情報に注意を向け、不要な情報を無視しなければならないような問題は苦手な傾向にあります。後者のような課題における教師の支援としては、問題を解く前にまず注目すべき情報が何であるのかを考えるように促すことや、課題を出すときに重要な情報を目立たせたり、あるいは不必要な情報を制限するなどの配慮が考えられます。反対に、場―独立型の子どもは、特定の情報にだけに注意を向けるのは得意なのですが、前後の文脈や全体の流れを把握して問題を解くのは苦手な傾向にあります。そのような場合、ストーリーの流れや関係性を図示するなどしてわかりやすく示すなどの配慮が考えられます。

　認知スタイルと学習場面の関係からわかることは、課題の性質よりも、課題への取り組み方が問題解決を困難にしている場合があるということです。つまり、同じ課題であっても子どもの個性によって異なった取り組み方が必要になる、ということです。もし、教師がある課題に対してすべての子どもに同じ解き方しか許可しなかったとしたら、その解き方が苦手な子どもは、（別の解き方であれば正解できるのかもしれないのに）誤って「問題が解けない子ども」とみなされてしまう危険性があります。

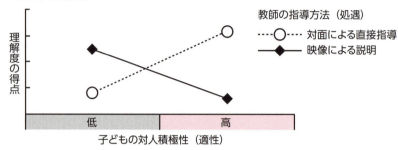

図表10-8 子どもの性格（適性）と教師の指導方法（処遇）における適性－処遇交互作用

Snow, Tiffin & Seibert, 1965をもとに作成

② 適性―処遇交互作用

これまで、子どもの個性や個人差に注目してきましたが、授業においては、子どもの側だけでなく教師の教え方にも個性があります。そして、学習者である子どもの個性に応じて、教師の行う教授方法との相性が異なることがわかっています。クロンバック*は、このような学習者側の要因（適性）と教師側の指導方法（処遇）の要因との相性や相互関係を、**適性―処遇交互作用**とよびました。

具体的な例として、図表10-8にスノーらの実験結果を示します。対人積極性（人間関係においてすすんで相手に働きかけるかどうか）の高い生徒は教師が生徒と対面して直接指導する方法で成績が良く、対人積極性が低い生徒は反対に映像を使って教える方法でよい成績をおさめていることがわかります。

適性―処遇交互作用の考え方から、「どんな子どもでも成績が伸びる」というような絶対的な指導法は存在しないことがわかります。ある教え方で多くの子どもが理解できているのに、ある子どもだけが理解できない場合、教師はついその子どもの能力のせいにしてしまうことがありますが、その子どもに合った教え方を考える、という視点も必要になるのです。

2　苦手さに配慮すること、得意さを活かすこと

ここまでは、学習に影響する子どもの個性や個人差の問題をみてきました。なお、個性や個人差といっても、多くの子どもは多少の得手不得手はあっても、いずれかの能力に著しく困難さがあったり、アンバランスであるようなことはありません。ただし、**発達障害**あるいはその傾向がある子どもにおいては、特定の能力の困難さやアンバランスさが大きい場合があります。認知における個人差の問題を踏まえると、教師は授業において子どもに「何を」教えるかの前に、子どもの認知的特性に配慮しながら、「どのように」教え、学びを展開していくかについて考える必要があると言えるでしょう。

特定の能力に困難さがある場合、教師はどのように対処すればよいのでしょうか。たとえば教科書に書かれた文章の理解が難しい子どもの例を考

リー・クロンバック
1916～2001
アメリカの心理学者。教育測定や教育評価の研究で知られる。適性―処遇交互作用のほか、テスト項目の信頼性の指標であるアルファ係数を発案したことでも知られる。

先生の教え方と子どもの個性には相性があるのね。

プラスワン

発達障害
発達障害についての解説は、第12講、13講参照。

図表10-9　継次処理、同時処理の得意さを生かした支援方法

継次処理の得意な子ども	同時処理の得意な子ども
・段階的な教え方	・全体を踏まえた教え方
・部分から全体への方向性を踏まえた教え方	・全体から部分への方向性を踏まえた教え方
・順序性を踏まえた教え方	・関連性を踏まえた教え方
・聴覚的、言語的手掛かりの重視	・視覚的、運動的手掛かりの重視
・時間的、分析的要因の重視	・空間的、統合的要因の重視

熊谷・青山，2000をもとに作成

えてみましょう。まず、「訓練によって困難さを克服する」という考え方があります。たとえば教科書を理解するまで何度も読み返す練習をする、といったやり方です。しかしながら、認知的な問題の中には努力だけでは改善しない面も多く、場合によっては子どもにさらなる苦手意識を植え付ける結果になるかもしれません。

　次に、「教師が子どもの苦手さに配慮した援助を行う」、という考え方があります。たとえば教科書を教師が一緒に読み、内容をわかりやすく説明する、といったやり方です。この方法は一定の効果が得られると思われますが、より一歩進んで、子どもが自分の力で苦手さを克服できるようにするにはどうしたらよいのでしょうか。

　そこでもう一つの考え方として、「子どもが得意な方法を活かして問題に取り組む」という考え方があります。たとえば、文章の内容をイラストや相関図で表すなどといった方法があります。子どもは自分の能力や得意な問題解決の方法に気づいていないことが多いため、はじめは教師の援助が必要になりますが、やり方を工夫することで理解しやすくなることに気づくことで、徐々に子ども自身が自分の得意な方法を使って課題に取り組むようになることが期待されます。

　また、教師の教え方についても、子どもの個性や個人差に注目し、得意さを活かした授業方法についての研究がなされています。たとえば、継次処理と同時処理とのどちらが得意であるかに対応して、図表10-9に示すような教授方法が考案されています。

3　個性を活かすための学習環境の工夫

① ICT機器の活用

　授業において子どもの個人差に配慮し、個性を活かす取り組みとして、近年では教科指導におけるICT*（Information and Communication Technology: 情報通信技術）の導入が進められています。ICTは、一斉授業や子ども同士の協同学習においても多く用いられますが、近年ではタブレット端末をはじめとした個人向けのICT機器も学校教育に導入されるようになり、子どもに1人1台ずつの端末を利用できる環境が整ってきています。このようなICT機器を用いた個別学習は、子ども一人ひとりの個性や個人差に応じて、自分に合った進度で学ぶことや、理解やつまずきの状況に対応した課題に沿って学びを進めることを可能にします。また、

重要語句

ICT（情報通信技術）

コンピュータやインターネットなどの情報通信技術のこと。学校教育に導入されているものとしては、電子教科書、情報端末（パソコン、タブレット端末など）、デジタル機器（電子黒板、プロジェクタ、実物投影機など）、インターネット環境などがある。

プラスワン

ICT機器を用いた個別学習

文部科学省が2011年に発表した「教育の情報化ビジョン ――21世紀にふさわしい学びと学校の創造を目指して」において、個別学習について、デジタルコンテンツ等の活用により、疑問について深く調べたり、自分に合った進度で学んだり、一人ひとりの理解やつまずきの状況に対応した課題に沿って学びを進めたりすることの必要性が指摘されている。

第10講　教育心理学と教育実践③　個性や個人差と学習支援

ICT機器は学びの過程を記録する際にも活用できるため、教師も子ども一人ひとりの個性や個人差を把握し、学習指導に役立てることが期待されています。

② 環境の構造化

　子どもが課題に取り組みやすくなるように、子どもの個性や個人差に合わせた学習環境を整備するという、「環境の構造化」という考え方があります。この考え方は、発達障害のある子どもなど、特別な支援を必要とする子どもに対して用いられることが多いのですが、環境が子どもにとって適切なものになることを通して困難さの改善を目指すという意味では、通常の学習支援においてもヒントになるものと思われます。

　代表的なものとして、TEACCH（自閉症児及び関連するコミュニケーション障害の子どものための治療と教育）プログラム*があります。TEACCHプログラムでは、「環境の構造化（活動内容と場所を対応させるなど、空間を視覚的にわかりやすくする）」「スケジュールの構造化（絵やカードにより活動の内容や順番を明確に示す）」など、環境の持つ曖昧さに困難さを示すという、発達障害のある子どもの認知特性に配慮した環境構成がなされます。

　学級では、学習指導、生徒指導の観点から、「正しい教室環境」「机の上の正しい配置」などが統一的に定められている場合があります。しかしながら、子どもの状況によってはその子どもに合った学習環境を考えることも必要ではないでしょうか。

◢ 重要語句

TEACCH（ティーチ）プログラム

ショプラーによる研究をもとに、アメリカノースカロライナ州で開始された自閉症スペクトラム障害のある人々を対象とした支援プログラム。

ディスカッションしてみよう！

本講の内容を踏まえて、自分自身の性格や学習における個性について考えてみましょう。また、教師となったことを想定して、授業において自分の個性をどのように活かすことができるか、また気を付けるべきことは何かについて、話し合ってみましょう。その際、本講「知っておくと役立つ話」の内容も参考にしてみてください。

例えば・・・🖍

①自分の個性は…

②教師として生かせる個性は…

③気をつけておくべき点…

復習や発展的な理解のために

知っておくと役立つ話

教師の「思考スタイル」

第10講　教育心理学と教育実践③個性や個人差と学習支援

　本書の第1講では、エゴグラムという心理テストを実施しました。このテストは、性格の個性や個人差を測定するものでしたが、決して他人よりも性格が優れているか否かという視点で考えるものではありません。エゴグラムは個人や個性を踏まえたうえで、「自分（の性格）は教師に向いているか否か」ではなく、「自分の個性を生かすと、どのような教師になれるのだろうか」あるいは「自分の個性を考え、教師になる際に気を付けておくべきところはどこだろうか」という観点から考えるものです。

　また、本講で取り上げた思考スタイル、すなわち問題解決における思考の好みは、子どもの学習に限った問題ではありません。授業を行う側の教師にとっては、教える内容を的確に理解し、どのように教えるかということが一種の問題場面なのです。つまり、授業の進め方には教師の思考スタイルが影響しているわけですから、自分の思考スタイルを知っておくことで自分の授業の特徴を見つめ直すことが出来ると考えられるのです。

　思考スタイルを理解するヒントとして、下にはスタンバーグによる思考スタイル質問紙の質問項目の例を挙げています（正式な思考スタイル質問紙では100の質問項目から判断を行います。詳細はスタンバーグ［2000］を参照）。各カテゴリについて、最も当てはまると思われる質問項目が、自分の思考スタイルに近いものだと考えられます。

　ところで、どの思考スタイルの教師が最も子どもにとってよい授業を行うことが出来るのでしょうか。この点については、同じく本講で取り上げた適性―処遇交互作用の理論からもわかるように、子どもの思考スタイルやさまざまな個性によって、相性が異なるのです。教師は、自分の思考スタイルを意識しながらもあまり一つのやり方だけに固執せず、さまざまな授業方法を考えてみるほうがよい場合もあるといえるでしょう。

カテゴリ	思考スタイル	質問項目の例
機　能	立案型	自分なりの解決方法を試すことができる問題は好きだ。
	順守型	指示に従って仕事をするのは楽しい。
	評価型	ものごとを比較、分析、評価する仕事は楽しい。
形　態	単独型	一度に1つの仕事に集中しようとする。
	序列型	やるべきことに優先順位をつけてから、行うようにしている。
	並列型	普段から一度に複数のことをする。
	任意型	とるに足らないと思われる問題であっても取り組もうとする。
水　準	巨視型	ものごとの詳細にはあまり注意を払わない方だ。
	微視型	細部に注意を払う必要がある問題は好きだ。
範　囲	独行型	一人で課題や問題に取り組もうとする。
	協同型	何かを決めるときは、他の人の意見を考慮しようとする。
傾　向	革新型	新しいやり方を試みることができる状況は好きだ。
	保守型	決まった手順に従えばよい状況は好きだ。

落合・真家・和田，2016をもとに作成

137

ちゃんとわかったかな？

復習問題にチャレンジ

(高知県　2016年)

①性格に関する次の文中の（　①　）～（　④　）に該当する語句の組み合わせとして正しいものを、下の1～4から一つ選びなさい。

　　個人を特徴づける持続的で一貫した行動様式を性格という。性格の理解に関する理論を大別すると、一貫して出現する行動傾向の組み合わせによって性格を記述する（　①　）と典型的な性格を設定し、それによって多様な性格を分類する（　②　）がある。（　①　）の立場による性格理解の代表的な研究者として（　③　）、アイゼンク（Eysenck, H. J.）が挙げられる。また、（　②　）の立場による性格理解の代表的な研究者として、（　④　）、クレッチマー（Kretschmer, E.）が挙げられる。

1　①特性論 ②類型論 ③シェルドン（Sheldon, W. H.）④キャッテル（Cattell, R. B.）
2　①特性論 ②類型論 ③キャッテル（Cattell, R. B.）　④シェルドン（Sheldon, W. H.）
3　①類型論 ②特性論 ③キャッテル（Cattell, R. B.）　④シェルドン（Sheldon, W. H.）
4　①類型論 ②特性論 ③シェルドン（Sheldon, W. H.）④キャッテル（Cattell, R. B.）

(東京都　2014年)

②次の文章ア・イは、それぞれ下の心理検査A～Dのいずれかに関する記述である。ア・イと、A～Dとの組合せとして適切なものは、下の1～5のうちのどれか。

ア　この検査は、左右対称のインクのしみからなる10枚の図版を1枚ずつ提示して、「何に見えたか」、「どこに見えたか」、「どうしてそのように見えたか」などを被検査者に問い、その回答から測定する。
イ　この検査は、テストに使用されるカードには2名の人物が漫画風に描かれており、左側の人が右側の人に欲求不満状態を引き起こさせるような問題場面になっている。被検査者は右側の人になったつもりで、吹き出しに入ることばを考える。

A　矢田部ギルフォード性格検査　　B　ロールシャッハ・テスト
C　P－Fスタディ　　　　　　　　D　内田クレペリン精神検査

1　ア- A　　イ- B
2　ア- A　　イ- C
3　ア- B　　イ- C
4　ア- B　　イ- D
5　ア- C　　イ- D

理解できたことをまとめておこう！

ノートテイキングページ

学習のヒント：学習に影響をおよぼす個性や個人差の要因についてまとめてみよう。

第11講

教育心理学と教育実践④
教育評価

理解のポイント

教師は授業をして、それだけで終わりというわけではありません。授業の結果、学習内容がどの程度、児童・生徒に定着したか、また教授方法や教材は適切であったかについて評価を行う必要があります。本講では、このような教育評価の理論と方法について学びます。さらに、評価の対象となる児童・生徒の能力としての学力や知能について、その考え方や測定の方法についても理解できるようになりましょう。

1 教育評価

1 授業の過程と教育評価

　教育評価とは、教育目標がどの程度達成されたかを確認するために、児童・生徒における教育の成果（成績）、さらには授業のカリキュラムや指導方法などを調査することです。

　教育場面における評価というと、まず、児童・生徒が授業の内容をどの程度理解していたかに対する評価が挙げられます。ただし、教育評価は児童に対してのみ行われるのではなく、教師側、すなわち授業における教授方法や教材が適切であったかという点も対象になります。

　それでは、教育場面において評価はどのように位置づけられるのでしょうか。答えからいうと、児童・生徒の学習の程度を確認しながら、よりよい授業をつくり上げていくために行われるものであると考えられます。図表11-1に示すように、学校の授業において教師は①児童・生徒のこれまでの学習の進度やレディネス（学習を行う前にすでに持っている能力）を考慮しながら授業目標を定め、②目標を達成するために授業を実施し、③その結果を確認する、という3つの段階を繰り返していくことになります。教育評価はこのうち③に該当します。そして、③で行った評価の結果を①、②にフィードバックすることで児童・生徒のよりよい学びとそのための授

評価は児童・生徒への学習のフィードバックだけでなく、教師自身の振り返りのためにも利用されるのですね。

図表11-1　授業設定の3段階

業に結び付けていく（授業を改善する）ことが教育評価の重要な役割になります。

2 教育評価の目的

橋本（1976）によると、教育評価には①指導、②学習、③管理、④研究の4つの目的があります。

① 指導のための評価

教師は自身の実施した授業において、児童・生徒が授業をどの程度理解できたのか、また興味や関心をどの程度もつことができたのかという点を把握することで、指導方法や教材などを改善していく必要があります。教育現場では、児童・生徒に実施したテストの結果に基づき、自身の指導の振り返りを行います。

② 学習のための評価

学習者である児童・生徒は、テストを受けてその結果を返されることで、授業内容についてどこまで理解できたのか、また、どの部分が理解できていなかったのかを振り返ることができます。そして、改善のために今後の学習の方向性を定めていきます。

③ 管理のための評価

学習者である児童・生徒が進学する際に成績を証明する場合や、学力に応じたクラス編成・選抜をするために、テストの得点や年度末の成績が利用されることがあります。メンバーが同程度の学力であるクラスを編成することで、一斉に授業を行う際の内容やスピードを統制しやすく、効率的に学習を進めることができます。そのため、管理のための評価という観点があるのです。

④ 研究のための評価

教師個人の指導方法だけでなく、学校の教育目標や指導計画を振り返り、必要に応じて改善することを目的としても評価が使われます。これが、研究のための評価という観点です。

3 評価の基準による分類

教育における評価は、評価の基準、すなわち個人の得点を誰と、あるいは何と比べるかという観点から相対評価、絶対評価、個人内評価の3つにわけることができます。

① 相対評価

同じテストを受けた集団の成績を基準として、個人の相対的な位置（平均や他の人よりも優れているか劣っているか、集団内のどのくらいの順位であるか）で評価する方法を相対評価といいます。たとえば国語のテストの点数が70点だったとします。この結果について自分自身を評価しようとするとき、クラスの平均点が60点だとわかれば周りと比べてよくできたと判断するでしょうし、平均点が80点であればもっと頑張らなければと焦るのではないでしょうか。このように、同じ得点であっても、周りの人の得点によって点数の持つ意味が変化することになります。

141

相対評価は入学試験など、定員が決まっている場合の評価（選抜）に多く用いられます。また、偏差値も相対評価の指標の一つです（→本講「知っておくと役立つ話」参照）。相対評価における評価は集団の中での優劣で決まりますので、同じクラスや同じ学年など、所属する集団のメンバーの成績が個人の評価に影響します。なお、学校の成績評価で用いられる5段階評価の場合、相対評価における基準では、通常は正規分布曲線で仮定される比率が用いられ、評価される集団のうち、上位7％が「5」、次の24％が「4」、次の38％が「3」、次の24％が「2」、最後の7％が「1」という評価になります。つまり、評価が「5」になる子どもと「1」になる子どもが必ず生じます。そのため、努力を続けているのにもかかわらず、自分より学力が高い相手が一定数いることによって評価が上がりづらいという点で、学習への意欲が低下してしまうこともありえますので、学習指導の際には評価の意味を適切に伝えるなどの注意が必要でしょう。また、相対評価を行うために作成されたテストでは、個人間の比較を目的とするために全員が高い得点だったり、平均点に近い得点を取るようなものではなく、ある程度得点の高い者と低い者の個人差が明確になるものでなくてはなりません。このため、テストが必要以上に難解なものになったり、時として教師の「全員にテストでよい点を取ってほしい」という思いと矛盾することになる場合があります。

② **絶対評価**

評価基準があらかじめ定められており、その基準に照らし合わせて個人を評価する方法を絶対評価といいます。相対評価と違い、所属する集団のメンバーの成績は個人の評価に影響しません。全員が評価基準を十分満たしていれば、全員が高い評価を受けることになります。

また、絶対評価はさらに認定評価と到達度評価とに分類されます。まず、認定評価とは、教師のなかに基準があり、教師が認める程度を合格とするものです。教師は児童・生徒の授業時の態度やこれまでの課題達成度に基づき、主観的な基準で評価します。しかし、教師の主観的な意見が入りやすいので、評価が偏らないよう注意する必要があります。そして、到達度評価とは、あらかじめ設定した客観的な到達目標に照らし合わせて、目標を達成できた場合を合格とするものです。すべての児童・生徒が共通の学習目標に到達できることを目指しています。認定評価とは異なり、教師の主観的な評価からは独立した基準が用いられます。

③ **個人内評価**

相対評価や絶対評価の基準が個人の外にあるのに対して、個人内の別の能力（例えば、国語に比べて算数は得意）や過去の成績（例えば、以前に比べればできるようになった）と比較して評価する方法を個人内評価といいます。他人との比較ではなく自分自身との比較であることから、以前よりどのくらい成長できたかをみることができ、学習への意欲も保たれることになります。また、一人の児童・生徒における得意科目や不得意科目、長所や短所などをとらえることができるため、個別指導でもよく利用されます。

図表11-2　学習の時期と評価の関係

4　評価の時期による分類

評価をいつ行うかによっても分類することができます。評価の時期を3つに分け、それぞれを診断的評価、形成的評価、総括的評価とよびます（図表11-2）。

① 診断的評価

入学時や学年の初め、学期のはじめ、あるいは新しい単元の前に行われる、学習前の評価を診断的評価といいます。診断的評価は、児童・生徒が学習を始める前にどのような知識や技能、性格特性をもっているのかを調べるための評価です。診断的評価に基づいて授業を計画・実施することで、より児童・生徒の実態に即した学習指導が可能になります。

② 形成的評価

学習指導の途中で行われる評価を形成的評価といいます。児童・生徒が学習内容をどの程度理解できたのかを評価し、その後の学習指導の方針を考えるために行われます。形成的評価に基づいて児童・生徒の理解が不足している内容について補足したり、他の子どもと比べて習得状況が遅れている児童・生徒に個別対応したりするなど、教師が指導内容を調整することで今後の指導に生かしていくことができます。評価方法としては、授業内の小テストや授業中の発問に対する反応を観察する方法を用います。

③ 総括的評価

学習指導の終了後に行われる評価を総括的評価といいます。児童・生徒が学習指導後にどのくらいの知識や技術を身に付けたかを評価するためのもので、期末テストや学年末テストがこれにあたります。成績をつけることで児童・生徒にこれまでの学習成果を知らせるとともに、教師が自らの指導方法を振り返り、次の学習指導に生かしていくための情報を得るという役割もあります。

2　教育評価の方法

1　評価方法の種類

教育評価を適切に行うには、客観的な情報の収集が必要になります。そのために使用されるのがいわゆるテストです。本節では、教育評価における測定の方法について概観していきましょう。

① 客観式テスト

あらかじめ正解が決められており、解答者には正しい答えを出すことが

求められるテストです（図表11-3）。客観式テストの形式は主に再生式（適語補充など）と再認式（多枝選択問題など）に分かれます。客観式テストの長所として、誰が採点しても同じ採点結果が得られることや、多数の問題を出題できること、採点が容易なことなどが挙げられます。短所としては、問題作成に時間がかかること、表面的な知識が問われがちになり説明力や批判力などのより深い思考力を確かめることができないことなどが挙げられます。

② 論述式テスト

ある問題に対して、自分の考えを決められた字数内で述べる方式のテストです。長所としては、客観式テストでは確認できない論理的な思考力、構成力や批判力を見ることができます。短所は、解答に時間がかかるので設問数が少なく、出題範囲をすべてカバーできないこと、採点に時間がかかることや採点者によって評価が変わることがある点が挙げられます。また、教師の主観的評価によりハロー効果*の影響を受けやすい点にも注意が必要です。

③ パフォーマンス・テスト

学習者が製作した作品や演技を質的に評価する方法です。体育や図画工作、音楽といった科目に用いることができます。表現という側面に関しては正解・不正解を明確に定めることが難しいため、予め評価の基準を決めておかないと、採点していく中で得点にブレが生じることになります。そのため、パフォーマンス・テストでは、段階分けされた尺度と、各段階と認める具体的な行動などの特徴をまとめた評価基準表（ルーブリック）が用いられます（図表11-4）。

④ 観察法

教師が普段の子どもの様子を直接観察して、実態を把握する方法です。たとえば、授業中の挙手の頻度や発問への解答の内容から、子どもが学習内容についてどのくらい理解しているか、どのくらい興味・関心をもっているかなどを理解しようとします。観察内容をもとに、授業の内容を改善

重要語句

ハロー効果

個人に対するある側面についてのよい・あるいは悪い評価が、その人のほかの側面や全体的な評価に影響を及ぼすこと。たとえば容姿が好きな相手のことを性格面で知的・有能・正直などと考えてしまうこと。

図表11-3　客観式テストの例

再生式テスト：空欄に適切な人名を記入しなさい。
　　　シモンとともに知能テストを作成したのは
　　　（　　　　　　　　　）である。
再認式テスト：空欄に入る適切な語を①～③の中から選びなさい。
　　　クラスの学習状況を把握するために、最初の授業で行うテストは
　　　（　　　　　　　　）に該当する。
　　　①総括的評価　②形成的評価　③診断的評価

図表11-4　評価基準表の例

項目　　尺度	IV	III	II	I
項目	…できる …している	…できる …している	…できる …している	…できる …していない

していくことになりますが、教師の主観が入りすぎると評価が偏ることがあります。そのため、他の客観的な測定法をあわせて用いる必要があります。

⑤ 質問紙法

一連の質問に回答させることで、学習内容に対する子どもの興味・関心の程度や性格特性を知る方法です。回答に正解・不正解はなく、子ども本人が質問項目に答えることによって行動の観察からではわからない内面を知ることができます。しかしながら、質問の内容によっては社会的な望ましさを意識して回答を歪めてしまう（自分の正直な気持ちではなく、社会的に望ましい回答をしてしまう）こともありえます。また、調査自体が子どもに不安を感じさせてしまうことも考えられます。そのため教師は調査を何のために実施するのかよく考えたうえで質問紙を準備しなければなりません。さらに、回答内容が他の人に知られること、成績に影響することはないことや、回答に正解や間違いはないので素直に答えることをあらかじめ説明するなどして、調査に対する子どもの不安をできるだけ少なくすることも重要です。

観察法・質問紙法については第1講もあわせて参照してください。

2 テストの信頼性と妥当性

テストや質問紙が適切であるためには、信頼性と妥当性という基準を満たすことが必要となります。

信頼性とは、ある個人に対して、同じ条件のもとで同じテストを繰り返し実施したときに、一貫して同一の得点が得られる程度のことを指します。一定の期間をあけて同じテストを2回実施して、両者に似たような結果が得られれば、そのテストは信頼性が高いということになります。反対に、両者の点数が大きく異なっていたり、採点者によって点数が大きく異なったりすると、信頼性が乏しいものと判断されます。

妥当性とは、使用するテストや質問紙が調べたいことを測定しているかということを指します。たとえば算数のテストなのに文章が難解で読解力の高さが算数の能力以上に成績に大きく影響するなど、本来調べようとしていた学力以外の側面を測っているようなものは妥当性が乏しいものと判断されます。

3 知能の評価

1 知能の理論

① 知能とは何か

知能という言葉を日常的な会話のなかで使うことはあまりありませんが、「頭がいい」という言い回しはよく耳にします。学校での成績が優秀な人や、職場で仕事をバリバリこなす人への褒め言葉として、あるいは家庭のなかで高度ないたずらをする子どもに対しての皮肉めいた言葉としても「頭がいい」という表現が用いられます。私たちが「あの人は頭がいい」と思

頭がいいというのは、私たちのどのような側面を指しているのでしょうか？

145

うとき、それは相手のどのような側面のことを言っているのでしょうか？知識が多かったり、計算能力に優れていたりするだけではなく、判断力に優れていたり、コミュニケーションが上手であったりするときも「頭がいい」と表現することがあります。つまり、さまざまな場面で「頭がいい」という表現がなされることから、一つの意味にとどまらないことが実感できると思います。

ウェクスラー*による知能の定義によれば、知能とは、「目的的に行動し、論理的に思考し、環境に効果的に対処する、個人の総合的あるいは包括的能力である」とされます。

② 流動性知能と結晶性知能

キャッテルは一般知能を流動性知能と結晶性知能に分類しています。流動性知能とは新しい問題や状況に対処する際に用いられる知能であり、結晶性知能はこれまでの経験や知識のことを指します。

③ 多重知能理論

ガードナーによって提案された多重知能理論によると、知能は、言語的知能、音楽的知能、論理数学的知能、空間的知能、身体運動的知能、内省的知能、対人的知能という7つのカテゴリーからなると考えられています。狭い意味での学習面で使用される知識や技能だけではなく、自身の内面を把握し制御する能力や、他者とのコミュニケーション能力も知能の一つとして考えられていることになります。

④ 感情知能（情動性知能）

ゴールマンは自分の感情を理解し制御することが人生の健康や成功にとって重要であると主張しました。これを感情知能といいます。メイヤーとサロベイは感情知能の主要な要素として、感情の正確な知覚と表出すること、自分の感情を引きだすこと、自分の感情の理由がわかること、感情を適切に調整することの4点を挙げています。

■2 知能検査

人間の知能を測定するためのテストを知能検査とよびます。目に見えない人間の知能はどのような方法で測定されるのでしょうか。

知能検査とは、問題解決、概念形成、判断力など知的課題への遂行能力を測定するために実施される、標準化された検査のことです。代表的な知能検査としては、ビネー式知能検査やウェクスラー式知能検査などがあります。

知能検査の始まりは、知的に遅滞があり、通常の学校教育課程に適応できない子どもたちを見出すことを目的とした検査を、1911年にビネーとシモンが開発したことによります。その後、ターマンによって改訂されたスタンフォード・ビネー知能検査において知能指数（IQ）の概念が取り入れられました。知能指数は以下に示すとおり、精神年齢（知能検査に基づき算出された知能の水準）を生活年齢（実際の年齢）で割り、100倍して算出されています。

デイビッド・ウェクスラー
1896～1981
ルーマニア生まれの心理学者。心理検査の開発研究を行い、ウェクスラー式知能検査の作成者として知られる。

知能指数の算出式

$$知能指数（IQ）= \frac{精神年齢（MA）}{生活年齢（CA）} \times 100$$

　平均が100、標準偏差が15であり、全体の68パーセントがIQ85〜115の間に収まることになります。その後、偏差値の考え方を応用した偏差知能指数（DIQ：後述）に置き換えられました。なお、日本語版は、田中ビネー知能検査V、鈴木ビネー式知能検査があります。

　もう一つの代表的な知能検査であるウェクスラー式知能検査は、全体的な知能のみではなく、知能の構造を詳細に分析することが出来るように作成されています（図表11-5）。また、年齢別にWPPSI-Ⅲ知能検査（2歳6か月〜7歳3か月対象）、WISC-Ⅳ知能検査（5歳〜16歳対象）、WAIS-Ⅲ成人知能検査（16歳〜89歳対象）が作成され、幅広い年齢を対象にすることができることも特徴の一つです。

　また、ウェクスラー式知能検査では、偏差知能指数（DIQ）を採用しているという特徴もあります。偏差知能指数の算出方法は以下のとおりです。

偏差知能指数の算出式

$$偏差知能指数（DIQ）= \frac{15 \times （個人の得点 - 同一年齢集団の平均点）}{同一年齢集団の標準偏差} + 100$$

　なお、前の項で述べた知能理論では私たちのさまざまな知的側面が取り上げられていますが、1つの知能検査だけでそれらのすべてを測定できるわけではありません。このため、場合によっては知能を多角的にとらえるために複数の検査を組合せること（テスト・バッテリ）が必要になることがあります。また、検査結果だけでなく、検査を受けているときの様子などの行動観察も子どもの特性を理解するための情報の一つになります。検査を受ける日の体調や実施された環境によっても検査結果が変わることもあることを念頭に置いておく必要があります。また、知能検査の結果は知的障害等の診断の重要な指標として扱われることも多いため、知能検査の実施や結果の解釈は誰でも気軽に行ってよいものではありません。それらに熟達した者がその専門性の責任において行わなければならないと言えます。

図表11-5　児童用ウェクスラー式知能検査（WISC-Ⅳ）における検査項目

指標得点	言語理解 (VCI)	ワーキングメモリー (WMI)	知覚推理 (PRI)	処理速度 (PSI)
下位検査	類似 単語 理解 （知識） （語の推理）	数唱 語音整列 （算数）	積木模様 絵の概念 行列推理 （絵の完成）	符号 記号探し （絵の抹消）

＊括弧は補助検査

プラスワン

検査項目の例①——田中ビネー検査

型のはめ込み：3種類の形の積み木を台のくぼみにはめ込む。

ひも通し：穴の開いた球あるいは立方体の積み木にひもを通す。個数で評価する場合や見本どおりのものをつくるよう求める場合がある。

名称による物の指示：時計やスプーン、帽子などの模型をみて、それが何であるかを答える。

検査項目の例②——WISC-Ⅳ知能検査

積み木模様：6面を赤と白で塗られた積み木を並べ、検査者が指定する模様をつくる。

記号探し：指定した記号が選択肢のなかに含まれているかどうかを答える。

第11講　教育心理学と教育実践④　教育評価

図表11-6　WISC-IV知能検査

写真提供：日本文化科学社

3　学力の定義

　これまでの学校生活のなかで、皆さんはどのようなことを学び、身に付けてきたでしょうか。学力とは、学校教育において達成すべき教育目標が児童・生徒の中に内面化されている状態といわれています。教育目標の分類学を研究したブルーム*は、目標の領域を認知的領域、情緒的領域、運動技能的領域に分類しています。単に知識や技能だけではなく、興味・関心の広さや表現力、運動技能なども学力という概念に含まれているということです。そして、教育の場面では、どの程度の学力を子どもたちが身につけたのかを確認するために、学力検査を利用します。

　学力検査とは、与えられた課題に対する個人のその時点での知識や技能を測定することを目的とした、集団準拠及び標準化された検査のことです。学習や訓練を通じて身につけた能力を測定するものであるため、大抵は知能検査によって測定されるような生得的な潜在能力を測定する適性検査とは区別されます。学力検査は、学術的な領域だけでなく、職業や専門分野における知識の検査、さらには、診断目的で使用されることもあります。また、検査を受けた際の体調や環境によって誤差が生まれることがありますので、学力検査で得られた得点がそのまま本人の真の学力になるとは限らないことを理解しておく必要もあります。

ベンジャミン・ブルーム
1913〜1999
アメリカの教育心理学者。教育目標の分類とともに、総括的評価の概念と方法を提唱したことでも知られる。

4　教育評価における注意点

　本講では、教育現場で測定・評価される学力とは何か、学力を評価する目的について取り上げました。さらに、知能とはどういうものであるか、また、知能の測定方法にはどのようなものがあるかについて解説しました。特に、学力の評価は児童・生徒へのフィードバックの役割だけでなく、教師自身の振り返りとして用いられることも重要な点です。そして、測定の方法や評価の分類についての内容を概観し、学力の測定と評価の方法は科

目や目的に応じて適切なものを用いる必要があることを学びました。

　本講で述べているように、教育の測定と評価は重要な役割がありますが、評価される児童・生徒にとっては、学力の評価を自分の人格や存在自体の評価と同一視してしまう場合があります。特に、高学年になるほど学校生活における学習の占める割合が大きくなるために、たとえば成績を気にするあまり、テストに対するストレスを強く感じる児童・生徒がテスト当日に体調を悪くしてしまうこともあります。また、場合によっては教科書を忘れてきたり体調を崩したりすることで勉強できない状態に自分を追いやってしまい、結果が悪かったとしても実力を発揮できない状態であったと主張することで自分を守ろうとする行動（セルフ・ハンディキャッピング）が見られることもあります。

　児童・生徒の学習を手助けする役割であるはずの測定・評価が、学習を阻害してしまうことにもなりかねないということを理解したうえで、子どもに評価の意味を適切に伝え、できるかぎり公平で適切な評価を行うよう努めていく必要があるでしょう。

ディスカッションしてみよう！

皆さんは、これまでの学校生活や受験のなかで、さまざまな評価を受けてきたのではないでしょうか。できるだけたくさん思い出しながら、①それらが絶対評価、相対評価のどちらによるものであったかを考えてみましょう。また、②絶対評価と相対評価のメリット及びデメリットについて、具体例を挙げて話し合ってみましょう。

例えば・・・

①自分の受けた評価の具体例は…
②絶対評価のメリットとデメリットは…
　相対評価のメリットとデメリットは…

第11講　教育心理学と教育実践④教育評価

知っておくと役立つ話 — 偏差値について

復習や発展的な理解のために

　受験を経験した人は偏差値ということばに対してあまりよいイメージを持っていないかもしれませんが、学力を評価するうえで偏差値はとても重要なものです。たとえばある個人の国語と数学のテストの結果がどちらも70点だったとしても、クラスの国語の平均値が80点、数学の平均点が60点だった場合、各科目の結果の印象が異なってくるのではないでしょうか。

　また、同じ科目で2回テストを行った場合、たとえば以前の国語の点数が60点、今回の国語の点数が70点だとすると、この10点分の増加を素直に喜んでもいいでしょうか。もし、以前の国語のクラスの平均点が50点、今回のそれが80点だった場合、前回はクラスの平均点を超えていたのに、今回は平均点を下回ってしまっています。相対評価においては、他者の得点と比較することで、自分の得点が良かったのか悪かったのかを把握することができます。ただし、科目が違っていたりテストの実施時期が違っていたりする場合の得点同士をそのまま比較しても正確なことはわかりません。そこで利用されるのが偏差値です。

　偏差値はテストを受けた集団の平均点をもとに、個人の集団内での相対的な位置を数値化したものです。テストの得点分布は、最終的には正規分布曲線（図表11-7）に収束すると言う前提に基づいて算出されます。計算式は下記のとおりです。

$$偏差値 = (得点 - 平均点) \div 標準偏差 \times 10 + 50$$

※なお、$標準偏差 = \sqrt{\{(得点 - 平均点)^2 の総和 \div 全受験者数\}}$

図表11-7　偏差値と評価の割合

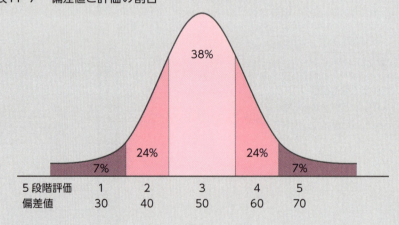

　偏差値の考え方の背景には、相対評価、すなわち他人との競争があると言えます。時折「偏差値教育」という呼称が批判的に取り上げられることがありますが、これは偏差値の計算方法への批判というよりも、偏差値が意味する他人との競争のみが強調され、学びの本質や個性を軽視する教育に対する批判であると考えることができます。

ちゃんとわかったかな？

復習問題にチャレンジ

（神奈川県／横浜市／川崎市／相模原市　2015年）

①次の（1）〜（3）の記述は、学習評価について述べたものである。空欄［ア］〜［ウ］に当てはまるものの組合せとして最も適切なものを、後の①〜⑤のうちから選びなさい。

（1）［ア］とは、評価対象となっている学習者自身から得られる情報を用いて基準設定を行う評価方法である。

（2）［イ］とは、何らかの教育目標や内容に照らし合わせた基準を用いた評価方法である。

（3）［ウ］とは、評価対象が属する集団全体のデータから基準を設定し解釈を行う評価方法である。

① ア　個人内評価　　イ　絶対評価　　　ウ　相対評価
② ア　診断的評価　　イ　個人内評価　　ウ　絶対評価
③ ア　診断的評価　　イ　絶対評価　　　ウ　相対評価
④ ア　診断的評価　　イ　個人内評価　　ウ　相対評価
⑤ ア　個人内評価　　イ　絶対評価　　　ウ　診断的評価

第11講　教育心理学と教育実践④ 教育評価

理解できたことをまとめておこう！

ノートテイキングページ

学習のヒント：教育評価の方法とそれぞれの特徴をまとめてみよう。

151

第12講

特別な支援と教育心理学①
障害の基本的理解と学校教育における配慮

理解のポイント

発達障害の特性がある児童・生徒は、通常のクラスの中に2～3人程度います。こういった子どもたちは、その特性のために何らかの失敗をしてしまうことが多く、その失敗がトラブルにつながってしまうこともあります。本講では、そのような子どもに対する適切な理解とそれに基づいた配慮のあり方について理解しましょう。

1 文部科学省の調査統計

文部科学省が2012年12月に公表した「通常の学級に在籍する発達障害の可能性のある特別な教育的支援を必要とする児童・生徒に関する調査結果について」によると、担任教師の判断で、知的発達には遅れはないものの学習面または行動面のいずれかで著しい困難を示す子どもの割合は、約6.5％でした（図表12-1）。仮に、1クラス33人で計算すると、1クラスあたり2人少々の割合で、いずれかの困難を抱える子どもがいることになります。

また同じ調査で、行動面の著しい問題を「不注意」または「多動性－衝動性」の問題、また、「対人関係やこだわり等」の問題に分けて児童・生徒の割合を示しています（図表12-1）。このデータには、複数の問題や困難性を抱える子どもの重複も含まれています。この調査は、医師の診断に基づくものではありません。そのため、A：「学習面で著しい困難を示す」が学習障害（LD）、B：「『不注意』又は『多動性－衝動性』の問題を著しく示す」が注意欠如・多動性障害（ADHD）、C：「『対人関係やこだわり等』の問題を著しく示す」が自閉症スペクトラム障害（ASD）といったように、医療上の診断の罹患率をそのまま反映しているわけではありませんが、海外のLD、ADHD、ASDの罹患率のデータと近い値になっています。学校の教師は、こういったタイプの特性を持つ子どもの特性を理解しながら、子どもたちの学びを支えていかなければならない専門職なのです。

また、図表12-2には、男女別の集計結果を示しています。困難性の出現率は、明らかに男子が女子よりも多いのですが、女子は逆に男子よりも出現率が少ないために見落とされてしまう可能性があります。見落としを防ぐためには、情報の引き継ぎや日常の観察から、適切な支援につなぐ視点が重要であるといえます。

プラスワン

文部科学省のADHDの定義

文部科学省は、注意欠如（陥）・多動性障害（ADHD）を以下のように定義づけている。「ADHDとは、年齢あるいは発達に不釣り合いな注意力、及び／又は衝動性、多動性を特徴とする行動の障害で、社会的な活動や学業の機能に支障をきたすものである。また、7歳以前に現れ、その状態が継続し、中枢神経系に何らかの要因による機能不全があると推定される。」（「今後の特別支援教育の在り方について（最終報告）」2003年より）

後に述べる、ADHD、ASD、LDなどの発達障害は、先天的な障害であるとされ、近親者の中に似た特性のある人物がいる可能性が高いとされています。ADHDの特性のある子どもの場合に成長とともに多動性が軽減されていくことがある以外は、現在の医療では完全に治癒することはありません。しかし、適切な環境を用意したり、工夫した関わりを行っていったりすることにより、障害の症状そのものというよりも、障害特性のあることによって生じる自尊感情の低下や抑うつ症状などの二次的な問題、すなわち二次障害を防止することができます。さらに子どもが、成長とともに自分自身で自分の特性を理解して、進学先や社会での適応のための調整を行えるようになるよう導いていきましょう。

2　知的障害

プラスワン
知能指数と知的障害の程度

知能指数
100　70　50　25または20
　　軽度　中度　重度
　　　知的障害の程度

　知的障害とは、知的機能の障害がおおむね18歳までにあらわれ、記憶、推理、判断など知的機能の全般の発達に遅れが生じることで、社会生活などへの適応が難しい状態をいいます。知的障害は知能検査において知能指数（または知能偏差値）が70を下回る場合に判定され、障害の程度によって軽度（70～50程度）、中度（50～25程度）、重度（25ないし20以下）に区分されます。

　知的障害のある子どもは、日常生活や学習場面、コミュニケーション面において困難さが大きく、専門的な支援が必要とされます。本講の以下の部分では、通常の学校おいて知的な障害がないにもかかわらず特別な配慮を必要とする、発達障害の特性のある児童・生徒に対する理解と配慮のあり方について解説することにします。

3　注意欠如・多動性障害（ADHD）

1　ADHDのある子どもの特徴

　教室の中には、授業時間の間、席に座っていることや、先生の話を注意深く聞き取ったり、授業の内容に意識を向け続けたりすることが困難な子どもがいます。このような特性を強く持ち、日常の生活に困難さを抱えている子どもは、注意欠如・多動性障害（ADHD：Attention Deficit Hyperactivity Disorder）の診断を受けることがあります。精神科領域の疾患や障害の基準として用いられることが多い、アメリカの精神医学会の「精神疾患の診断と統計のマニュアル（DSM-5）*」では、約5％の子どもにこの診断が当てはまることが示されています。図表12-1に示したように、日本国内の担任教師による評定では、「不注意」又は「多動性－衝動性」の問題を著しく示す子どもは約3.1％とされています。すなわち、

重要語句
精神疾患の診断と統計マニュアル

DSM (Diagnostic and Statistical Manual of Mental Disorders) はアメリカ精神医学会によって定められた、精神疾患や障害の分類のための標準的な基準。2013年に最新の基準であるDSM-5が出版された。

図表12-1　知的発達に遅れはないものの学習面、行動面で困難を示す子どもの割合

学習面又は行動面で著しい困難を示す	6.5%
学習面で著しい困難を示す	4.5%
行動面で著しい困難を示す	3.6%
「不注意」又は「多動性－衝動性」の問題を著しく示す	3.1%
「対人関係やこだわり等」の問題を著しく示す	1.1%
学習面と行動面ともに著しい困難を示す	1.6%

文部科学省初等中等教育局特別支援教育課「通常の学級に在籍する発達障害の可能性のある特別な教育的支援を必要とする児童・生徒に関する調査結果について」(2012年)より一部改変

図表12-2　知的発達に遅れはないものの学習面、行動面で困難を示す子どもの割合（男女別）

	男子	女子
学習面又は行動面で著しい困難を示す	9.3%	3.6%
学習面で著しい困難を示す	5.9%	2.9%
「不注意」又は「多動性－衝動性」の問題を著しく示す	5.2%	1.0%
「対人関係やこだわり等」の問題を著しく示す	1.8%	0.4%

文部科学省初等中等教育局特別支援教育課「通常の学級に在籍する発達障害の可能性のある特別な教育的支援を必要とする児童・生徒に関する調査結果について」(2012年)より一部改変

　通常のサイズのクラスに平均して1～2名は、注意や多動性の問題を抱える子どもがいると考えてよいでしょう。ですから、こういった特性のある子どもをうまくケアしながら、クラス全体の子どもをリードしていく力量を持つことが教師には望まれます。
　ADHDのある子どもは、学校の教科指導（授業）の場において、図表12-3に示すような行動特性がみられます。
　また、対人関係の面では、「友だちの邪魔をしたり、けなしたりして、友だちとトラブルになることが多い」ということがあり、こういったケー

図表12-3　授業中にみられる、ADHDのある子どもの行動特性

・不注意な間違えが多く、学習に必要な用具等をよくなくす
・先生の話や指示を聞いていないように見える
・先生の指示に従えず、課題をやり遂げることができない
・先生の質問が終わる前にだしぬけに答え始めてしまう
・授業中に席を離れて立ち歩いたり、椅子をガタガタさせたりして、落ち着きがない
・順番を待つことが苦手
・友だちや教師の話の最中に遮るように発言し始めてしまうことがある
・授業中に友だちの邪魔をしてしまう
・整理整頓が苦手で、机の中やロッカーなどが散らかっている
・準備や後片づけに時間がかかり、手際が悪い
・時間内に行動したり、時間を適切に配分したりできない
・しゃべりすぎる

文部科学省初等中等教育局特別支援教育課「通常の学級に在籍する発達障害の可能性のある特別な教育的支援を必要とする児童・生徒に関する調査結果について」2012年より一部改変

スで教師が障害に気づくきっかけとなることがよくあります。トラブルを引き起こす意図はないのにもかかわらず、相手の気持ちの表出に気づけなかったり、衝動を押し留めたりすることが難しいために、トラブルになってしまうことが多くあるのです。また、不注意によるさまざまな失敗に対して、叱られ続けるうちに自尊心が傷つき、叱責されたり非難されたりすると過剰に反応することもあります。

ADHDには、コンサータ®あるいはストラテラ®といった治療薬が有効である場合が多いことが知られています。症状が重度な場合には、医師によりこれらの薬が処方されることがあります。これらの薬が処方されている場合には、服用により症状が改善されている間に、苦手な部分をカバーするための対処法を身につけさせることが重要です。また、人とのコミュニケーションの取り方等の社会的スキルを身につけさせるなどして、問題を予防したり改善したりしていくことが大切です。

2　ADHDのある子どもへの配慮

ADHDのある子どもの行動特性の多くは、脳機能の特性に起因するものと考えられています。そして、その特性の多くは子ども自身の努力だけではどうしようのないものがほとんどです。教師がADHDの特性に気づいたら、まず必要なことは、子どもがさまざまなことで失敗することを防ぐための環境調整です。そして、その環境調整を安定的かつ効果的にするためには、個別の支援計画を作成し、記述した具体的な教育支援の方策を、教師間や、あるいは保護者と教師の間で共有することが必要です。

ADHDの特性のある子どもの授業の中での配慮事項としては、注意の持続が困難な子どもに対して、1つの課題が短い時間で完了するように加減することが挙げられます。そうすると、繰り返し課題をさせるようにしても、集中力を維持しやすくなることがあります。また、ADHDの特性のある子どもは、比較的すぐに結果や評価を求める傾向があります。そのため、迅速かつ頻繁に賞賛を与えていくことで、課題に取り組む動機づけを維持し、目標の達成につなげることもできます。さらに、じっと座っていることが困難な子どもに対しては、教室の後ろに静かに移動して他の子どもの邪魔にならない場所で身体を動かしたり、立ちあがって活動したりしてもよいという、特性のある子どものためのローカルルール*をつくることも一つの方法です。このような配慮により、特性のある子どもは、他の子どもへの影響を最小限に抑えながら授業に参加していくことができるのです。

ADHDを含めて、発達障害の特性のある子どもに対して配慮すべき大きなポイントは、二次障害を予防することです。ADHDの特性のある子どもたちが陥りやすい二次障害の一つには、極端な攻撃性があげられます。

ADHDの特性のある子どもは、その特性のために、悪意のあるなしに関わらず、さまざまな失敗をしてしまいます。そして、その失敗がたびたび起こるため、周囲の大人から激しく叱責されることが多くなります。このような環境下で育つと、激しい叱責を行う大人を手本に、周囲の子ども

プラスワン

コンサータ®
ヤンセンファーマ株式会社製。一般名はメチルフェニデート塩酸塩。
ストラテラ®
日本イーライリリー株式会社製。一般名はアトモキセチン塩酸塩。

ADHDに処方される左記の薬剤は、ADHDそのものを治癒させるものではなく、症状をおさえ改善するものです。

語句説明

ローカルルール
ここでは、その学級のなかだけで通用するルールのことを指す。

> **重要語句**
>
> **自己効力感**
> 自分がその行動を自らの意思で行っていて、その行動を自分が統制しているという信念。

レオ・カナー
1894～1981
オーストリア・ハンガリー生まれの児童精神科医。自閉症の研究で知られる。知的障害をともなう自閉症を指す「カナー症候群」は彼の名に由来する。

> **プラスワン**
>
> **文部科学省の自閉症と高機能自閉症の定義**
> 文部科学省は、自閉症と高機能自閉症を以下のように定義づけています。
> 自閉症とは、3歳位までに現れ、①他人との社会的関係の形成の困難さ、②言葉の発達の遅れ、③興味や関心が狭く特定のものにこだわることを特徴とする行動の障害であり、中枢神経系に何らかの要因による機能不全があると推定される。
> 高機能自閉症とは、（中略）自閉症のうち、知的発達の遅れをともなわないものをいう。
> （「今後の特別支援教育の在り方について（最終報告）」2003年より）

や大人に対して激しい言葉や行動で働きかける行動傾向を身につけてしまうことがあります。また、逆に、たびたび厳しく叱責されることにより自信を失い、強い不安の中で対人関係をうまくとれなくなってしまう、抑うつのような状態に陥ってしまうこともあります。

このような二次的に発生する問題を防ぐための1つ目の方法は、まずADHDの問題を抱える子どもの行動特性をよく理解し、大人が先にリードして失敗や不適切な行動を防ぐことです。そのうえで、子どもの「自分でできる」という自己効力感*の発達とともに、子ども自身が自分で失敗をしないようコントロールできるように教えていくことも重要です。そのために、親自身が子どもに教えていく技量を高めるペアレント・トレーニング（→本講「知っておくと役立つ話」参照）や、親と一緒に協働する教師の技量をさらに向上させていく工夫が鍵になります。さらに、子どもが思春期を迎える頃には、子どもが身につけてしまった抑うつの原因となる思考の癖をたびたび修正したり、問題事態を整理して対処法を丁寧に考えていく問題解決思考法などの練習を行う、抑うつ予防プログラムをとりいれたりすることも有効です。こういった、子どもの問題を防ぎ健康的な心の発達を目指す活動は、予防開発的な生徒指導の活動として位置づけることができます。

4 自閉症スペクトラム障害（ASD）

1 ASDのある子どもの特性

2013年にDSM-5が改訂出版されたことをきっかけに、自閉症に関する新たな考え方が広がってきました。かつては、知能の発達や発話の領域の発達が大きく遅れる、カナー*が定義したタイプの自閉症が知られていましたが、通常学級での学習についていけるだけの知能をもつ高機能自閉症やアスペルガーの障害などを包括して、共通した特性をもちながら個々に異なる特性をもあわせもつ、自閉症スペクトラム障害（ASD：Autistic Spectrum Disorder）という考え方が広がったのです。

ASDのある子どもは、教室における日常の活動や他の子どもとのコミュニケーションの場面で、独特な行動様式を示します。通常学級に在籍しているASDの特性のある児童・生徒は、そもそも入学前の段階で、通常学級での授業についていけるとの判断がいったんなされていますので、知的発達に大きな遅れは認められず、極端に学力が低いということは基本的にあまりありません。特定の分野では大人顔負けの知識をもつ場合があり、興味のある教科には熱心に参加します。他方で、興味のない教科では退屈そうにしていたりします（図表12-4）。

学習場面において、ASDの特性のある子どもは、自分の考えや気持ちを発表したり、作文で表現したりすることが苦手なことがよくあります。何かを単純に暗記することはできても、自ら考えを組み立てたり文章を構

図表12-4　ASDのある子どもにみられる行動様式の例

特定の分野への興味・関心

ものごとへの強いこだわり

友だちとの関係作りの困難

成したりすることに困難を示すことが多いのです。また、あることにこだわり始めると、他のものごとに頭を切り替えることに困難を示すことがあります。さらに、教室内での学習のルールや、その場面だけの約束事の理解が難しい面もあります。学級全体への一斉の指示に従えなかったり、係や当番の活動を周囲に促されないとできなかったりすることがあります。そして、このような場合に叱責されると、混乱して激しい感情的な反応（パニック）を起こしたりすることもあります。

　また、対人場面においては、ASDの特性のある児童・生徒は、独特なコミュニケーションの方法をとったり、仲間との関係がうまくいかなかったりすることがあります。たとえば、「会話が一方的で、受け答えになっていないことが多い」「場に合わないような、丁寧すぎる言葉遣いをする」「話し方に抑揚がなく、感情が伝わらないような話し方をする」「場面や相手の感情、状況を理解しないで一方的に話す」「身振りやうなずく等の共感する動作をあまりしない」「比喩や遠回しの表現の意味を把握できない」などです。

　また、友だちとの関係をつくることが苦手で、休み時間はほとんど一人で過ごしている社会面の行動特性もみられます。友だち（子ども）よりも、コミュニケーションが上手にできない自分の意図を推し量ってくれる教師などの大人との関係を好む姿もよくみられます。

2　ASDのある子どもへの配慮

　ASDの特性のある子どもは、特定の場面や刺激に対して強い不安を感じることがあります。たとえば、大きな音や高い音域の音など特定の感覚刺激に対して過剰なほどに反応し、耳を塞いだり教室から逃げ出そうとしたりすることがあります。苦手な刺激は、子どもによって違っていたりするので対応が難しい場合があるのですが、教師があらかじめ把握することができれば避けることができます。ただ、感覚上の問題なので、「みんな大丈夫なのだから我慢しなさい」という指示では乗り越えられないほどの、強い苦痛を感じている可能性があることを気に留めておく必要があります。診断がおりていて、あらかじめ苦手な刺激等がわかっていれば、その刺激の発生を防いだり、あるいは等の使用を検討したりするなどの環境の調整が有効です。

語句説明

イヤーマフ

コードのないヘッドホンのような形をしているものが多くある。耳全体を覆うことにより、外部からの音刺激を遮断したり、弱めたりする保護具。

写真提供：スリーエムジャパン株式会社

重要語句

自己刺激行動

ASDや知的障害のある子どもに多く見られる、反復的、常同的な行動。例えば、体を前後にゆらす（体を動かす）、こめかみを叩く（自分の身体を刺激）、指先で机を叩く（身体と物とで刺激を得る）などの行動がある。

カームダウン

興奮状態にある子どもの興奮を冷まし、落ち着かせること。別の物事に気を向け変えさせたり、数を逆に数えさせたり、手足や首を引っ込めた亀になった自分をイメージさせたりするなどさまざまな技法が用いられる。

タイムアウト

子どもを別の部屋に移動させ、退屈な壁やカーテンの前などに座らせて、興奮の原因となる刺激から遠ざけて落ち着きを取り戻させる技法。

また、ASDの特性のある子どもは、日課や教室内の環境の変更を受け入れられない場合もあります。できるだけ固定的な日課や環境のなかで生活することにより、さまざまな刺激や状況の変化をできるだけ防いで、自らの心の安定を保とうとしていると解釈できます。予想外の出来事が起こらないように、できる限り見通しの持てる環境づくりをすることが大切です。また、避けられない変更がある場合には、口頭で日程の変更を伝えるだけよりも、図や箇条書きの文章で示しながら変更を説明すると、受け入れやすくなることがあります。

さらに、ASDの特性のある子どもは、教室や体育館などで集団の中にいることに耐えられないことがあります。また、対人関係のトラブルをきっかけに、強い対人不安を感じて抑うつ状態になったり、その場からなんとか逃れようとして激しい反応をしたりすることもあります。なお、新たな学校への進学やクラス替えが行われるなどの環境移行の時期は、ASDの症状のある子どもがこのような症状を示しやすい時期です。頭痛や腹痛、幻聴の訴えや、チックやリズミカルな自己刺激行動*が生じたり、アトピー性皮膚炎の症状が悪化したりするなど、ストレスに起因する身体反応が生じることもあります。診断があったり特性が疑われる子どもに対しては、訴えをていねいに聞いたり、通常と異なる行動や身体症状がないかをよく観察しておく必要があります。過剰な興奮が生じることもときどきありますので、興奮を冷ましていくためのカームダウン*やタイムアウト*などの技法を教職員間で共有、確認しておくとよいでしょう。

子どもが教室のなかで授業に参加することは学校教育の基本です。しかし、子どもが強い不安や身体症状を示している場合には、一時的に別室での学習や、保健室での休養などの、緊急避難の場での安心感の回復が必要です。担任教員や他の関係する教員、特別支援コーディネーター、養護教諭、教育相談の担当教員やスクールカウンセラーが連携して、避難場所での休養と、そこから教室での通常の授業参加に確実に戻していく指導戦略を共有し導いていきましょう。

外見的には、障害のない子どもと変わりなく見えるので、教師も予想外の反応に慌てて、適切ではない対応をとってしまうこともあります。自閉症スペクトラムとよばれるように、このタイプの特性のある子どもは、おのおの苦手な刺激や場面、行動傾向、言葉の能力などの苦手な特性に虹のような幅があります。障害を見つけて診断名をつけることは教師の職務ではありませんが、必要性を見つけ出して適切な支援につなぐことは、子どもの学業や学校社会への適応につながります。また、他の子どもと異なった行動傾向や嗜好の傾向からいじめの被害にあったり、逆に発話の能力が高い場合などは、過剰な興奮から言いすぎてしまうことがトラブルにつながったりもします。これらのトラブルが大きい場合やたびたび繰り返される場合には、もともとの障害特性を越えた、抑うつなどの二次障害が生じてしまう危険性があります。担任教員や他の関係する教職員等が子どもの特性に気づいて、チームプレイで適切な支援を行っていくことが、なによりも大切です。

5 学習障害（LD）

1 LDのある子どもの特性

全体的に見れば標準的な知的能力をもっているのですが、ごく一部の能力に偏って著しく苦手な分野を持つ子どもがいます。そのような児童・生徒は、学習障害（LD：Learning Disabilities）の特性があるとの診断を受けることがあります。また、診断名はついていなくても、極端に苦手な能力があり、日常の学習活動に苦労している子どもがいます。たとえば、人の話を聞いて理解することはできても、文章を読むとなると文字を音に変換することがスムーズにできず、読む速度が極端に遅くなったり、読み続けられなくなったりして、結果的に、文章の内容を理解できなくなってしまう場合などです。また、口頭で自分の意見を発言することは流暢にできても、作文に書かせると、書きたい文字が想起できず、表現したいことが書けないことも見られます。先に述べた文部科学省の調査によれば、通常の学校におけるそのような子どもの割合は図表12-5に示す通りです。

現在において学習領域全般としては問題が見られなくても、その困難さが持続すると、問題の深刻さを増していく可能性があります。たとえば、文章から情報を読み取ることが苦手な子どもは、学年が進行して文章の読み取りの能力が国語以外の教科でも求められるようになるにつれて、学習上の困難性が広がっていくのです。学校生活の大半を占める授業時間のなかで、困難に直面する時間が多くなると、当然、子どもは学習への意欲を失い、それは、学校生活全般への不適応に広がっていく危険性があります。

LDの特性を把握するための手立てとしては、まず、現在および過去の学習の記録等から、国語、算数等の成績評価のなかに、著しい遅れを示すものが1つ以上あることを確認しましょう。この場合の著しい遅れとは、小学校2、3年生の場合は1学年以上の遅れ、小学校4年生以上または中学生の場合は、2学年以上の遅れがあることが目安となります。一方で、全般的な知的発達の遅れがないという確認は、知能検査等で全般的な知的発達の遅れがないこと、あるいは小学校や中学校の国語、算数（数学）、理科、社会、生活、外国語の教科の評価の中で、学年相当の普通程度の能力を示すものが1つ以上あることで判断できます。さらに、学習困難が他の障害や環境的な要因によるものではないことを確認します。たとえば、何らかの疾患が原因である急激な視力の低下や虐待などの環境的な要因が、子どもの学習能力に影響を及ぼしている場合があります。

図表12-5 知的発達に遅れはないものの学習面の各領域で著しい困難を示すとされた児童・生徒の割合

「聞く」又は「話す」に著しい困難を示す	1.7％
「読む」又は「書く」に著しい困難を示す	2.4％
「計算する」又は「推論する」に著しい困難を示す	2.3％

> **プラスワン**
>
> **文部科学省の学習障害（LD）の定義**
>
> 文部科学省は、学習障害（LD）を以下のように定義づけている。
> 「学習障害とは、基本的には全般的な知的発達に遅れはないが、聞く、話す、読む、書く、計算する又は推論する能力のうち特定のものの習得と使用に著しい困難を示すさまざまな状態を指すものである。
> 学習障害は、その原因として、中枢神経系に何らかの機能障害があると推定されるが、視覚障害、聴覚障害、知的障害、情緒障害などの障害や、環境的な要因が直接の原因となるものではない」（「学習障害児に対する指導について（報告）」1999年より）。

2 LDのある子どもへの配慮

　LDの問題を抱える子どもは、苦手な部分が一様に同じではありません。見て理解すること（視覚的に情報を処理すること）はできても、聞いて理解すること（聴覚的に情報を処理すること）が苦手な子どももいますし、逆に、見て理解することが非常に苦手な子どももいます。

　視覚的な情報を頭の中に描いて処理することが得意な子どもは、絵や実物、実演（モデル）を提示することで理解が促される場合がよくあります。逆に聴覚的な情報を処理することが得意な子どもは、絵や図などだけでなく、言葉によるていねいな説明を加えると理解しやすくなったりします。子どもの得意な能力を把握して、苦手な領域の課題の解決をカバーできるような教材の工夫や、個別対応の説明が有効です。また、一つひとつ順番（継次的）に情報を提示したほうがわかりやすい子どももいれば、全体像を把握しやすいよう同時に情報を提示した方が理解しやすい子どももいます。なお、このような認知的特性の個人差に応じた支援については第13講において詳しく解説します。

　こうした児童・生徒の認知特性は、日頃の子どもの様子をよく観察すること、さらにはWISC-Ⅳ知能検査、DN-CAS認知評価システム、K-ABCⅡ心理・教育アセスメントバッテリーなどの心理アセスメント等の結果から知ることができます。子どもがどのようなタイプか、どのようなやり方が得意であるのか、といったことの把握が大切です。学習のつまずきが見られた際には、子どもの認知特性に合わせた方法に切り替えて、より理解がしやすい教示方法を検討しましょう。たとえば、算数や数学の文章問題を解くにあたって、必要な数値情報を○で囲んだり別に書き出したりして整理するスキルや、鶴亀算を解く手順を覚えてその手順に従って解いていくスキルなど、児童・生徒ごとに、より得意なスキルを基軸にして問題を解決していけるように指導計画を立てて、支援を進めていくことが必要となります。

6 保護者との協働

　学校で、子どもに何らかの特性が見いだされると、保護者と話し合い、連携した支援が始まります。学校から伝えられた児童・生徒の状態に、保護者が驚きを隠せないといった事態も多く見受けられます。発達障害の特性のある児童・生徒の支援を行っていく場合の一つの大きな壁は、子どもの特性や障害を保護者が受け入れることができるかどうか、つまり障害の受容ができるか否かということです。

　学校は医療機関ではありませんので、子どもの状態に対して診断を行うことはできません。その一方で、子どもが多くの時間を過ごす現場で毎日のように観察することができ、そして研修を受けた専門的な知見で、多くの児童・生徒の中で相対的に把握することができます。一般的には、学校

からの指摘を受けて、保護者が子どもを医療機関に連れて行って診察を受けさせ、学校と保護者が協力し合いながら子どもの支援を行うという流れになります。

ところが、保護者が学校からの指摘を受け入れることができなかったり、拒否したり、また否定したりする場合がよくあります。発達障害の特性があると、進学・就職・結婚などの障害になると保護者が強く思い込んでいて、そのためにどうしても受け入れ難い場合があります。あるいは、保護者自身に障害特性がある場合などにも、子どもの困り感を理解できなかったり、保護者自身を否定されているように感じて感情的になって受容できなかったりする場合もあります。

子どもの現在の苦しみ、将来につながる問題を和らげるために、慎重かつ誠実に、場合によっては学校の枠を超えた福祉や行政の領域の力も借りながらの対応が望まれる場合もあります。

ディスカッションしてみよう!

発達障害と学校適応

一ろうさんは、みかんが３つずつはいったかごを６つもっていました。一ろうさんは、二ろうさんにみかんのはいったかごを２つあげました。一ろうさんがもっているみかんはいくつでしょうか。	二るうさんは、おかんが８つずつはいつたかごを９つもっていました。二るうさんは、二ろうさんにおかんのほこつたかい"を２つおけました。二るうさんがしつてこるおかんほこくつでしようか。

上の表の中の文章をそれぞれ音読しましょう。
本来、左の枠のように書かれている文章が、右の枠のように見えてしまう子どもがいるとしたら、①学習上、どのような問題が生じるかを話し合ってみましょう。また、②毎日、毎時間このような事態が続いたらどうでしょうか。

例えば・・・🖊

①学習において生じる問題は…
②毎日、毎時間このような事態が続いたとしたら…

161

知っておくと役立つ話

復習や発展的な理解のために

ペアレント・トレーニングと
ペアレント・プログラム

　発達障害の特性のある子どもへの支援を行っていくためには、学校の教員のスキルアップが不可欠です。さらに、保護者とスキルを共有して、子どもに望ましい行動を教え、また、不適切な行動を、より望ましい行動に教え直していく協働の仕組みをつくることによって、支援をもっと効果的にしていくことができます。

　保護者に、オペラント条件づけ（→第5講参照）や観察学習などの学習理論に基づいて、子どもが行動を学んでいく仕組みや教え方のスキルを伝え、また、不適切な行動にブレーキをかけつつ望ましい行動に学び直しをさせていく、ペアレント・トレーニングとよばれる保護者向けのプログラムがあります。また、上記のスキルの中でも保護者にとって比較的取り組みやすい、望ましい行動を身につけさせていくスキルを中心としたプログラムは、ペアレント・プログラムの名称で実践されています。

　これらのプログラムは、最初のうちは一つひとつの望ましい行動や不適切な行動にターゲットを絞り学習させていきますが、子どもの発達とともに、「自分は練習してさまざまなことができるのだ」「いろいろな望ましい行動がちゃんとできるのだ」という自尊心を育成し、さらにその自尊心にかけて望ましい行動を選択して行動していくよう導いていきます。

　発達障害の特性のある子どもは、さまざまな行動を身につけていく際に、教えられる行動の大事なポイントに注意を向けて聞くことができなかったり、興奮や緊張のあまりに理解できなかったり、口頭で伝えられた行動のイメージや意図をうまくとらえられなかったりします。その結果として、実際の年齢よりも幼い年齢段階の行動に留まったり、人とうまくやりとりする社会的スキルが未熟なままに留まったりしてしまうことがあります。このような、子どもの行動の学習を支援していくスキルを教師が保護者と一緒に、または、保護者に伝えていくことを意図して学んでいくことによって、発達障害の特性のある子どもも、また、そのような特性が強くない児童・生徒にも、よりよい生活・学習環境を構築していくことができます。

ちゃんとわかったかな？
復習問題にチャレンジ

（堺市　2014 年）

①次は、発達障害者支援法の条文である。空欄Ａ〜Ｄに、下のア〜クのいずれかの語句を入れてこの条文を完成させる場合、正しい組合せはどれか。１〜５から一つ選べ。

第二条　この法律において「発達障害」とは、自閉症、アスペルガー症候群その他の広汎性発達障害、学習障害、注意欠陥多動性障害その他これに類する（　Ａ　）機能の障害であってその症状が通常（　Ｂ　）において発現するものとして政令で定めるものをいう。

　２　この法律において「発達障害者」とは、発達障害を有するために日常生活又は（　Ｃ　）生活に制限を受ける者をいい、「発達障害児」とは、発達障害者のうち十八歳未満のものをいう。

　３　この法律において「発達支援」とは、発達障害者に対し、その心理機能の適正な発達を支援し、及び円滑な（　Ｃ　）生活を促進するため行う発達障害の特性に対応した医療的、福祉的及び（　Ｄ　）的援助をいう。

ア 教育　　イ 身体　　　ウ 社会　　エ 学校　　オ 学齢期　　カ 脳　　キ 専門　　ク 低年齢

	A	B	C	D			A	B	C	D
1	カ	オ	エ	キ		4	イ	オ	エ	キ
2	イ	オ	ウ	ア		5	カ	ク	ウ	ア
3	カ	ク	エ	ア						

第12講　特別な支援と教育心理学①障害の基本的理解と学校教育における配慮

理解できたことをまとめておこう！
ノートテイキングページ

学習のヒント：ADHD、ASD、LD のある子どもが苦手とすることが多いものごとをまとめてみよう。

第13講

特別な支援と教育心理学②
困難さを抱える子どもへの教育的支援

理解のポイント

前講では、発達障害のある児童・生徒に対する理解と学校教育における配慮のあり方について解説しました。本講では、発達障害の特性のある子どもの苦手なものごとの把握と、適切な手立ての実際について理解しましょう。また、個々の子どもの社会性の発達や学習の特性をとらえ、適切に支えていくとともに、二次的に生じてくる問題の予防についても理解しましょう。

1 対人関係の支援

1 発達障害と対人関係のトラブル

　発達障害のある子どもの中には、対人関係で苦労する子どもが多く見られます。たとえば、注意欠如・多動性障害（ADHD）の特性のある子どもは、教師の指示を最後まで聞き取らないうちに行動を始めてしまったり、周囲の子どもの言葉や表情に表れた合図に気づかないままに行動を続けたりして、それが対人関係上のトラブルになってしまうことがあります。また、自閉症スペクトラム障害（ASD）の特性のある子どものうち、発話の機能に問題を抱えていない子どもは、表面的な会話には問題がないのに、相手の気持ちの変化に気づくことや、推測すること、さらに自らの興奮を抑えることが苦手な場合があります。その結果、他の子どもとの関係を悪化させて激しいトラブルになり、いじめの起点となったり被害を受けたりすることがあります。

2 社会的スキルトレーニング（SST）

　対人関係のトラブルが予想される場合、対人関係上の技術を整理して効果的に教えていく技法として、社会的スキルトレーニング*（SST：Social Skills Training）があります。
　SSTは、子どもの年齢や特性に応じて設定した、獲得すべき行動（ターゲット行動）を、課題設定、モデリング、教示、ロールプレイ、強化といった一連の過程を通して身につけさせていきます。図表13-1では、「上手な話の聞き方」のスキルを小学校1年生の子どものグループに教えていくことを例に説明していきます。
　発達障害の中でも、ADHDやASDの子どもは、不注意や対人関係を苦手とする特性から、社会的に適応して生活していくために必要なスキルを

重要語句

社会的スキルトレーニング（SST）

社会的スキルトレーニング（SST）は、もともと医療用のプログラムを、子どもの社会性の発達を促すための教育的プログラムとして転用したものである。教育現場での活用を意図して、社会的スキル教育（SEE：Social Skills Education）とよばれることがある。

図表13-1　『上手な話の聞き方』のスキル指導の流れ

学習の方向づけ　まず、最初に、対象となる子どもにあわせて設定したターゲット行動について子どもたちと話し合い、どのような聞き方が望ましいのかを話し合う。

教示　このときに、たとえば、「うん、うん、とうなずきながら聞く」、あるいは「話し手の方を見て聞く」といった具体的な行動上のポイントを1つか2つ設定する。小学校1年生の場合には、1つから始める。

モデリング　教師が設定したポイントを意識して、上手なお話の聞き方を見本として演じて見せる。

ロールプレイ　次に、このポイントを言葉で子どもにもう一度伝えた後、ロールプレイとして子どもたちに実際にやらせてみる。

強化　最後に、子どもがポイントを押さえて実行できたことを、褒めて強化する。とにかく子どもたちが成功しやすいように、褒めてもらえるようにリードすることが重要です。

過剰学習*　子どもたちがターゲット行動を上手に1回できたら、褒めて何度も繰り返し練習させる。この過剰学習のプロセスを丁寧にやることによって、ターゲット行動がしっかり習慣化される。

般化　「担任の先生のお話を聞く場合」や、「ご近所のおばさんのお話を聞く場合」など、ロールプレイのシナリオを少しずらして設定して練習させたり、現実の生活の中で、機会をみて練習していたお話の聞き方を実践させたりする、般化の手続きのなかで、学習した**ターゲットスキル**が、実生活の中で習慣的に使える現実的なスキルとなっていく。

　小学校1年生よりも上の児童・生徒に対しては、基本的なポイントをおさえながら、「大事な内容は小さな声で復唱しながら聞く」「メモをとりながら聞く」といった、より高度なポイントを順次加えて、練習するとよい。また、校外学習で学校の外の方の説明を聞く場合や、電話で用件を聞く場面など、児童・生徒の発達にあわせて生活の中で身近に起こりうる場面でのロールプレイを繰り返して、学んだスキルを幅広く応用していけるように計画を組むことが重要である。

学び損なっていることがよくあります。そのため、もともと持っていた障害特性に加え、さらに困った状態である二次障害を引き起こす可能性があります。これを防ぐためにも、このような対人関係のスキルを補っていくことが重要になります。

2　動機づけの支援

　発達障害の特性のある子どもたちの中には、親や先生の言葉を注意深く聞けなかったり、指示された行動の意味や行動した結果を推測することが苦手だったりするために、行動への指示に従えずに、学習ができないことがあります。その結果、思うような学習の成果をあげられなかったり、結果を出せない学習の活動そのものへのやる気を失ったりしてしまうことがあります。

　子どもの学習活動への**動機づけ***は、知的好奇心や学びの喜びに基づいて、

第13講　特別な支援と教育心理学②困難さを抱える子どもへの教育的支援

重要語句

過剰学習

学んだターゲット行動を、できるだけ多く繰り返すことを指す。例えば、算数で新たな計算上のスキルを学んだ際に、しっかり身に付くように、同じスキルを用いる問題を繰り返して練習することと同じである。

プラスワン

SSTの計画

SSTの一般的なメニューとしては、「挨拶」「温かな言葉かけ」「上手な聞き方」「上手な仲間入りの仕方」「仲間の誘い方」「上手な断り方」などが挙げられる。また、思春期の頃からは、「感情の制御」「問題解決」などを加えることもできる。児童・生徒の発達や実態に合わせて、集団形式で、あるいは個別形式で行うことができる。

内発的なものであることが理想です。しかし、発達障害の特性のある児童・生徒のなかには、日常の学校生活の中での度重なる失敗やトラブルのために、あるいは、対人関係についての独特な感性のために、学校生活の中のさまざまな物事への動機づけを失ってしまうことがあります。失われた動機づけを回復させるためには、いったん外発的な動機づけを集中的に行い、学習活動に対する動機づけを回復させる手続きが重要です。

　具体的には、子どもに与える課題の難易度を成功しやすい水準に調整し、子どもが賞賛を得やすいようにもっていきます。また、子どものミスを叱責するのではなく、子どもがミスに気づいて修正したり、ミスを減らす工夫ができたりするように導きましょう。

　ADHDやASDの特性のある子どもは、授業の中で答えや疑問を不意に口に出してしまったり、他の子どもが指名されているのに答えてしまったりすることがあります。教室内の暗黙のルールを守れなかったり、他の児童・生徒の邪魔をしてしまったりすることから、対人関係の問題が生じ、そのことが教室の活動への動機づけを低下させてしまう場合があります。障害の傾向がある子どもについては、周囲との対人関係にも常に目を向けておくことが大切です。

　教室内のルールを守らせるための支援としては、絵や写真のついた短い文章にして教室の側面の壁などに明示し、さらに、そのルールを守れていることをたびたび賞賛する、また、教室内の他の児童・生徒がルールに従った適切な行動をとれていることを賞賛し、子どもたちの注意をルールにひきつけるなどの、学校生活の中での日常的な配慮が有効です。

3 注意の問題への支援

1 指示に注意を向けさせる支援

　学校での授業においては、発達障害の特性のある子どもが、教師の指示に従えない場面がたびたび生じます。ASDの特性のある子どもの場合には、多くの聴覚的な刺激の中から、子どもにとって重要である先生の声を選び出す選択的注意の機能が低いために、さまざまなノイズの中から教師の指示を選び出せず、聞き逃してしまうことがあります。また、ADHDの特性のある子どもの中には、注意を向けている先が頻繁に切り替わってしまう転導性*の特性を持つために、やはり先生の指示を聞き逃してしまうことがよくあります。そのような子どもたちに対する支援としては、大切なことを伝える際にはあらかじめ合図をしたり名前をよんだりして、注意を引きつけておいて伝えることが重要です。これは、大きな声で伝えればよいというわけではありません。大きな音が苦手なタイプのASDのある子どももいますし、大きな声で威嚇しながら行動を強いるという、子どもにとっての不適切な手本を先生が示してしまうことにもつながります。

　さらに、教師からのハンドサインや、絵や文字で記述されたルール（図

語句説明

内発的動機づけと外発的動機づけ

内発的動機づけは、興味関心や好奇心などの、子ども自身の内部から発する行動への意欲を指す。外発的動機づけは、報酬やご褒美など、子どもの外部からもたらされる行動への意欲を指す。
→第7講参照

重要語句

転導性

注意を向けている先が安定せず、次から次へと移り変わっていく性質を指す。人間は、ある程度の転導性の性質を持つ。ADHDの特性のある子どもは、脳の注意を維持する機能がより幼いために、転導性の性質が高くなると考えられている。

図表13-2 クラス内のルール（声のものさし）

> **プラスワン**
>
> 声のものさし
> 具体的な場面と声の大きさの関係を段階的に示した教材。自分の声の大きさを意識するのが難しい子どもに対して有効であるとされる。

表13-2参照）の指差し、また、苦手な子どもがいない音（たとえば楽器の和音など、子どもたちによって異なります）で合図を示すなどの方法が功を奏します。教師が子どもの注意を引きつけるための手法の引き出しを数多く持っておくと、必要に応じて適宜用いることができ、指示に注意を向けさせることができます。

2 課題や活動の内容に注意を維持させる支援

　ADHDの特性のある子どもの中には、先に述べた転導性の特徴により、1つの作業や活動に従事し続けることが苦手な子どもがいます。また、変動する周囲のさまざまな情報の中から、不必要な情報を抑制する機能がうまく働かないことがあるのが、ASDの中核的な特性の一つです。そのため混乱が生じ、注意を向け続けることが必要な、肝心の情報から結果的に注意が逸れてしまうことがあります。

　ここで気をつけなければならないことは、障害のない児童・生徒にとっても、一つの物事にじっと注意を向け続けることは、それなりに困難だということです。子どもに外界から与えられる情報のほとんどは常に変動しています。その変動をモニタしておくことは、自らの身を守りながら生きていくために大切なことですが、それはいわば多大な電力を使ってレーダーを高感度に維持し続けているようなもので、そのように長時間の間、緊張を維持し続けることは困難です。私たちは周囲の状況に合わせてレーダーの感度を高めたり下げたりして、適宜環境に適応しています。しかし、ADHDやASDの特性のある子どもの場合には、脳の機能の問題に起因して、この注意を維持し続けることが困難になるのです。

　注意の維持について問題を抱える子どもに対しては、維持を持続させるための訓練を行うというよりも、たびたびチェックして、逸れてしまった注意を向け直す練習を行うことが有効な場合があります。具体的には、「何

に注意を向けるか」を記述した付箋やカードなどを子どもの目に付きやすいところに示すなどの支援方法が有効です。支援を行う際には、他の支援と同じく、子どもが自ら気づいて注意を向け直したことに対して、賞賛や承認のサインを送ることが大切です。授業中の教師は、楽団の指揮者にたとえることができるでしょう。全体の流れを指揮しながら、必要に応じて配慮の必要なパートに合図を送り、授業の中での子どものパフォーマンスを引き出して、ハーモニーを奏でていくのです。

4 ワーキングメモリの個人差と支援

1 ワーキングメモリの個人差

　授業中、教師が子どもたちにいくつかの指示を与えると、子どもたちはまず、その指示を記憶しようとして頭の中で繰り返します。そして、順次作業を進めていきますが、その間、まだ完了していない作業の手順を覚えたままでいなければなりません。そうしないと、作業の途中で次の作業の手順がわからなくなってしまい、作業を完了できなくなってしまいます。多くの作業手順を頭の中に置いておけると、要領よく作業することができます。この、作業手順を頭の中に保持しておける容量を**ワーキングメモリの容量**とよび、この容量には個人差があります。

　一般に、ワーキングメモリは、単純な言葉の暗記のような**言語的短期記憶**、言語化された作業やまとまった情報を保持する**言語的ワーキングメモリ**、見たものをそのまましばらくの間保持する**視空間的短期記憶**、視覚的イメージやまとまった視覚情報を保持する**視空間的ワーキングメモリ**に分けて考えられます。短期記憶やワーキングメモリの容量の少ない子どもには、図表13-3に示すような特性や困難さがみられます。

2 ワーキングメモリへの支援

　ワーキングメモリの容量は成長とともに増加しますが、通常よりもその

言語的短期記憶、言語的ワーキングメモリ、空間的短期記憶、視空間的ワーキングメモリについては、第6講を参照してください。

図表13-3　ワーキングメモリの容量の少ない子どもにみられる特性や困難さ

ワーキングメモリの領域	特性や困難さ
言語的短期記憶	教師の指示をすぐに忘れる、文章を音読する際のミスが多い、九九が覚えられない、外国語の学習の際に聞いて真似て発音することが難しい。
言語的ワーキングメモリ	話し合いの活動についていけない、作文や日記を書くことが苦手、国語の読解や算数の文章題につまずく。
視空間的短期記憶	板書をノートに書き写すことが苦手、アナログ時計を読むことが苦手、図形やグラフの理解が苦手。
視空間的ワーキングメモリ	地図の理解や利用が難しい、図形の展開図が理解できない、複数の器具を操作しながらの作業が苦手、体操やダンスなどの一連の動作がうまく覚えられない。

発達が遅れている子どもへの支援の方向性は2つあります。1つ目は、ワーキングメモリの機能そのものを改善する介入を行うこと、もう1つは、少ないワーキングメモリを補うスキルを身につけさせることです。

　ワーキングメモリそのものを改善しようとするプログラムとしては、コグメド・ワーキングメモリトレーニングやアロウェイによるトレーニングプログラムなどが知られています。これらについては、科学的な根拠があることが主張されていますが、その訓練効果が子どもの学校生活や学習上の問題を補うのに十分であるかという点では、懐疑的な見方もあります。

　学校においては、ワーキングメモリそのものを改善することよりも、むしろ少ないワーキングメモリを補うスキルを身につける支援が多くなされます。ここでは、そのための学習支援について考えてみましょう。ワーキングメモリの容量が必要とされる状況の例としては、図表13-4に示すような計算課題が挙げられます。

　こうした手続きを経て23×4＝92の解答が得られます。この一連の手続きは、計算に不慣れな間はたびたびミスが生じますが、熟練につれてミスが少なくなっていきます。ミスがよく生じる場面は、繰り上がった10の位の値の1を、10の位の掛け合わせた結果の8に足し合わせることを忘れがちなことです。筆算の計算を始める際に頭に保持されていた計算の手続きに加えて、途中で生じた繰り上がりの数値を足し合わせる作業が加わったことで、作業全体に要するワーキングメモリへの負荷が増加したためです。この場合、繰り上がった10の位の値の1を適当な位置にメモし、10の位の計算結果と足し合わせるプロセスを、一連の手続きの一部として熟練させることによって、ワーキングメモリへの負荷を減らすことができます。

　あらかじめワーキングメモリの容量が少ない子どもに対しては、このように、ワーキングメモリの容量の不足を補うスキルを身につけさせることによってミスを減らすことができます。

　言語的ワーキングメモリの容量と視空間的ワーキングメモリの容量に差が大きい場合には、優位な方のワーキングメモリを多用するように教師が指導したり、課題を調整したりすることによって、子どもの学習を支援で

図表13-4　例：23×4の掛け算を筆算で行う場合

①1の位の3と4とを掛けて12を求める

②求めた12のうち、2は下の段の1の位に記述し、10の位の1は頭の中に保持しておく

③10の位の2の数字と4を掛け合わせて8を得る。

④求めた8と先ほど保持しておいた1を足した9の数字を、下の段の10の位の数字として記述する.

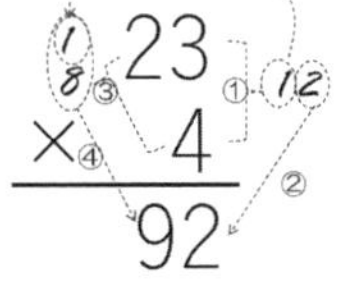

きる場合があります。

　また、上記のような子どもへのアプローチでうまくいかないほどワーキングメモリの容量が少ない場合には、教室の中で子どもに指示する活動を分析して、その子どもの能力で遂行が可能になるように、活動そのものや子どもへの指示を構成し直すことができます。

　言語的短期記憶や視空間的短期記憶のワーキングメモリ容量が少ない場合には、教室での子どもの学習活動や出来栄え（パフォーマンス）の低さとして明確にみられることが多いので、教師も問題の所在に比較的気づきやすいのです。他方で、言語的ワーキングメモリや視空間的ワーキングメモリの容量が少ない場合には、単に怠けていて学習上のパフォーマンスが十分になされていないように誤解されてしまうこともあります。その場で覚えた項目は口にすることができても、実際の作業でつまずいてしまうからです。こういった場合、子ども自身の努力だけでは事態が改善されることは少ないので、教師による気づきと配慮が必要になります。

5　認知処理の個人差と支援

1　継次処理と同時処理

　発達障害のある子どもを診断する際に、知能検査とあわせて K-ABC Ⅱ 心理・教育アセスメントバッテリー* や DN-CAS 認知評価システム* などの認知テストをあわせて実施することがあります。これらは、継次処理、同時処理をはじめとした認知能力を測定できる点で共通しています。

　継次処理の機能は順番に並べられた情報を扱うときに必要になります。継次処理の機能が低いと、一つひとつの要素を順番に思い出すことや、順番にまとめられた情報を使って処理をすること、そして順番に示される指示に従って活動することがうまくできなくなります。

　同時処理の機能は、個々の情報を1つにまとめる、あるいはそれぞれの情報が全体としてどのように関連づけられるかを理解するときに使われます。同時処理の機能が高いと、部分と全体の関連を理解することがうまくいき、逆に低いと部分と全体の関係の理解が困難で、空間関係を理解することが困難であったり、全体像を把握できなかったりします。

2　認知処理の個人差に応じた支援

　認知処理の機能の個人差は、発達障害の特性に起因すると考えられるものもありますし、単に経験不足から機能の発達が遅れていると考えられるものもあります。認知処理の一部の機能が低い場合には、その機能を向上させるための指導の方法が提案されています。苦手にしている機能を使って脳の機能的な発達を刺激して、改善を試みます。

　発達障害の診断を得ている子どもの場合には、継次処理と同時処理の能力が極端に異なる（アンバランスな）ケースがたびたびみられます。この

✍ 重要語句

K-ABCⅡ心理・教育アセスメントバッテリー

カウフマンらによって作成された認知検査。適用年齢は2歳6か月〜18歳。認知処理（計画、学習、同時、継次）と、習得（語彙、読み、書き、算数）について評価する。

✍ 重要語句

DN-CAS認知評価システム

ダスとナグリエリによって作成された認知検査。適用年齢は5〜17歳。プランニング、注意、継次処理、同時処理の4つの認知処理について評価する。

170

ような場合には、全般的なトレーニングによって改善がみられるどころか、逆に負荷をかけてしまい学業や生活上のさまざまな活動への嫌悪感を高めてしまう恐れがあります。ですから、継次処理と同時処理の能力に極端な差異がある子どもに対しては、得意な方の処理能力で苦手な処理能力を補っていくという発想の切り替えが有効です。

たとえば、同時処理の能力が低く、継次処理の機能を生かせるならば、そのような頭の使い方で理解できるような説明の仕方や課題遂行のための支援が有効です。つまり作業の手順表やチェックリストを示し、その工程を確実にこなしていくことによって課題が完了できるように支援していくのです。逆に、同時処理の方を生かした処理の仕方で学習や生活を支えていくのならば、まず初めに完了した課題の全体像を示し、それと現状とを比較しながら個々の手順を考え組み合わせて、課題が解決していくように導きます。

6 移行期の支援

発達障害のある子どもは、小学校への就学期や中学校への進学期などの移行期に問題が顕在化することがよくあります。たとえば、小学校に就学すると、45分間じっと座って注意を教師に向け続けていなければならない時間が、1日の間に4回ないし5回生じるようになります。ADHDの特性のある子どもにとって、この変化は容易には慣れることのできない苦行となる場合があります。幼稚園や保育所、認定こども園では、年長児になると、一定の時間席に座って活動する機会を意図的に増やすなどの、アプローチカリキュラム*を取り入れつつあります。小学校でも、入学直後に小学校の生活や授業の形態に慣れさせるためのスタートカリキュラム*（→第3講を参照）を導入して、適応を促す工夫をしています。また、1時間の授業の中で静的な活動と動的な活動を組み合わせてリズムを設けたり、どうしても身体を動かしたい衝動が生じた場合に、静かに教室の後ろに移動して身体を動かして帰ってきてよいとする一時的なローカルルールを設定したり、適宜、注意を喚起する教師の言葉かけやサインを示すといった支援を計画することも有効です。

一方、ASDの特性のある子どもは、他の子どもに比べて環境や日課の変化、対人関係の変化によるストレスを極端に強く感じる傾向があります。そのため、新たな環境に適応する前に、腹痛や頭痛の訴えや熱発が生じたり、また、アトピー性皮膚炎や喘息のある場合は症状の悪化といった心因性の反応を示すことがあります。小学校入学前からそういった傾向がみられる子どもには、あらかじめ、小学校の環境や生活リズムに慣れさせる準備や、ペアレント・トレーニングなどで保護者の養育力や不安に対処する準備を進めておく、予防的対処が有効です。

また、ASDの特性のある子どもが中学校や高等学校等に進学していく

語句説明

アプローチカリキュラムとスタートカリキュラム

スタートカリキュラムは、小学校に入学した児童が、小学校での学習活動や生活にスムーズに適応することを意図して構成する、就学期のカリキュラムを指す。また、小学校での適応を意識して、幼稚園、保育所、認定こども園の側で調整して構成するカリキュラムをアプローチカリキュラムという。双方のカリキュラムの連携により子どもの適応と育ちを支えることが、2017年告示の小学校学習指導要領の改訂ポイントの一つである。

際にも、環境や対人関係の変化に対するストレスによる不適応が生じることがあります。予防開発的な生徒指導としての教育活動のなかで、社会的スキルのトレーニングや、自分の感情への気づきや制御、あるいは抑うつ予防のスキルを身につけておくことが予防的な対処として有効です。また、以前に通っていた学校での長期欠席や授業参加の状況の情報などが、こういった特性のある子どもへの配慮を準備しておくための手がかりとなります。

学習障害（LD）の問題の多くは、さまざまな教科の中で学習課題に取り組む活動が増える、小学校進学の後に気づかれることが多くあります。また、小学校ではあまり顕在化していなかった苦手なことが、中学校進学後の教科の学習内容の複雑化、抽象化にともなって、見えるようになってくることがあります。中学校進学直後の標準化された学力テストや能力テストによって、不得意な問題を抱える生徒を見つけ出すことができます。このような場合には、スクールカウンセラーの知見が役立つことがあります。

7 個別の指導計画

2017年告示の小学校学習指導要領および中学校学習指導要領の中では、「特別な配慮を必要とする児童（生徒）への指導」の中で「障害のある児童（生徒）などについては、特別支援学校等の助言又は援助を活用しつつ、個々の児童（生徒）の障害の状態等に応じた指導内容や指導方法の工夫を組織的かつ計画的に行うものとする。」と記述され、さらに「障害のある児童（生徒）などについては、家庭、地域及び医療や福祉、保健、労働等の業務を行う関係機関との連携を図り、長期的な視点で児童（生徒）への教育的支援を行うために、個別の教育支援計画*を作成し活用することに努めるとともに、各教科等の指導に当たって、個々の児童（生徒）の実態を的確に把握し、個別の指導計画*を作成し活用することに努めるものとする。」と記述されています。

小学校では、ほとんどの授業時間を担任の先生が担当します。そのため、支援が必要な子どもの発見、支援の内容等の判断の多くは担任にゆだねられることになります。子どもたちがさまざまな学習活動を行っているさなかに、その場でとっさの判断をしながら授業を進行することは、特に経験の浅い若手教員にとっては負担になります。あらかじめ、詳細な事例検討や多くの経験をもつ先輩教員の対処技法、特別支援教育の免許や研修を得た同僚教員の知見を得て、慎重な子どもの観察や保護者からの情報も加味して、個別の支援計画を立てておくことが重要なのです。

中学校では、通常は教科ごとに異なった先生が授業を行います。逆に言うと、一人の先生が授業の中で接する生徒の数は、小学校の先生が接する児童の数に比べて圧倒的に多くなります。この結果、どの生徒にどのような支援が必要であるのかという情報が過剰になりすぎて混乱が生じます。このような際に、支援が必要な子どもについてあらかじめ作成した、「ど

語句説明

個別の教育支援計画

障害のある子どもについて、乳幼児期から学校卒業後までの一貫した長期的な計画を学校が中心となって作成するもの。作成に当たっては保護者の参画や意見等を聴くことや関係機関との連携が重要である。

語句説明

個別の指導計画

幼児・児童・生徒の教育的ニーズに対応して、指導目標や指導内容・方法を盛り込んで、個別に作成する指導計画。単元や学期、学年等ごとに作成され、それに基づいて指導を行っていく。

のような意図のもとにどのような支援が必要なのか」を記した個別の支援計画が役に立ちます。

　障害の医学的な診断を得ている児童・生徒についてはもちろんのこと、何らかの特性があり、それによって子どもが苦しんでいる状況が認められるのであれば、情報を集約し、必要なスキルや知見を持ち寄って個別の指導計画を策定する準備を進める必要があります。子どもが何らかの症状を持っていて苦しんでいても、保護者が学校での困難な状況を目にすることが少ないために状況を把握できず、なかなか診察に踏み込めない場合があります。その間、当の子どもは苦しみ続けることになりますが、苦痛に耐えかねている子どもをいくらかでも救う手立てを持っておくことは、人道的見地からも、また、子どもとの間の信頼感の育成のためにも大切です。ただでさえ想定外のトラブルが起こりがちな、生身の子どもを相手にした授業の活動では、できる限りの用意をしておくことが大切です。

　個別の教育支援計画や個別の指導計画は策定しただけでは意味がありません。当該の子どもに関係する全教員が方針を共有して教育活動を行っていきます。先生によって対処の仕方の方針が異なっていると、それによって子どもが先生を使い分けることを身につけさせてしまい、ますます対処が困難になります。もちろん、担任の教員と副担任の教員が、子どもへの接し方を分担して行う方法も考えられます。個別の教育支援計画や個別の指導計画を、当該の児童・生徒に対する、**チームとしての戦略**として共有しましょう。さらには、指導の計画の進行状況や効果をチェックして、修正が必要であるかを見定める手続きも重要です。

> 発達障害のある子どもはクラスの中の「困った子」ではなく、本人が一番「困っている」子どもなのです。

第13講　特別な支援と教育心理学②困難さを抱える子どもへの教育的支援

ディスカッションしてみよう！

中学校1年生のAさんは、穏やかで几帳面な生徒です。9月の運動会での演奏イベントが終わった直後から疲れを訴えて欠席が増え始め、翌月からはまったく学校に来ることができない状態になりました。調べてみると、Aさんは、小学校5年のときにASDの診断を得ていることがわかりました。Aさんにとって、何が不登校の引き金となったのか話し合ってみましょう。

例えば・・・
① ASDの特性は…
② 不登校の引き金となったのは…

知っておくと役立つ話

復習や発展的な理解のために

発達障害と不登校

　不登校の状態になってしまっている児童・生徒の中に、高い割合で発達障害の児童・生徒が含まれます。LDやADHDの特性のために、授業内でのさまざまな活動が困難であったり、失敗が続くことによって意欲を失ってしまうことがあります。また、ASDの傾向がある子どもは、自らのこだわりを受け入れてもらえなかったり、環境や対人関係の変化に過剰なストレスを感じたりすることにより不登校になってしまうことがあります。

　発達障害の特性を持つ子どもが、必ず不登校になるわけではありません。しかし、障害の特性によって、トラブルや失敗の経験が多くなり、また、トラブルや失敗を乗り越えていくためにはどのようにすればよいかという作戦を立てる能力が低い児童・生徒が多い傾向にあります。ある程度作戦を考えられる児童・生徒であっても、抑うつや不安の症状が強く出ている場合には、そのような問題解決の思考が困難になってしまいます。

　児童・生徒の困難をいち早く見つけて、その困難性をカバーするスキルを身につけさせるよう働きかけること、日常的に予防開発的な指導を行っておくことが、発達障害の特性に関係して二次的に発生する抑うつや強い不安、そして不登校を防ぐ手立てになります。児童・生徒にさまざまなスキルを教えていく際には、幼児期から児童期の前半までは、「こういうときには、こうしましょう」と、より具体的な場面での具体的な行動を教えていきます。本講のなかで取り上げたSSTを個別に行うことも一つの方法です。

　また、悪意はないけれども、力加減の利かない友だちへの身体接触などの、学校の中で問題の引き金になりそうな行動をターゲットにして、より望ましい行動に学習し直しさせていく方法も有効です。この際には、保護者にも、行動を教えていく方法を保護者に教えるペアレント・トレーニングやペアレント・プログラムと併用できるとより効果が望めます。児童期の後半から中学校以降にかけては、児童・生徒が自尊心にかけて、その場その場で望ましい行動を選択して行けるように導き指導していくとよいでしょう。

　また、長期の不登校になる前に、児童・生徒が、身体症状の訴えや保健室での休養を申し出ることがあります。こうした兆候が見られたら、いち早くケース会議を行って、素早い対処を計画しましょう。心因性の身体反応が生じている場合には、一時的な休養によってストレッサーから逃れさせることも一つの手段です。場合によっては、別室での少人数での学習や適応指導教室の利用などが検討されることもあります。発達障害の特性を加味しながら、教室への復帰を、徐々にしかし確実に進めていく指導の計画を立てて支援を進めていくことが必要です。

ちゃんとわかったかな？

復習問題にチャレンジ

類題（宮城県・仙台市　2015年）

①学習障害のある児童生徒への指導や対応の説明として適切でないものを、次の1〜5から1つ選びなさい。

1　計算に困難のある児童生徒には、絵カードや具体物の活用やマス目のあるノートの使用、記号を用いて手順を示すなどの指導の方法もある。

2　学習障害のある児童生徒の中には、自信や意欲を失ったり、自己評価が低くなったりするなど二次的な障害を示す者もいることから、努力を認めたり、励ましたりする指導や対応が求められる。

3　読み書きに時間がかかる場合には、拡大文字を用いた資料を使用したり、振り仮名をつけたりするなど、本人の能力に合わせた情報を提供することが求められる。

4　学習の遅れを補うに際しては、授業時間以外に同じような困難を抱えている児童生徒を集め、集団で高め合う指導を行うことが求められる。

5　読み書きに困難のある児童生徒には、板書による説明に加えて、その内容を改めて読み上げてわかりやすく説明したり、ノートに写すべき部分を色分けしたりするなどの配慮が効果的である。

第13講　特別な支援と教育心理学②困難さを抱える子どもへの教育的支援

理解できたことをまとめておこう！

ノートテイキングページ

学習のヒント：発達障害の特性に応じた支援についてまとめてみよう。

第14講 子どもの情緒・適応の理解と心理的支援

理解のポイント

すべての児童・生徒が健やかに学校生活を送り、勉学に励み、心身が成長することについては、誰もが願うところです。しかしながら、個々の発達状況や子ども達を取り巻く環境によって、学校生活への適応が難しい場合や就学が困難な状況に置かれてしまうケースもあります。本講では、まず、児童・生徒の社会性の発達や適応の特徴に注目し、さらに、環境的要因を含めた子どもの現状と、心理的支援に関する基礎的な理論について理解しましょう。

1 児童期〜青年期の社会性の発達や適応の特徴における課題

子ども達が学校に適応し、意欲的に登校できるように指導するためには、学年など発達段階に応じた精神的な発達の特徴を理解しておくことが必要です。すでに、第2講から第4講にかけての学習により、各時期の総合的な発達の特徴について解説していますので、ここでは、改めて、社会性や適応を中心とした課題という観点から確認してみましょう。

① 幼児期から小学校低学年（1〜2年生）

第2講で解説した幼児期から、第3講で解説した小学校への移行期にあたって、まずは、基本的生活習慣の確立とさまざまなルールの理解と習得が求められます。そのようななかで、新しい環境になじめない、あるいは自分の欲求が満たされないなどの理由で不適応反応を示す子どもも存在し、これを小1プロブレムとよんでいます（→第3講参照）。

この問題に対応するため、文部科学省では、2010年より、「幼児期の教育と小学校教育の円滑な接続の在り方に関する調査研究協力者会議」を開催し、幼小連携（幼稚園等と小学校の教育活動の連携）の取り組みをさまざまな形で提唱しています。このうち、幼稚園等については、2016年に中央教育審議会の教育課程部会幼児教育部会の第10回会議において、「幼児期の終わりまでに育ってほしい姿」の検討が進められ、「健康な心と体」「自立心」「協同性」「社会生活との関わり」など、育ちの目安として10項目が示されました。一方、小学校では学習指導要領（解説編）の改訂を踏まえ、生活科を中核に合科的な授業を展開できる、第3講で紹介したスタートカリキュラムを編成しています。このように、子どもたちがスムーズに幼稚園等から小学校という新しい環境で適応でき、意欲的に学校生活を送ることができるようにさまざまな工夫が行われています。

プラスワン

スタートカリキュラムの具体的内容
（1）45分授業を15分や20分に分割するモジュール型授業の構成、（2）幼稚園等と小学校での相互交流、（3）遊びを通じた学びを活かす体験型の学習、など。

② 小学校中学年（3〜4年生）

　第3講では、児童期中期にみられる、継続的で比較的凝集性の高い交友関係であるギャングエイジについて紹介しました。ここでは子どもの適応という観点から、ギャングエイジの課題について考えてみます。この時期の子どもには、保護者や教師よりも、友人関係を大切にする傾向が見られるようになり、グループの約束事や同調行動などが多く見られます。また、小学校低学年での学校生活への適応が形成されていく中で、さまざまなルールに対する意識が強くなるのも一つの特徴です。学校によって定められた正当なルールもありますが、友人間でつくられた未熟な（中には理不尽な）ルールが生じることもあり、それが原因で交友関係に不和が起こることも実際には多くあります。しかし、これも社会性の成長に必要な失敗経験と考えることもできます。

　一方、このように人間関係のあり方が変化していくなかで、世代間でうまく交友関係が持てずに孤立してしまう子どもが生じることもあります。教師には、学校やクラス内の交友関係をよく観察して、必要に応じて助言や支援することも求められます。たとえば、複数の学年交流をもとにした縦割り型の活動で年長者に年少の子どもの世話をするなどの役割を与えることなども、同世代間の交流よりは負荷が低いことも考えられ、さらに自尊感情が増すことも期待できます。

③ 小学校高学年（5〜6年生）

　小学校中学年に引き続き、グループを意識した行動が多く見られがちですが、この時期になると集団凝集性＊が強く意識されやすくなる分、他のグループを排他的にとらえる傾向が見られることもあります。また、同性同士の交友が中心となりやすい一方で、第二次性徴の出現によって、異性を意識した行動も多く見られ、特定個人の異性を好意的に意識する言動も見られ始めます。教師は、これらを子どもから大人への「移行始動期」ととらえ、子ども達自身が、性差を含めた個々の変化を自覚し、その変化を認めていくことができるように見守る指導が求められます。

④ 中学生

　小学生時代に引き続き、グループを意識した交友関係が続くのですが、部活動や生徒会などへの加入等によって、新たに「先輩と後輩」という縦の関係性が強く意識されるようになります。さらに、中学校によっては複数の小学校区が組み合わされたり、学級内でのグループと部活動での仲間とで、どちらを優先すべきか悩むなど、交友関係が大きく変化するケースが多いのも特徴です。そのほか、受験勉強など、学校生活の環境が大きく変化し、さまざまな負荷がかかることによって、中にはこれらのストレスから不登校＊に陥る事例も見られます。これらを「中１ギャップ」とよびます（図表14-1）。ただし、この現象の認否には諸説があり、たとえば、2015年の国立教育政策研究所の調査報告によれば、統計的には必ずしも中学校への進学を契機に不登校やいじめが急増するとは認められないとされています。したがって、この時期の前後を含めて、中長期的に、児童・生徒の心身の変調を注視することが求められます。

重要語句

集団凝集性

集団が構成員を引き付けることで、その構成員が集団の一員となり、離れていかないようにする動機づけの度合いのことをいう。

重要語句

不登校

何らかの心理的、情緒的、身体的あるいは社会的要因・背景により、登校しない、あるいはしたくともできない状況にあるために年間30日以上欠席した者のうち、病気や経済的な理由による者を除いたもの。

> **プラスワン**
>
> **第二次反抗（期）**
> 第一次反抗は、自我が芽生える2歳頃に起こる。第二次反抗はそれまで子どもとして安定していた自我が大人になるために目覚めることによると考えられる。

> **語句説明**
>
> **友だち親子**
> 子どもに対して、親として権威的に関わろうとせず、若者という共通の土俵で友人のように接しようとする親子関係をいう。親自身が大人に成長できていないことが一因という説もある。

> **語句説明**
>
> **SNS**
> インターネット等における、特定または不特定の他者とのコミュニケーションを目的としたサービス、機能。代表的なものにLINE、Twitter、Facebookなどがある。

図表14-1　学年別不登校児童生徒数

学年	人数
小学1年	1,579
2年	2,559
3年	3,832
4年	5,598
5年	7,677
6年	9,906
中学1年	26,360
2年	37,304
3年	39,583

文部科学省初等中等教育局児童生徒課「平成28年度　児童生徒の問題行動等生徒指導上の諸問題に関する調査（速報値）」をもとに作成

　また、第4講で解説したように、この時期は、子どもから大人への移行期にあたり、大人の言動に対し、不満や不快感を抱き、反抗的な態度を見せることもあり、これを「第二次反抗」とよびます。しかしながら、近年では、社会的、文化的背景の影響もあって、大人や社会に対する不満などを「特に感じない」という生徒も多く存在するようです。とりわけ、親子間で友だちのように家庭生活を送る「友だち親子*」と称されるケースもあり、このことが、将来、大人社会における生活への適応に望ましくない影響を与える可能性もあるという指摘も見られ、この点については教育分野でも議論の余地があると言われています（山田ら, 1997）。

⑤ **高校生**

　中学校卒業時における多様な進路選択によって、多くの場合、これまでの交友関係がリセットされ、新たな人間関係が形成されることになります。基本的には、「価値観が共有できる」「ライフスタイルが似ている」など、これまでと同様にグループが形成されるケースも多く見られますが、一方で、大人社会への理解と自立心の芽生え、他人の意見に左右されず、自己の信念を重視する傾向が現れるようになり、中学生時代とは異なる柔軟な適応性が認められる生徒も多く見られるようになります。ただし、精神的に未成熟な部分もまだまだ見られるにも関わらず、大人同様の環境やさまざまなツールが利用できるようになることで、問題行動が生じるケースも見られます。とりわけ、SNS*（ソーシャルネットワーキングサービス）による交友関係によって、やや難解なトラブルが生じやすいことも一例として指摘されています。

　なお、公職選挙法が2015年に改正され、18歳から選挙権が与えられたことにより、高校生からも社会情勢や政治などの、大人社会の実情が注視されるようになりました。そこで、生徒自身にも個の思想や信条をきちんと持つことなど、大人社会への適応が今まで以上に早く求められるようになり、このことも今後の教育上の課題であると言えます。

2 児童・生徒を取り巻くさまざまな社会的問題

いつの時代も子ども達は、社会や経済、時代、環境など、子どもを取り巻く状況に大きな影響を受けています。とりわけ貧困や虐待、いじめ、不登校などは、現在もなお、重要な課題となっています。

1 貧困

貧困については、資本主義経済のもとでのさまざまな格差により、どの時代でも生じうるものですが、税制による所得の再分配、公的扶助、寄付などによって誰もが幸せな生活を送れるように多様な政策の取り組みは行われています。それでも十分な問題解決に至らないのが実態であり、特に、貧困を理由に生まれながらにして成長、活躍するチャンスが与えられないという「子どもの貧困問題」は、最優先で解決されるべき課題です。OECD（経済協力開発機構）による2015年の学習到達度調査（PISA）では、貧困家庭の子どもが成績下位者になる可能性について指摘しています。家庭経済の状況が教育格差と関連していることを指摘したこの結果は、教師を目指す者にとっても、学校では何ができるのかという課題を示しています。

ところで、この貧困の定義については、「絶対的貧困」と「相対的貧困」というものがあります。絶対的貧困とは、生存維持に最低限必要な衣食住の観点から定義されるものであり、一方、相対的貧困とは、先進諸国における標準的な生活様式や慣習、活動に参加できない低い水準の所得を指しています。特に、近年では、相対的貧困率＊という指標により、実態の把握がなされています（図表14-2）。

図表14-2からわかるように、日本の子どもの6人に1人が貧困と言われています（出典：厚生労働省「平成25年国民生活基礎調査の概略」）。家庭が低所得であることによる貧困（特に、ワーキング・プア問題＊）の場合は、子どもの栄養や健康面、医療へのアクセス、親のストレス（虐待

図表14-2 相対的貧困率の推移

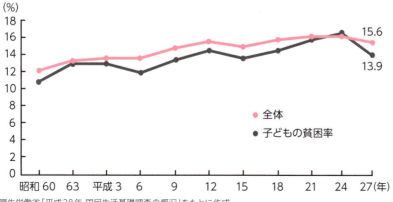

厚生労働省「平成28年 国民生活基礎調査の概況」をもとに作成

重要語句

相対的貧困率

貯蓄などの資産を考慮せずに所得のみを対象として算出され、等価可処分所得（世帯の可処分所得を世帯人数の平方根で割って調整した所得）が貧困線（中央値の半分）に満たない世帯員の割合。

重要語句

ワーキング・プア問題

正社員同様にフルタイムで働いてもギリギリの生活さえ維持が困難、もしくは生活保護の水準にも満たない収入しか得られない就労者の社会層を指す。

図表14-3 「貧困家庭を救う4つの要因と教育支援への取り組み（内閣府）」

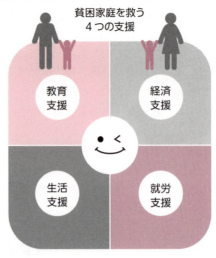
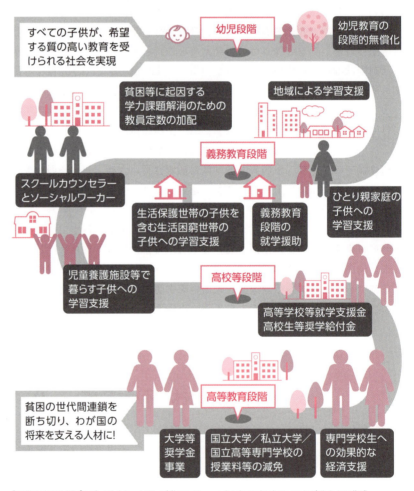

「子供の未来応援プロジェクト」ホームページ（http://www.kodomohinkon.go.jp/）をもとに作成

図表14-4　児童虐待の定義（厚生労働省、2004年）

身体的虐待	殴る、蹴る、投げ落とす、激しく揺さぶる、やけどを負わせる、溺れさせる、首を絞める、縄などにより一室に拘束
性的虐待	子どもへの性的行為、性的行為を見せる、性器を触る又は触らせる、ポルノグラフィの被写体にする
ネグレクト	家に閉じ込める、食事を与えない、ひどく不潔にする、自動車の中に放置する、重い病気で病院に連れて行かない
心理的虐待	言葉による脅し、無視、きょうだい間での差別的扱い、子どもの目の前で家族に対して暴力をふるう（DV）など

など）、学習資源の不足など、子どもにとって不利な状況が生じやすくなります。

　この問題に対して、2013年に、「子どもの貧困対策の推進に関する法律」が制定され、現在では、内閣府を中心に「子供の未来応援プロジェクト*」が始動し、学習支援や居場所づくり、子ども食堂*（食生活支援）など、具体的な支援策が推進されています（参考：図表14-3）。

2　虐待

　虐待は、図表14-4に示す通り、身体的虐待、性的虐待、ネグレクト、心理的虐待に分類されます。また、「児童虐待防止法」の一部改正（2004年）で、子どもの目の前で家族に対して暴力をふるうDV（ドメスティックバイオレンス*）が心理的虐待に追加されました。

　DVに関して、友田（2011）は、脳科学の視点から、子どもに対する直接の虐待的な言動でなくても、DVを目撃することや不適切な養育（マルトリートメント*）が脳を物理的に変化させることを明らかにしています。

　児童虐待が疑われる場合には児童相談所等への通告義務が生じますが、学校における児童の様子を通して、教師が虐待の発見者になることもあります。教師はその際の適切な対応について理解しておかなければなりません。また、保護者の社会的な孤立が虐待につながる場合もあることから、保護者との日常的なコミュニケーションを通して虐待を未然に防ぐという役割も教師には期待されています。

3　児童・生徒の間で生じている問題

　前述のように、社会制度や大人の事情により、子ども達の就学が困難になったり、学校生活における不適応が生じてしまう問題もあるのですが、一方で、児童・生徒の間で生じている問題についても着目しなければなりません。

プラスワン

子どもの貧困対策推進法　第二条（基本理念）

子どもの貧困対策は、子ども等に対する教育の支援、就労の支援、経済的支援等の施策を推進することが記載されている。

重要語句

子供の未来応援プロジェクト

貧困の状況下にある子どもに必要な支援が届くことを目指した、官公民連携によるプロジェクト。貧困家庭に対し、教育、生活、経済、就労の面からさまざまな支援が講じられる。

重要語句

子ども食堂

貧困等により家庭で十分な食事がとれない子どもに、無料もしくは安価で食事や居場所を提供する活動。

重要語句

DV（ドメスティックバイオレンス）

同居している配偶者や内縁関係の間で行われる家庭内暴力のことをいう。近年ではより広義に、婚姻の有無に関わらず、元夫婦や恋人など近親者の間で行われる暴力全般を指してDVということもある。

重要語句

マルトリートメント

マルトリートメント（maltreatment）とは、treatment（扱い）にmal（悪い・悪く）という接頭語がついたもので、「不適切な養育」と訳されている。

1 いじめ

①「いじめ」の定義と実情

「いじめ」についても、その実態把握は古くから行われていますが、学校内外のさまざまな問題が入り組んでおり、解決が困難とされてきています。いずれの事情があるにせよ「いじめは、人として卑劣な行為であり、絶対に許されない」という強固な信念と厳格な指導が教師には求められます。

「いじめ」とはどのように定義されているのか、文部科学省による定義を参照してみましょう。

> **いじめの定義（文部科学省）**
>
> 「いじめ」とは、児童等に対して、当該児童等が在籍する学校に在籍している等当該児童等と一定の人的関係にある他の児童等が行う心理的又は物理的な影響を与える行為（インターネットを通じて行われるものを含む。）であって、当該行為の対象となった児童等が心身の苦痛を感じているものをいう。なお、起こった場所は学校の内外を問わない。

「いじめ」は、教師がその事実をどのようにとらえるかが問われるところです。対応は、担任を中心に学校が組織として把握して進めていきます。子どもの権利を保障する点から、教師が改めて見方、考え方を見直すことが求められています。

ところで、近年、実際に学校における「いじめ」はどの程度発生しているのでしょうか。文部科学省は、「児童生徒の問題行動等生徒指導上の諸問題に関する調査」を毎年実施しており、このうち、「いじめ」の認知件数を公表しています（図表14-5）。

図表14-5から、いじめは小学校で最も多く起こっていることがわかります。また、このグラフはいじめの発生件数ではなく認知件数であることにも注意が必要です。つまり、認知件数の増加は、いじめ自体が増えただけではなく、これまで見過ごされてきたいじめを、教師がより敏感に察知

図表14-5　いじめの認知件数の推移

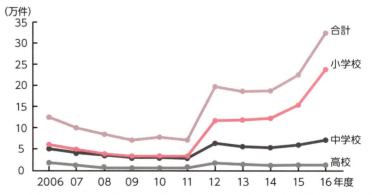

文部科学省初等中等教育局児童生徒課「平成28年度　児童生徒の問題行動等生徒指導上の諸問題に関する調査（速報値）」(2017)をもとに作成

するようになったことにもよると考えられます。全国の小中高校と特別支援学校が2016年度に認知したいじめの件数は、323,808件で前年度に比べて43.8％（98,676件）増で増加していることが明らかになっています。このような実情に対し、2013年に「いじめ防止対策推進法」が制定され、学校における対処方法の明確化が定められています。具体的な内容としては、次の通りです。

> （1）いじめの事実確認
> （2）いじめを受けた児童生徒又はその保護者に対する支援
> （3）いじめを行った児童生徒に対する指導又はその保護者に対する助言について定めるとともに、いじめが犯罪行為として取り扱われるべきものであると認めるときの所轄警察署との連携について定めること。

そのほか、懲戒、出席停止制度の適切な運用等、いじめの防止等に関する措置を定めることとされています。

② 新たな「いじめ」の構造——スクールカースト

「スクールカースト」とは、主に中学校から高校に見られるもので、生徒の間で個人またはグループが、人気や威力などによって序列化され、さらに多くの生徒達がこれを意識することによって、権威的あるいは服従的な関係が生じたり、個性や嗜好などによって排他的な差別言動がなされたり、あるいは異なる序列間で交友が分断されるなどの現象をいいます。

このように子ども達の間で序列化された意識が共有されることにより、中には、上位の生徒から下位の生徒への理不尽な言動など、いじめとほぼ同義の関係性が生じることも考えられます。ただし、社会性に関する発達的な理解としては、生徒達のグループ化による集団凝集性と排他意識が生じやすい世代であることが根底にあるため、集団そのものを直ちに否定的にとらえることは避けなければなりません。むしろ、集団の意味を理解しつつ、そこで子どもが不当なキャラづけ＊をされ、いじめや攻撃的な言動などを受けていないか、注意する必要があります。

③ 「子どもたちの間のデジタル・ディバイド」と「ネットいじめ」

スマートフォン（スマホ）が普及し、現在、子ども達のコミュニケーションアイテムとしても多く利用されています。内閣府の調査によると、所有率は小学生27.0％、中学生51.7％、高校生94.8％であると報告されています（図表14-6）。

しかしながら、すべての子どもがスマホを所有している訳ではないので、持っている子どもと持っていない子どもの間で情報の格差が生じ、中には交友関係の分断が生じることもあります。情報利用の恩恵に格差が生じる現象を「デジタル・ディバイド」といいます。多くの場合、国や地域間での経済格差が生じる場合のことを指すので、ここでは「子どもたちの間のデジタル・ディバイド」とよぶことにします。たとえば、子どもたちの間で宿題やクラスでの話題などを共有したり、休日に遊ぶ約束をしたりなど、

第14講 子どもの情緒・適応の理解と心理的支援

> スクールカーストの語源は、もともとアメリカで同種の現象があったことによるという説もあります。

語句説明

キャラづけ

多様な分野で用いられる言葉であるが、ここでは、個人またはグループが特定の個性をレッテル的に同定することをいう。スクールカーストの各層の呼称と関連があり、いじめや不登校の原因にもなりやすい。

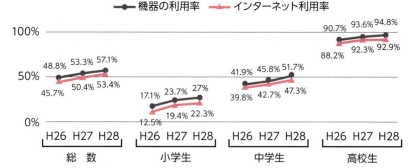

図表14-6　青少年のスマートフォンの保有率

内閣府「平成28年度 青少年のインターネット利用環境実態調査」(2017)をもとに作成

　さまざまな情報交流にスマホが使用されるのですが、持っていない子どもには情報が届かず、タイムリーな交流を好みがちな現代の子どもたちからすれば、関係性が疎遠になってしまうことがあります。
　一方、スマホを保有していることによって、送受信する情報の誤りなどから交友関係にトラブルが生じるケースも見られます。その例が、LINEやTwitterなどのSNS（ソーシャル・ネットワーキング・サービス）によるものです。中でも多いのが、「ネットいじめ」とよばれるもので、たとえば、送信されてきたメッセージを読んでいるのにわざと返信しない（既読スルー）、グループトークの中で特定の人物のメッセージのみを無視したり、別グループを構成して仲間はずれにする、集団で特定の人物を攻撃するなど、数多くの事例があります。これらについては、子ども達から相談されない限り発見できないものですが、教師としては、日頃からいろいろな相談に応じることができることを公言し、態度を示しておくことや、子ども達の視点に立って生活や文化を考えることも必要です。
　なお、最近では、子ども達に対する「スマートフォン安全教室」等の情報モラル教育が、企業や大学生のボランティアなどで実施される事例も見られます。

2　非行

　学校生活に適応できない子どもにみられる行動例の一つが「非行」です。非行は、反社会行動の一つで、少年法では、犯罪少年、触法少年、虞犯少年を併せたものとして規定しています。図表14-7は、少年・若年者による一般刑法犯の検挙人員等の推移です。減少傾向にはあるものの、年齢層比で見ると高値であると法務省は分析しています。
　上記のデータに加え、どのような罪名で検挙されているかも明らかにされており、最も多いのが「窃盗」で、続いて「横領」「傷害」「住居侵入」が多いとされています。これらの発生理由について、過去では、家族の離散や経済的貧困といった生活のためにやむなく犯す「生活型非行」が多かったのに対し、現代では、仲間との連帯を確認する「遊び型非行」や、家庭環境には問題が無いとされながらも、異性交際の失敗や学校の友人関係の

プラスワン

非行少年
少年法第3条では、①14歳以上で犯罪を行った少年（犯罪少年）、②14歳未満で犯罪少年と同じ行為、つまり刑罰法令に触れる行為を行ったが、年齢が低いため罪を犯したことにならない少年（触法少年）、③犯罪や触法まではいかないが、具体的な問題行為があって今後、犯罪少年や触法少年になる可能性の高い少年（虞犯少年）としている。

図表14-7　少年・若年者による一般刑法犯 検挙人員・人口比の推移

法務省「平成27年版 犯罪白書」2015をもとに作成

不和などから生じることが多いとされる「いきなり型非行」が発生するようになったのも特徴的であるとされています。

　非行を防止するためには、非行に至るまでに、学校及び家庭において日頃から不適切な行動を指導すること、すなわち「非行の芽を摘む」ことが大切なのですが、その際は一方的な叱責や抑圧でなく、子どもの声に耳を傾けることも重要です。また、日常の言動のちょっとした変化にも注目し、問題行動の潜在性がないかを考えるように心がけることも求められます。学校生活の中で、いじめやケンカ、失敗や挫折、孤立など、個々の内面では心に傷を負っていることも考えられます。日頃からのコミュニケーションを積極的に図り、時には衝突はあるかもしれませんが、子ども達の誰もが「私は先生に気にかけてもらっている」という実感を与え続けておくことが大切です。

　なお、非行が実際に発生した場合の指導原則として、以下の点に留意する必要があります（文部科学省「生徒指導提要」（2010年）第6章より）。

①正確な事実の特定
②本人や関係者の言い分の聞き取りと記録
③非行の背景を考えた指導
④被害者を念頭に置いた指導

4　児童・生徒の社会性の発達と適応に関する基礎理論

　ここまで、学校生活における子どもの社会性の発達と不適応の問題について、実例を中心に紹介してきましたが、その根底には人間の精神的な発達の問題が関わっていて、そこから社会性や適応の問題について理解を深めることも大切です。ここでは、心理学分野における適応に関する代表的な基礎理論を見ていきましょう。

図表14-8　マズローの欲求階層説

1 マズローの欲求階層説

　アメリカの心理学者マズロー*は、「人間は自己実現に向かって絶えず成長する存在である」として、図表14-8のような欲求の階層説を提唱しました。このうち、下層の2段を物質的欲求、上層の3段を精神的欲求とし、下層の欠乏欲求*が満たされるようになると、上層の欲求へ進み、やがて人間の成長欲求*として最上層にある「自己実現の欲求」に到達するという学説です。

　確かに、私たちは社会の中で、ただ存在するだけでなく、日々の幸せを願い、何らかの目標を持って日常生活を送っています。もちろん、その過程には立ち止まって迷ったり、休息をとることもあります。このように自己実現に向けて、さまざまな欲求が満たされることが重要であるということも、教育活動の中で理解しておく必要があるでしょう。

2 適応機制

　私たちが日常生活の中で、不安や緊張、欲求不満など、精神的に不安定になったときには、当然ながら心の安定を図ろうとします。このような心の働きを適応機制といいます。
　このうち、欲求不満の対象などに対し、攻撃的な働きかけをすることに

アブラハム・マズロー
1908〜1970
アメリカの心理学者で、心の健康を重視した「人間性心理学」の中心人物である。

語句説明

欠乏欲求と成長欲求
欠乏欲求とは不足しているものに対する欲求。成長欲求とは、欠乏欲求が満たされることで生まれる、自己の成長を促す欲求。

図表14-9　主な防衛機制の種類と内容

種類	内容
抑圧	破局を招くおそれのある危険な欲求や苦痛な感情、記憶を意識にのぼらせないようにする。
同一視	優れた人と自分と同一視し、その考え方や行動をまねる。
投射	自分のもつ社会的に望ましくない感情を相手がもっていることにして責任を転嫁する。
置き換え	ある衝動を、当初向けられていた対象に変わる類似の対象に向けて表出する。
昇華	抑圧された欲求や衝動を、社会的に認められる行動に変えて発現する。
補償	ある劣等感による緊張を解消するために、別の方向で補い優越感を求める。
反動形成	抑圧が十分でなく、自分の欲求にある程度気づき、そのことが表面化することで評価が低下することを恐れ、自分の願望と異なる態度や行動をとる。
合理化	合理的に見える理由づけをして自己を正当化する。

よって安定を取り戻そうとする働きを「攻撃機制」といいます。また、緊張や不安の対象から逃避することで心の安定を図ろうとすることを「逃避機制」といいます。しかし、攻撃することも逃避することもできない場合、その対象を受け入れなければなりませんが、これにより不安定状態に陥ります。この受け入れがたい対象から心の安定と健康を守るために、不安を軽減する無意識的な自己防衛のメカニズムを「防衛機制」といいます。この考え方は、フロイト*によって提唱され、後世に整理され、まとめられたものと言われています。この防衛機制の具体的な例として、図表14-9のようなものがあります。

> **ジークムント・フロイト**
> 1895~1982
> オーストリアの精神医学者。精神分析学という独自の学問分野を開拓し、人間心理の理論と心理療法を世に広めた。

ディスカッションしてみよう！

「防衛機制」のような心の働きは、私たちの日常生活の中でも実際に起きています。上記の防衛機制の種類の中からいくつかを選び、自分の日常生活や過去の経験にあてはめると、どのような例があるか書き出してみましょう。さらに、周囲の仲間にはどんな例があるか聞いてみましょう。

例えば・・・
①防衛機制の種類は…
②具体的な場面は…

3 葛藤（コンフリクト）

レヴィンは、相容れることのできない２つの動機が同時に生じた場合、どちらを選択したらいいかわからなくなってしまうような状況を葛藤（コンフリクト）として、図表14-10のように「接近―接近型」「接近―回避型」「回避―回避型」の３つに分類して説明しました。

図表14-10　葛藤（コンフリクト）の３つの分類

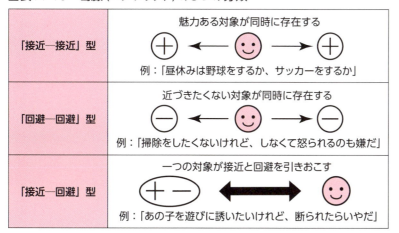

> 教師には、子どもがどのような事柄に対してどのような葛藤を抱いているのかについて、子どもの目線に立って理解する姿勢が望まれます。

> 復習や発展的な理解のために
> **知っておくと役立つ話**

「チームとしての学校」で支える学校教育とは？──それぞれの立場で子ども理解を深め、チームで問題解決を目指す

　これまで学校では、各校種の教諭免許を持つ教諭や講師、養護教諭等が子ども達の問題解決を進めてきました。ところが、1990年代に入り、学校で起こる問題は社会の変化にともなって多様化し、家庭の問題も複雑化してきました。そこで、1992年、当時の文部省は学校に行くことができない子どもがいることを明確にし、1995年からはスクールカウンセラー等活用事業が始まり、心理専門職が支援に加わるようになりました。さらに、2008年には、福祉の専門職であるスクールソーシャルワーカーが学校に入り、活動しています。このように、学校においてさまざまな職種や立場の人々が連携して子どもを支援する取り組みを「チーム学校」とよんでいます。

　中央教育審議会では、2015年に、「チームとしての学校の在り方と今後の改善方策について（答申）」をとりまとめ、今後、さらに、学校に関わる教職員がチームとなって、一人ひとりが専門性を発揮できる環境の整備が進められています。上記以外の専門職としては、授業等において教員を支援する専門スタッフ（例：ICT支援員、学校司書、外国語指導助手（ALT）など）、部活動指導員、特別支援教育支援員などの導入がすすめられています（図表14-11）。

　現在、政府では「働き方改革」の政策が進められ、学校においても、このように、それぞれの専門性から多角的な視点で子どもを理解し、教員が担うべき業務や役割を見直し、多職種による連携によって複雑化・多様化した問題の解決を目指そうとしています。

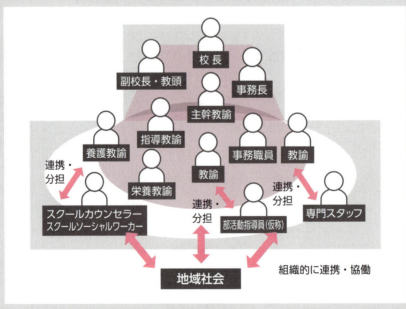

図表14-11　「チームとしての学校」のイメージ

中央教育審議会「チームとしての学校の在り方と今後の改善方策について（答申）」（2015）をもとに作成

ちゃんとわかったかな?
復習問題にチャレンジ

(長崎県　2017 年)

① 次の（1）〜（5）が示している適応機制の例から該当する項目について、下の語群からそれぞれ1つずつ選び、番号で答えよ。

(1) 好意を抱いている異性に対してそっけない態度をとるといったように、欲求と正反対の行動をとる。

(2) 学芸会の主役になれなかった生徒が、劇の主役などになると勉強する時間がなくなると言いふらし、自らを正当化する。

(3) 弟や妹が生まれたとたんに、親に幼児のような話し方をしたり甘えたりするように、幼い発達段階に退却して、その段階で満足を得ようとする。

(4) 自分が嫌っている相手に対して、相手の方が自分のことを嫌っていると思い込むように、自身の認めたくない感情を相手がもっているものと無意識的に考える。

(5) いらいらとした気分を部活動に打ち込んで発散する。

(語群)

1 抑圧　　2 攻撃　　3 昇華　　4 代償　　5 投射　　6 退行　　7 逃避　　8 反動形成
9 合理化　　10 同一視

第14講　子どもの情緒・適応の理解と心理的支援

理解できたことをまとめておこう!
ノートテイキングページ

学習のヒント：自分たちの中学・高校時代を思い出しながら、現代の子ども達の社会性や適応の問題について、教師として具体的にどう関わっていくのがよいか考えて、まとめてみよう。

第15講 学校教育を取り巻く諸問題と教育心理学

理解のポイント

本書ではこれまで、子どもの発達や学習に関する事柄について、さまざまな視点から学んできました。しかしながら、学校教育を取り巻く今日の問題にはまだまだ多様な側面があります。本書の最後である第15講では、個々の子どもに起きる学びや適応などについて、教育心理学の実践化に向けて少し異なる視点を取り上げて考えてみましょう。

1 学びをめぐる現代的課題

　本書の第5講〜第11講では、学習に関するさまざまな理論的背景や、学校の授業における学びの理解や支援の技法、評価について取り上げました。ここではさらに、現代社会における「学び」の意味と課題について、いくつかのトピックスを取り上げながら考えてみたいと思います。

1　学習目標の特性

　「学校で学んだことは社会ではほとんど役に立たない」ということを平然と口にする大人がいます。それでは、何のために子どもは学校に通っているのかと問いたくなります。学校における学びは、日常生活で発生するさまざまな問題を解決しようとする時や職場で新しいアイディアを創案している時に、考える力の土台として役に立っているのではないでしょうか。

　学校教育における学習目標の主な性質を図表15-1に示します。まず、学習目標の重要な性質の一つは、教室の中だけで「わかる」「できる」ことではないということです。学習の成果をある教科の中だけで終わりにしないで、他の教科を学ぶ機会や、将来の仕事の際に基礎知識として役立てたりするところまで持ち続けることであり、これを<u>可搬性</u>といいます。可搬性を担保するためには子どもが好奇心や関心を持ち、進んで知識を生成するような学習活動の支援が必要でしょう。

図表15-1　学習目標の性質

可搬性	学習の成果を、他の教科を学ぶ機会や将来の仕事の際など、学んだ場所から別の場所に持ち運べること。
活用可能性	学習の成果を、必要になったときに実際に役立てられること。
持続可能性	学習の成果を、持ち運んだ先で必要に応じてつくり変えができること。

次に、学習の成果が他の場面で役に立つかどうかという活用可能性が挙げられます。学習成果の活用可能性は、学んだ内容の特質よりもその成果を別の状況で「使える」と判断する力、すなわちメタ認知（→第6講参照）と関係が深いといえます。なお、このような学習成果の活用可能性は、学校の試験場面で使えることばかりでなく、将来の仕事場面での課題に応用することというように広狭に差があります。

さらに、子どもの頃教室で学んだ成果が科学技術の進展により古くなるということはしばしば経験するところです。古くなった知識は更新する必要があります。すなわち、学んだ成果は、いつまでも同じ形で役に立つ保障はないので、発展的に持続させることが大切で、これを持続可能性といいます。知識が更新され、発展的に持続した結果、学習や仕事の領域が広がることは、知識を更新したり拡張したりする学び方を学ぶ機会になります。

これらの学習目標を達成する手立ての一つとして最近教育現場で注目されているのが、協調的問題解決です。協調的問題解決は、共通の問題を一緒に解いてみることや個々人のアイディアや知識、資源を提供し、交換しながら目標を達成することを繰り返して、今学校で教えてもらって学べることの限界を、子ども一人ひとりが超えていくような学び方を育てていけると期待されています。

2 失敗から学ぶ

「失敗は成功のもと」という言葉があるように、学習場面や日常生活の中でたとえ失敗しても、その失敗の原因を明らかにし、欠点を修正していけば、成功への道は開けます。本当にわかるということは、失敗を通じてしか得られないという人も多いのです。

成功したとき、人は「○○すれば失敗しない」ということを学習し、その後も同じやり方を実行しようとし、失敗を防ぐことができます。ただこれでは、やり方を学習しただけで、「なぜそのやり方では失敗しないのか」をわかっているとは言えません。したがって、想定外のことが起きて失敗してしまったとき、どうすればいいのか考えられず、頭を抱え込み、自信をなくしてしまいます。

筆者が行っている大学の講義のなかで、大切な視点やするべきことを伝える際、上手くいく方法を教えようとしても、学生にきちんと伝わっているように思えません。一方、危なさやまずいこと、失敗につながることを入れて話すと、学生はおもしろそうに聞いてくれることがあります。自分のした失敗をどう生かすか、次にどう伝えるかを検討することは大切だと実感しています。

人は、失敗するとそれを避けたいと思います。そして、なぜ失敗したのか、失敗しないようにするにはどうすればいいのかを考え始めます。答えはすぐには得られないことが多いでしょうが、その過程で新たな知識を得ていき、やがて失敗しないやり方を発見します。その過程を経ることで、単に、やり方だけを獲得するのではなく、なぜそのやり方で失敗しないか、つまり方法と結果との因果関係が理解できていきます。したがって、想定外のこ

第15講 学校教育を取り巻く諸問題と教育心理学

発明家エジソンも「どんな失敗も新たな一歩となる」と言っています

何事にも「なぜ」を考えることが重要なのですね

とが起きても、なぜそんなことが起きてしまったかを落ち着いて考え、解決策を検討することができるのでしょう。

ただし、失敗はいつも本当の理解につながるとは限りません。なぜなら、失敗すると人は、「どうして……」と考え始めるばかりではなく、「隠してしまいたい」という気持ちが湧いてくるのもごく自然なことだからです。

そしてこの気持ちに支配されると、失敗から学ぶことが難しくなり、同じ失敗を繰り返すことになります。仮に学ぼうとしても、そこから上手く因果関係を発見できないこともあります。上手くいかない時、マニュアルに従った「どうやるのか」だけではなく、各自の頭で「どうしてそうするの（そうなるの）か」と考えようとすると、解決策を生み出すためにはどうすれば良く、何が必要かを適切に理解することが可能となります。要するに効率的にマニュアルだけで伝えようとすると、自分の頭で考えるという過程が省かれてしまうのです。その結果、表面的な部分しか理解されず、本当の理解には至らないというマニュアル化の弊害がそこにはあると言えます。

3　学び続ける仕組み（社会的構成主義）

普段の生活の中で、一人で課題を解決する際、何とか解決できる方法を発見すると、わかったようなつもりになり納得してしまうことがあります。しかしながら、その発見が本当にどこまでわかっているのかは、他の人に説明したり一緒に考えたりする機会がないと、自ら問い直すことはあまり多くないのではないでしょうか。

ところが、他人に説明しようとして、自分の予想に反して上手く説明できずに、わかっていなかった所に気づくことがあります。これは、話し合いの最中に自分の考えていたことについて新しい見方や疑問に気づいた瞬間であるといえます。人が人との関わりの中で個人の知識や理解が深まるという考え方は、社会的構成主義*とよばれています。それでは、児童・生徒がわからないこと（問題）について他の人と一緒に考えている際に、一人一人はどのような役割を果たすことで知識や理解を深めているのでしょうか。

三宅（1985）は、他の人と一緒に考えようとする機会においては、各人には別の理解プロセスがあり、互いに自分の考えを提案する課題遂行者と相手の考えを解釈して取り込もうとするモニターとの役割を交代しながら、各人の理解を深めているということを明らかにしています。つまり、モニターは聞き手としての役割だけでなく、自身の考えを探っている探求者としての役割もあり、他の人とこの役割を交代することで、互いに相手の考えを取り入れながら自身の考える枠組を拡げ深める機会を得ているのです。

また、話し合う相手との理解のレベルが違う場合、理解の浅い方は、深い方の言っていることがよくわからずに相手に尋ねる、すなわち、質問したり批判したりするようです。考えてみれば、わからないことを話す相手に対して「わからない」と言うことは当然の成り行きです。しかし、そう言われた当人は、改めて自身の考えを見直そうとし、わかるように伝えよ

重要語句

社会的構成主義

人間を社会的存在であるととらえ、発達や学習をはじめとする心理学の問題についても、個人よりも人間同士の相互関係やコミュニケーションの側面から明らかにしていこうとする立場。

うと努めます。

　このように、レベルが異なっていたとしても一緒に考えてくれる人がいることで、役割を交替しながら自分の知識や理解をより拡げ深められたものにしようとし、長時間にわたってわかる・わからないのサイクルに動機づけられていることが、人が学び続ける仕組みの一つといえます。人はコミュニケーションを通して学ぶ潜在的な力を持っているといえます。教室の中で話し合いに参加している児童・生徒にとって、確実に各自の理解が深まるような相互作用を引き起こすことができれば、一人ひとりの学びの質を高めることができるでしょう。そのような教育的支援が教師には求められていると言えます。ただし、話し合いをさせても結局は最後に教師が答えを決めてしまうなど、話し合いをしている当人同士の外に正解が用意されていると期待できそうな雰囲気では、一緒に問題を解く活動の意味は急速に低下してしまいますので注意が必要です。

4　情報通信技術（ICT）活用に必要な学び

　学校での学習内容は、国が決めた学習指導要領に記載されています。その内容はこれまでほぼ10年ごとに改訂されていますが、2017年の改訂では小学校からプログラミング教育が必修化され、情報通信技術（ICT）を活用することとしました。このことは、これからの時代を生き抜き、主導していくための人材育成の方向性を示しているといえます。

　プログラミングが必修化といっても、プログラムを記述するソフトや言語、たとえば、C言語などの記述方法を学習するわけではありません。むしろ、それを記述する前段階のアルゴリズムの学習を行うことになります。アルゴリズムとは、手順書のことで、何をどのように作業するかを書き込む説明書を作成することです。そのためには順序立てて考える力が不可欠になります。

　人間は限られた時間の中でさまざまな判断をしています。自分で考えて判断し、行動しているつもりでも操作されていることがあります。そのためにも、情報を鵜呑みにしないで「なぜ」と問いかける習慣を身につけておくことが大切です。

> **プラスワン**
>
> **C言語**
> コンピューターやソフトウェアを動作させるプログラミング言語の一種。

2　発達をめぐる現代的課題

　本書の第2～4講では、教育の対象である子どもの心理発達について学びました。ここではさらに、現代社会における、発達やそれに対する教育的支援に関する新しい視点について考えてみたいと思います。

1　熟達すること

　教育心理学研究からの知見は、学校教育に対する有益な提案であるという観点だけでなく、学習者個人が主体的に関わるという視点の大切さも提案しています。このことに関して、学習者個人が一生をかけて学び続ける過程を検討する熟達化とよばれる研究領域があります。

ドナルド・ノーマン
1935～
アメリカの認知科学者、認知心理学者。人間の認知過程やヒューマン・インターフェイスに関する研究で知られる。

　ノーマン*は、人が熟達していく過程について、人が経験を積みながらすでに知っている内容（知識構造）に新しい知識を付加していく集積過程と、集積した知識を利用してそれまでの知識構造を替える構造化過程、そして構造化した知識をスムーズに使用しようとする調整過程があると述べています。集積とは新しいことを学ぶときの情報収集活動のことです。ある程度情報が集積してくると、新しい情報同士を組み合わせたり、新しい情報とこれまで利用していた情報・知識と関連づけたりできるようになりますが、これを構造化といいます。構造化は新しい概念を形成することに相当します。それなりの構造を持ち始めると、その構造を上手に使おうとする調整が起きます。

　また、獲得した情報が常に最新であるわけではなく、その構造でできる調整にも限界が訪れます。ノーマンは、多くの人がここで再構造化のために新しい情報を集積し、新しい構造を試しながら、その過程で上手くいくものを調整して、熟達化のプロセスは進むのだと考えています。すなわち、熟達することは、関係する情報を集積・構造化・調整を往還しながら、徐々に集める情報や構造化の仕方、調整の仕方の質が高度化される過程といえるでしょう。波多野（1988）は、適応的に熟達するためには、なぜその手続きが上手く働くのか、必要なのかを自問することが不可欠であるとして、4つの条件を紹介しています。すなわち絶えず新しい問題に出会えること、対話的な相互作用を積極的に行うこと、理解のための時間が確保されていること、理解を重視するグループに所属していることです。つまり、社会的な相互作用が重要な役割を担っていると考えています。

　しかしながら、三宅（2012）は、熟達化のプロセスはまだ十分解明されていないとして、「特にこのような意識的で時間のかかる認知過程を持続させるには、情報の集積や構造化、調整、再構造化のそれぞれの段階で互いに少しずつ違うことを試せる物理的な環境や、いろいろ試して結果を話し合い、相互のやり取りを通して学び合う仲間など、物理的、社会的な状況の影響が大きいだろう」と述べています。そして、教育心理学の挑戦的な課題として、熟達化過程の実践的な研究の必要性を提起しています。

2　キャリア教育

　文部科学省中央教育審議会は2011年に『今後の学校教育におけるキャリア教育・職業教育の在り方について』の答申を行い、キャリア教育を通して子どもたちが自己実現を図るために必要なさまざまな力を育成することを求めています。

　キャリア教育を小中高校の中で行っていく場合、子どもたちに自由に夢や目標を描かせたうえで進めることが理想的であると思っている人は多いと思います。しかしながら、子どもの将来の夢をそれほど重視する必要はないと主張する研究者がいます。クランボルツは、子どもが将来の夢をあまりにも早い段階で限定してしまうことで、特定の職業にのみ視野を向けてしまいがちになることを問題視しました。特に、小学生の段階ではまだいろいろな可能性があるので、一つに限定することなく、幅広い経験をさせることが大切であると考えたわけです。このような視点から考えると、子どもが普段の生活の中で直接目にする大人を題材にして、その人の役割や活動に焦点を当てることから、小学校でのキャリア教育はスタートする必要があるといえます。そうすることで、選択肢を狭めることなく、将来の具体的な進路選択に向けた下地をつくっておくことが可能となります。下地を作っておくことは、誰も予想していなかったチャンスに偶然巡り会った際に、それを活かして新たなステージに進むことができることを意味します。準備あるところにこそチャンスはやって来ること、そのなかで、予期せぬチャンスをつかむことができると考えるのです。

　それでは、子どもが夢や目標を持つことは、意味のないことと考えていいのでしょうか。むしろ、子ども時代に夢や目標を何度も作っては壊す練習をすることを重視する研究者もいます。サビカスは、これからの知識基盤社会を生きていく人にとっては、人生のなかで予測困難な転機が訪れるたびに生き方を考えて対処する必要があるとし、子どもの時代はその練習の時期であると考えています。特に、これからの変化の激しい社会に生きる子どもたちにとって、キャリアのあり方に対する価値観も多様化していく中で、自分らしさ（アイデンティティ）を保つことは困難なことになりそうです。夢を持ち社会の変化に適応するだけではなく、これまでの経験

プラスワン

クランボルツ、サビカスのキャリア理論

クランボルツのキャリア理論は、プランド・ハプンスタンス理論（予期せぬ偶然理論）と言われ、人生でのさまざまな出来事に対して、ある程度、偶然の出会いに任せて、そこから多くのことを学べるように、予め準備しておくことの大切さを主張している。

サビカスのキャリア理論は、キャリア・コンストラクション理論と言われ、自分のキャリアを自分でつくり上げていくことの大切さを主張している。

第15講　学校教育を取り巻く諸問題と教育心理学

や現在の状況を振り返ることによって新しい目標を立てて方向転換していくという、自らのキャリアを構築し直すことの大切さをサビカスは強調しています。一度や二度の失敗に挫けてしまわないように、何度でも繰り返しやり直すことが可能であるという考え方の必要性です。つまり、キャリアとは、単なる職務経験の連続ではなく、過去の経験や現状に意味を与えることによって、主観的に事実を再構成する営みによってつくられるものと考えることができます。

3 学校教育をめぐる心理臨床的課題

本書の第12～14講では、心身の障害や適応の問題といった、臨床的な問題について学びました。教職課程において、これらの内容は、教育心理学以外でも特別支援教育、教育相談、生徒指導といった科目でも学習します。ここでは、現代の学校教育に関する臨床的な問題について、いくつかのトピックスを紹介したいと思います。

1 ストレス後成長（PTG）

日常生活の中で、自然災害や事故によって死の恐怖に直面したり、身近な人の死や暴力を目撃したりすると、人は不安や過剰反応が後遺症となり虚弱な状態となる外傷後ストレス障害（PTSD：Posttraumatic stress disorder）を引き起こすことが知られています。臨床心理学の分野ではその対処法が構築されてきています。

一方、さまざまな災害に直面することにより、PTSDを発症する率は15％程度であることが知られており、逆境というストレスからの回復力（レジリエンス*）にも個人差のあることも示唆されています。また、このような悲惨な状況が精神的な成長をもたらす可能性があることは、ストレス後成長（PTG：Posttraumatic growth）として注目されています。

災害に遭った子どもに起きる成長という側面について、子どもたちの語りにあらわれる姿から、図表15-2に示す5つの変容が指摘されています。

図表15-2　災害に遭った子どもの成長

① ひとに親近感を抱くようになったり、困っているひとがいれば惜しまず援助したりするなど、ひととの関わり方の変容
② 新たなことに関心を向けたり進路の幅が広がったりなど、新たな可能性
③ 苦しい状況を乗り越え生きている自分の強さを実感し、その実感が未来直面するかもしれない困難にも対処できる自信へとつながっていく自己の強さ
④ 神仏や自然などの、科学や文明などを超える精神性や神秘性に関心を向け聖なるものを求めるようになるスピリチュアルな変容
⑤ 一日一日を大切に生きていくようになるなど、命があること生きていることに対する感謝

田中, 2016をもとに作成

プラスワン

外傷後ストレス障害（PTSD）の主な症状
①再体験症状：悪夢やフラッシュバックによる外傷的出来事の再体験、②回避：外傷的出来事と関連した刺激を回避しようとすることによる感情の鈍麻や萎縮、③過覚醒：睡眠障害、いらいら感、集中困難、過度の警戒心など。

重要語句

レジリエンス

ストレスや逆境に対する頑健さや回復力。逆境などのストレスフルな状況を克服し、それを成長のバネにすることができるような個人の適応プロセスとして理解される。

これらのことから、災害などに直面し不安や悲しみの中にいる子どもの脆さだけではなく、強さをも視野に入れつつ、子どもが自らの回復力を最大限に発揮できるようにサポートすることこそが、心のケアとして大切なことといえるでしょう。

2 LGBT

LGBTとは、レズビアン・ゲイ・バイセクシュアル・トランスジェンダーの頭文字をまとめたものであり、性指向（L、G、B）と性自認（T）に関する性的少数者（性的マイノリティ）の総称です。LGBTという用語は、好ましくない性嗜好としてではなく、性指向および性自認に関するものとして限定的に使用されることが多いようです。つまり、身体の性と心の性が一致しており、恋愛対象が異性である人が多数者（マジョリティ）であることに対して、そうでない人々は性的少数者（性的マイノリティ）とよばれているのです。

ところで、電通ダイバーシティ・ラボによる調査（2015）や博報堂のインターネット調査（2016）によると、LGBT人口は6～7％という推定値が発表されています。つまり、少数派とは言われますが、学校の各教室に2～3人程度はいるともいえ、性的マイノリティである児童・生徒の存在を意識し、適切な情報提供や配慮が必要と考えられます。しかしながら、教師が性的マイノリティの児童・生徒のセクシュアリティ*の多様性を受け入れることには困難なことが予想されます。

針間（2016）は、その困難さを「自分とセクシュアリティが違うという理由だけで、われわれのこころには嫌悪、不快、恐怖などのさまざまな感情がわき起こり、自己のセクシュアリティが揺さぶられ、その結果として拒絶したり、差別しようという気持ちになったりする」と指摘しています。そして、その動揺や否定的な感情を抑制するために、「自己のセクシュアリティを知る」ことと「セクシュアリティに関する情報を知る」ことを提案しています。自己のセクシュアリティへの理解を深め、正確な情報を獲得することが、児童・生徒のさまざまなセクシュアリティへの受容性や共感性を高めるといえましょう。

日高（2016）によると、教育現場における同性愛に関する情報提供の現状（1999年→2014年の比較）では、「一切習っていない」は71.0％→61.4％と10％減少している一方で、「否定的な情報」が12.9％→20.0％と増加傾向であり、性的マイノリティが社会的に話題になるようになる中、肯定的な情報のみならず否定的な情報がもたらされている現実も明らかにしています。また、日高（2016）はこのような否定的な情報提供といじめ被害や自殺未遂関連行動との関連性も指摘しています。

文部科学省は、2015年に学校現場に性同一性障害*についての理解と支援を求める通知を発出し、2016年には通知に基づく対応のあり方について、Q&A形式による回答を行っています。その手引き書では、性同一性障害だけでなく、「性的指向が同性に向かう同性愛、男女両方に向かう両性愛の人々」の困難や悩みに言及し、「まずは教職員が、偏見等をなく

📝 プラスワン

LGBT

レズビアンとは女性同性愛者（同性を好きになる女性）、ゲイとは男性同性愛者（同性を好きになる男性）、バイセクシュアルとは両性愛者（性別に関わらず、同性も異性も好きになることのある人）、トランスジェンダーとは性別越境者（生まれたときに割り当てられた性別とは異なる性別になることを望む人）のこと。
身体的性別がマイノリティであるインターセックスも含めて、LGBTIとよばれることもある。

✏️ 重要語句

セクシュアリティ

身体の性、心の性、性表現など、人間の性に関わる事柄の総称。

性同一性障害

身体的性別と性自認が一致しない者のうち、強く苦悩を有し、精神医学的支援を要する場合や、身体的治療を強く求め、医学的治療が必要な場合などに限る。性同一性障害者特別法（2003年制定、2011年改正）による。

プラスワン

性別違和

アメリカ精神医学会による診断基準であるDSM 5では、診断名から障害が削除され、性同一性障害から性別違和に変更された。

し理解を深めることが必要」であると明記しています。性的マイノリティの児童・生徒への支援や配慮のあり方は、今後ともその発達段階を考慮した内容が求められているところです。

ディスカッションしてみよう！

自分の性のありようを4つの観点から考えてみよう。
・からだの性　　（生物学的な性・体つき・子どもを産む機能・性遺伝子等）
・心　の　性　　（性自認・自分の性別をどう思うか）
・好きな人の性　（性的指向・好きになる人の性別）
・性　表　現　　（ジェンダー・性役割・男女らしさ・服装・しぐさ・言葉遣い）

例えば・・・🖊
「✔」を記入してみよう

	男性	中性	女性
からだの性			
心の性			
好きな人の性			
性表現			

4　教師をめぐる現代的課題

　ここまで、子どもの学び、発達、臨床に関する現代的課題やトピックスを取り上げてきました。最後に、皆さんが将来目指す教師、教職について、教育心理学の視点から考えてみることにしましょう。

1　教職の特徴と教師の役割

　教師は、図表15-3に示すように多面的な役割を持っています。このように多面的な役割を担っている教師にとってその仕事の特徴をどのように考えたらよいのでしょうか。高谷（2011）は、教職の特徴について、佐藤学の説明を紹介しています。第一点として、児童・生徒が見せている姿は、教師との相互作用によって生起している結果である再帰性*にあるとしています。すなわち、教師の振る舞うように児童・生徒も振る舞うようになることから、教師の仕事の責任は、他のどこにもやり場のないもので自らに回帰するということを忘れてはいけません。第二点目として、教師

語句説明

再帰性

相手に対する態度が、その相手を通して自分に戻ってくること。

の仕事は、この実践をすればどの子どもにも必ず成果が上がるという万能な方法や技術が存在しない**不確実性**にあります。すなわち、明快な答えがないということは、何がよい教育なのかの合意形成を難しくしますが、さまざまな考え方や価値観を型にこだわらずに多くの人と楽しめることにもなります。第三点目は、仕事の範囲や責任の範囲の境界線が不明瞭である**無境界性**にあります。勤務時間や担当の授業が終わったから、教育が終わったわけではなく、組織運営や事務処理、地域との連携なども、当然のこととして要求されることの多いマルチタスクの傾向が強いと言えます。

このような特徴から、教職の可能性としては、高い責任感と誇りの得られる仕事であること、常に新たな状況に挑戦し続ける仕事であること、高い自律性の求められる仕事であることを導き出すことができます。したがって、与えられたことをこなす仕事として教職をとらえると、教師にとって膨大な困難と労苦をもたらすものとなります。一方、高い使命と誇りのある仕事としてとらえると、他の職業にはないやりがいを感じるものともなります。

教師に求められている力とは、現状に疑問をもてる力、さまざまな発想力、問い直すことのできる力、挑戦し続ける力、他者から積極的に学ぶ力ということができます。

2 AIの進化と教師の役割

昨今、情報通信の産業への応用を進化させる技術革新が進んでおり、**人工知能（AI）、IoT***（モノのインターネット）、ロボットやビッグデータなどをキーワードに、農業、製造業、サービス業などあらゆる分野への実用化が話題に事欠きません。2045年問題とよばれる、今の小学生が40歳台の働き盛りになった頃、このまま情報技術（IT）が進化すると、情報機器の知的水準が人間の脳を超える事態が起こるという**シンギュラリティ***（技術的特異点）という話があります。そこで起こる出来事は、人類が仕

🖊重要語句

IoT: Internet of Things（モノのインターネット）

さまざまな物がインターネットに接続され、情報の伝達、制御が可能になる仕組みや社会のこと。

🖊重要語句

シンギュラリティ

数学的に、何らかの変数が無限大になるという概念。たとえば、分数の分母が零に近づくにつれてその解が無限大に近づくような事象。人工知能が自らを規定しているプログラムを自身で改良するようになるという仮説で、2045年頃にその段階を迎えると考えられている。

図表15-3　教師の役割

インストラクターとしての教師	学習者に知識を伝え、技術を身につけさせる役割（文化の中から必要な情報選択し、収集し、伝える）
学習環境のデザイナーとしての教師	学習のための学習刺激環境を整える役割（多くの感覚を働かせて経験できるような学習の場を設定）
学習メディアとしての教師	教師の言葉かけや身振り・態度が学習者の学習にとって理解促進や重要なメッセージとなる役割
モデルとしての教師	学習者が教師の行動を見て、社会での行動の仕方や社会のもつ価値観や基準を知るという役割
学習のプロンプター（促進者）としての教師	学習者が自分の学習をセルフコントロールできるように援助する役割
カウンセラーとしての教師	学習者が自分自身で問題の所在を明らかにし、それを明確にするのを援助する役割
対話者としての教師	教師と学習者の対話という営みによって現実化された学習刺激環境全体（カリキュラム）を創造する役割

藤岡，1997をもとに作成

事や病気から解放されて安心した生活を享受できるだろうという希望的な意見の一方で、人類がAIに支配されて存在理由を失うことになるだろうという悲観的な意見もあります。

　AIの実用化は、教育分野にも大きな影響を与えると考えられます。学習内容をわかりやすく教えたり、発表への的確なコメントをする点において、AIはベテラン教師以上の力を発揮する可能性は大いにあります。AIがさまざまな役割を担うようになったとしても、教師にしかできないこと、すなわち、AIの苦手な役割（現在は、感情・共感・身体感覚など）においてはその持ち味を発揮することでしょう。

5　本講のさいごに

　世界で最も古い会社がどこにあるかご存じでしょうか。創業578年、1400年以上の歴史を持つ会社で、日本の大阪にある社寺建築の専門会社「金剛組」です。四天王寺の建立に関わり、後に法隆寺創建に携わった工匠たちが最初です。棟梁のもと伝統技術を受け継ぎながら、そのときどきのいいものを取り込み、「良いものをつくる」という信念を持ち続けているのです。このことから、伝統とは、革新を続けてきた結果、後ろを振り向いたときに見えているものといえるでしょう。

　よい学校とは、良い授業の行われている学校です。よい授業とは、子どもにとってやさしい授業です。子どもにとってやさしい授業とは、教師にとって非常に難しい授業です。

　教職において「よいものを作る」という信念は、単なる学習環境の設定ではなく、教師の自己変革への意志をも包み込み、現実を引き受けて生きることを子どもに教えていくという対話の場をデザインすること、すなわち、教える＝学ぶという営みは教師と子どもとの対話の営みによって成り立つものです。

知っておくと役立つ話
復習や発展的な理解のために

ソーシャル・キャピタルと
セルフ・コンパッション

第15講 学校教育を取り巻く諸問題と教育心理学

●ソーシャル・キャピタル

　教職に就いて働き始めると、日々の課題を達成するために、同僚と励まし合ったり、授業や学級経営の情報を教えあったり、相談したりする場面が多く見られます。このように、人は、ネットワークを介して同僚や仲間が持つ資源を利用することができます。こうした資源の利用可能性を高めることは、教職生活に適応し満足感を高めるためにも大切なことです。

　ネットワークを介して利用できる資源のことを社会的資源と考え、その利用可能性をコミュニティに蓄積される資本であるとする概念のことを、ソーシャル・キャピタルといいます。

　これまでの研究でも、人がネットワークを張り、互いに信頼して支え合うことのできる環境にいる個人は、社会的資源の利用が容易であることから健康であることが示されており、ソーシャル・キャピタルを持つことで適応感を得ていることが想定できます。

　とはいえ、いつも社会的資源を利用するだけ、すなわち、助けてもらってばかりいると、本人の意に反して「努力しようとしない」「能力がない」「役に立たない」「甘えてばかり」などといった所属する集団での低い（悪い）評価がなされてしまう可能性があります。社会的資源の利用可能性の認知には、社会的資源の利用への期待だけではなく、その交換への期待が含まれています。人は支えてくれる人と助け合えると認知できるときに、援助や相談といった行動を起こしやすく、適応感も高まると考えられます。仲間や同僚、上司との関係性によって、利用できる資源の内容は異なると心得て、各々のネットワーク資源や互酬的関係を考えられるようになる必要があるでしょう。

●セルフ・コンパッション

　自分の幸せだけを追求したり、他者の幸せだけを願ったりしても、最終的には自分も他者も幸せにはなれないといわれます。この両極端な考え方に囚われず中道を体得することが幸福につながる方法であると仏教では考えられています。ネフ（2014）は、自分に対して思いやりを持つことは、他者に対して思いやりを持つことと実際には何の違いもないとして、セルフ・コンパッションの概念を提起しています。

　セルフ・コンパッションとは、失敗したり、辛いことに直面したり、自己嫌悪に陥ったりしたとき、自分にやさしくすることです。つまり、自分に思いやりを持つということは、自分をポジティブにジャッジするのでなく、自分の長所も欠点もあるがままに受け入れ、自分を親しい友人のように扱うということです。そして、人間の共通点を考えることです。それは、人は皆、欠点（弱く、不完全）があると言うことです。さらに、自分にやさしくするには、今、自分は辛いということに気づき、その事実を受け止める必要があります。すなわち、今このときをしっかり見つめ直したいという気持ちから生まれるマインドフルな気づきが必要です。自分の今の本当の感情に気づかなければ、自分にやさしくすることはできません。

　自分に正直になれれば、他人にもやさしくなれるのです。

201

ちゃんとわかったかな?

復習問題にチャレンジ

(神戸市　2017 年)

①「性同一性障害に係る児童生徒に対するきめ細かな対応の実施等について」(平成27年4月初日 文部科学省) の本文の記述の内容として誤っているものを 1 ～ 4 から選び、番号で答えよ。

1　文部科学省では、「児童生徒が抱える問題に対しての教育相談の徹底について」を発出し、性向一性障害に係る児童生徒については、その心情等に十分配慮した対応を要請してきた。また、その後の全国の学校における対応の状況を調査し、様々な配慮の実例を確認してきた。

2　基本的人権を享有する個人としてその尊厳が重んぜられ、障害を理由とする差別の解消を推進し、相互に人格と個性を尊重し合いながら共生する社会の実現に資する対応の実施を目的とする。

3　性同一性障害に関しては社会生活上様々な問題を抱えている状況にあり、その治療の効果を高め、社会的な不利益を解消するため、議員立法により制定された。

4　学校における性同一性障害に係る児童生徒への支援についての社会の関心も高まり、その対応が求められるようになってきた。

理解できたことをまとめておこう!

ノートテイキングページ

学習のヒント：学校教育をめぐる課題を、教育心理学の視点からまとめてみよう。

復習問題の解答

第1講 （→18ページ）

①

解答　4

（ア）ヴント　（イ）フロイト　（ウ）ウェルトハイマー　（エ）ワトソン　（オ）ソーンダイク

心理学の創始者とされるヴントは、意識の構成要素を特定しようとする構成心理学を唱えた。ウェルトハイマー、ケーラー、コフカらによるゲシュタルト心理学は、個々の要素ではなく総体としての心の働きを明らかにしようとし、後の認知心理学に繋がる。フロイトの創設した精神分析学は、無意識を含んだ精神世界を研究対象とし、後の臨床心理学に繋がる。ワトソンによる行動主義心理学では、目に見えない意識よりも観察可能な行動を研究対象とし、刺激と反応との結びつきにより学習を説明しようとする（S-R説）。

②

解答　① ク　② ウ　③ カ　④ キ

2008(平成20)年1月17日に中央教育審議会答申として出された「幼稚園、小学校、中学校、高等学校及び特別支援学校の学習指導要領の改善について」の「5．学習指導要領改訂の基本的な考え方」の「(2)『生きる力』という理念の共有」で示されている。「生きる力という理念の共有」は、学習指導要領改訂の基本的な考え方の6つのポイントのうちの一つである。

第2講 （→34ページ）

①

解答　④

1　×　同量の水を2つのコップに入れ、一方の水を別の容器に移しても2つのコップの水の量が変わらないと認識できるようになるのは、7、8〜11、12歳の具体的操作期である。

2　×　自転車やコップに命や気持ちがあるという考え方をアニミズムといい、前操作期にみられる。

3　×　目の前にないものでも論理的に考えられるようになるのは、形式的操作期である。ピアジェの発達段階では最終段階にあたり、11、12歳以降でみられる。4　○　目の前にない事物を、イメージを用いて言葉によって考えることができるようになるのが前操作期のなかの象徴的思考期である。ただし、この時期の思考は未熟で、見かけに左右されたり、自分の一方的なとらえ方をする。

5　×　表象機能が芽生えるのは、0〜2歳の感覚運動期である。感覚運動期を6つに分けた場合、生後18〜24か月の最後の段階でみられる。

②

解答　5

B　×　記述は、ボウルビイではなくハヴィガーストについてのものである。

E　×　記述は、ハヴィガーストではなくフロイトについてのものである。

第3講 （→49ページ）

①

解答　3

1　×　1歳頃の愛着形成の初期段階の特徴。

2　×　2〜3歳頃の第1次反抗期の特徴。

3　○　ギャングエイジとは児童期中期にみられる、主に同性、同年齢で構成される小集団。

4　×　思春期以降の友人関係の特徴。

第4講 （→61ページ）

① ・・

解答 ③

ア　×　モラトリアムとは、アイデンティティを確立して自分に適した生き方を探すために、社会での義務と責任を果たすことを免除される期間をいう。

イ　○　自我同一性（アイデンティティ）の確立のためには、自分と周囲の関係や、社会での自分の役割を問い直すなど、自己探求が必要である。

ウ　×　性的成熟は、一般的に女子のほうが早く現れる。

エ　○　親への依存から脱して自立に向かおうと葛藤するため、親に対して感情的になるなど激情的傾向がみられる。

オ　×　青年期には、自我同一性が確立するまでに、自分とは何か、何をするべきなのかがわからない同一性拡散を経験することが多い。この時期には混乱し、抑うつ状態になることもある。

第5講 （→73ページ）

① ・・

解答　5

1　×　刺激－反応（S－R）心理学を確立し、著書に『行動主義の心理学』があるのはワトソンである。

2　×　モデリングの概念を明確にし、著書に『社会的学習理論』があるのはバンデューラである。

3　×　条件反射作用を発見し、著書に『条件反射学』があるのはパブロフである。

4　×　学習の試行錯誤説を提唱し、効果・練習・準備の法則を主張したのはソーンダイクである。

5　○　スモールステップは、プログラム学習の原理の一つである。ティーチングマシンは問題提示装置である。

第6講 （→85ページ）

解答　4

4はエピソード記憶ではなく、意味記憶の説明。タルヴィングは我々の「知識」にあたる宣言的記憶を意味記憶とエピソード記憶とに区分しているが、意味記憶は事物・事象についての一般的な知識に関する記憶を指し、エピソード記憶は個人の経験による、必ずしも一般化できない記憶を指す。

第7講 （→97ページ）

① ・・

解答　5

ア　自分はここまでならやれるという確信をもつことが自己効力感（セルフ・エフィカシー）である。バンデューラが提唱した考え方で、自己効力感をもつためには内発的動機づけが重要であるとしている。

イ　学習をやっても駄目だという考え方を学習性無力感という。やる気も学習の結果だとする実験を行ったセリグマンが提唱した。

ウ　自分は価値のある人間だと自分自身で思えることを自尊感情という。自分自身を肯定するためには自尊感情を抱くことが必要である。

第8講 （→110ページ）

①・・・

解答　1

ア　○　メタ認知とは、自分がどのような認知の状態にあるのか、ということについての知識をいい、プランニングとモニタリングで構成される。

イ　○　他者の行動を見て学習し、失敗をしないようにしたり、やり方を変えるのはモデリング（観察学習）である。バンデューラが提唱した。

ウ　×　内発的動機づけとは、自分自身の内側からの欲求が行動の動機となる場合をいう。親などから褒美をもらえるから勉強するというのは外発的動機づけである。

②・・・

解答　3

1　×　問題解決学習は、デューイが提唱した方法で、児童や生徒が自分が抱えている課題を解決するために、自分の経験や知識を活かしていく学習方法である。

2　×　バズ学習は、6人ずつの小集団が、6分間話し合い、学習を活発化させていく学習方法である。フィリップスが提唱した。

3　○　有意味受容学習はオーズベルが提唱した学習方法で、児童や生徒に学ばせたい知識をイメージづけるために先行して知識を提供する。このシステムを先行オーガナイザーという。

4　×　完全習得学習はブルームが提唱した学習方法で、一斉指導と個別指導を組み合わせて一定の水準に到達させる。目標を明確にし、それに基づいて評価を合理的に実施して適切に指導すれば、90〜95%の児童・生徒が学習内容を習得できるとしている。

5　×　発見学習はブルーナーが提唱した学習方法で、知識を教師が一方的に与えるのではなく、児童や生徒が自分で直観、想像を働かせて本人に知識の生成過程をたどらせる方法である。

第9講 （→124ページ）

①・・・

解答　1　C、ア　2　D、ウ　3　A、イ　4　B、エ

1　講義法は、昔からある指導形態で、基本的な方法である。具体的には、説明法や講話法などがある。

2　ジグゾー学習は、アロンソンによって提唱された方法で、児童や生徒が、お互いに教え合うことを促して学習を行っていく。

3　発見学習は、ブルーナーが提唱した方法で、教師が一方的に教えるのではなく、児童や生徒が自分の知識で考え、さまざまな概念や法則を自分で発見していく。

4　プログラム学習は、スキナーが提唱した方法で、スモールステップ、積極的反応、即時フィードバック、自己ペース、学習検証の原理によって構成されている。スキナーが開発したティーチングマシンを用いて個別学習を行う。

第10講 （→138ページ）

①・・

解答　2

①特性論　②類型論　③キャッテル　④シェルドン

性格における特性論の代表的なものとして、キャッテルによる因子分析を使用した性格研究、アイゼンクによる人格の３次元（外向性 - 内向性、神経症傾向、衝動のコントロール性）、ゴールドバーグによる特性５因子論（ビッグファイブ）などがある。一方、類型論の代表的なものとしては、クレッチマーやシェルドンによる体格に基づく性格類型、シュプランガーによる性格の６類型（理論型、経済型、審美型、宗教型、権力型、社会

②・・

解答　3

A　矢田部ギルフォード性格検査(Y-G性格検査)は、紙に書かれた言語刺激に対する反応を見る検査で、質問紙法の一つである。支配性や社会的外交性など12の性格特性について、120項目の文章を基にして性格のプロフィールを描いてそこから判断する。

B　ロールシャッハ・テストは、紙に印刷されたインクのしみを見せて、それが何に見えたかという答えから性格を判定する検査である。投影法性格検査の一つである。

C　P-Fスタディは、絵画欲求不満テストともよばれ、投影法性格検査の一つである。ある人物が困難に直面する場面や、欲求が満たされていない場面を略画で表し、その人物がどのように答えるかを回答してもらう。

D　内田クレペリン精神検査は、作業法性格検査の一つである。隣り合った一桁の数字の足し算を５分の休憩をはさんで前半、後半各15分ずつ行い、そのパターンから性格を判断する。

第11講 （→151ページ）

①・・

解答　1

ア　学習者自身から得られる情報ということは、評価基準がその学習者の中にあるということになり個人内評価である。

イ　教育目標や内容に照らし合わせた基準で評価するということは、絶対評価である。その学習者が設定した目標に達したかどうかで評価するのが絶対評価である。

ウ　集団全体のデータから基準を設定して評価するということは、相対評価である。その学習者が、集団のどのランクに位置するかによって評価するのが相対評価である。

第12講 （→163ページ）

①・・

解答　5

A　「発達障害者支援法」では、発達障害は脳の機能の障害と定義している。

B　通常、発達障害の症状は低年齢で発現するとしている。

C　発達障害者といえるのは、発達障害によって日常生活や社会生活に制限がある者である。

D　「発達障害者支援法」では、発達障害者に対する教育的援助についても発達支援に含めている。

「発達障害者支援法」第２条でいう「政令で定めるもの」は、「言語の障害、協調運動の障害その他厚生労働省令で定める障害」とされている。そして、「厚生労働省令で定める障害」は、「心理的発達障害並びに行動及び情緒の障害」とされている。これらに、第２条第１項の定義されている自閉症等を加えたものが「発達障害者支援法」上の発達障害である。

第13講 (→175ページ)

① ・・・

解答　4

1　○　計算に困難のある児童生徒には、視覚を利用して、目から情報を得て数の増減を理解させ、計算につなげていくことが有効である。

2　○　学習障害の場合、知的能力には障害がないため、学習に対する自信をもたせることが大切である。「できる」という自信をもたせるために、小さなことであっても努力を認めたり、励ましていくことが必要である。

3　○　なぜ読み書きに時間がかかるのかを一人一人把握し、状況に合わせて対応することが必要である。

4　×　何について習得が困難なのか、どの程度遅れているのかなど一人一人異なっていることが多い。個別対応が必要であり、集団での指導は高め合うことにながらない。

5　○　読み書きが困難であっても、耳から聞くことで理解が進むことがある。また、どこが重要なのかをわかりやすくすることで、理解しやすくなる。

第14講 (→189ページ)

① ・・・

解答　(1) 8　　(2) 9　　(3) 6　　(4) 5　　(5) 3

適応機制は、直接問題を解決するのではなく、問題を回避することで不安を解決し、精神の危機から逃れようとする自我の試みであると考えられる。その中にはやや病的にみえるものもあるが、適応機制によって現在の困難な状況を乗り越えようとしているため、行動そのものよりもそれを引き起こす周囲の要因に注目する必要がある。

第15講 (→203ページ)

① ・・・

解答　2

2は、「障害を理由とする差別の解消の推進に関する法律」（障害者差別解消法）の説明。

「性同一性障害に係る児童生徒に対するきめ細かな対応の実施等について」（平成27年4月児童生徒課長通知）においては、性同一性障害に係る児童生徒についての特有の支援として、学校における支援体制、医療機関との連携、学校生活の各場面での支援、卒業証明書等、当事者である児童生徒の保護者との関係、教育委員会等による支援などについて述べられている。さらに、性同一性障害に係る児童生徒や「性的マイノリティ」とされる児童生徒に対する相談体制等の充実が謳われている。

索引

和文

■ あ
アイゼンバーグ………………………41
アイデンティティ・ステイタス
………………………………………56
足場がけ（スキャフォールディング）
………………………………………40
足場づくり……………………………32
アトキンソンとシフリン……………79
アナロジー…………………………102
アニミズム……………………………22
アプローチカリキュラム…………171
アルゴリズム………………………193
アンダーマイニング効果……………92

■ い
生きる力………………………………8
いじめ………………………………182
一次的な信念の理解…………………43
一斉学習……………………………118
意味記憶………………………………80
意味づけ………………………………66
イヤーマフ…………………………157
因子分析……………………………128

■ う
ヴィゴツキー…………………………23
ウィトキン…………………………131
ウェクスラー………………………146
ウェクスラー式知能検査…………146
ウェルトハイマー……………………7
うそ……………………………………25
ヴント…………………………………7

■ え
SSTの計画…………………………165
エピソード記憶………………………80
エピソード・バッファ………………81
エビングハウス………………………76
エリクソン……………………46, 55, 56
演繹的推論……………………………75
エンゲージメント………………86, 95
援助要請………………………………90

■ お
横断的研究法…………………………12
オーズベル…………………………105
オペラント条件づけ…………………64
親………………………………………51
音韻ループ……………………………81

■ か
カームダウン………………………158
外傷後ストレス障害（PTSD）……196
階層的ネットワークモデル…………80
概念地図法…………………………106
外発的動機づけ………………………90
回復力（レジリエンス）…………196

（2列目）
会話……………………………………27
カウンセリング…………………7, 11
各時期の対人関係…………………115
学習……………………………………62
学習指導要領……………………8, 104
学習障害（LD）……………152, 159
学習心理学……………………………9
学習性無力感……………………46, 87
学習到達度調査（PISA）…………179
学習の水準……………………………94
学習方略………………………………94
学力検査……………………………148
過剰学習……………………………165
仮説実験授業………………………104
課題価値………………………………88
価値の内在化…………………………92
学級社会的距離尺度………………118
学級集団……………………………112
葛藤（コンフリクト）……………187
カナー………………………………156
可搬性………………………………190
体つくり運動…………………………39
感覚運動期……………………………22
観客効果……………………………116
観察学習………………………………70
観察法………………………………10
感情知能……………………………146
関心・意欲・態度……………………95

■ き
記憶……………………………………76
記号……………………………………66
擬似文字………………………………28
期待×価値理論………………………86
帰納的推論……………………………75
記銘……………………………………76
キャッテル……………………128, 146
キャラづけ…………………………183
キャリア………………………………57
キャリア教育………………………195
キャリア発達理論……………………57
ギャングエイジ………44, 116, 177
9歳の壁………………………………37
教育学…………………………………6
教育心理学……………………………6
教育評価……………………………140
共感性…………………………………43
共感的…………………………………25
教師期待効果（ピグマリオン効果）
………………………………………115
近接……………………………………53

■ く
具体的操作期……………………22, 40
クランボルツ………………………195

（3列目）
グループ学習………119, 120, 121
クレッチマー………………………127
クロンバック………………………134

■ け
ケイガン……………………………131
形式的操作期…………………………22
継次処理……………………74, 132, 170
計数の原理……………………………30
形成的評価…………………………143
傾聴……………………………………92
系列位置効果…………………………76
ケーラー…………………………7, 66
ゲシュタルト心理学…………………7
ゲス・フー・テスト………………118
結果期待………………………………87
欠乏欲求……………………………186

■ こ
語彙……………………………………29
効果の法則……………………………65
攻撃機制……………………………187
向社会的行動…………………………41
構成心理学……………………………7
行動主義心理学………………7, 98
声のものさし………………………167
コーピングモデル……………………88
ゴールドバーグ……………………128
コールバーグ…………………………41
心の理論………………………………25
個人差……………………………83, 126
個人内評価…………………………142
誤信念課題……………………………25
個性…………………………………126
子供の未来応援プロジェクト……181
コフカ…………………………………7
個別学習……………………………119
個別の教育支援計画………………172
個別の指導計画……………………172
コホート………………………………12
コントロール……………………75, 107

■ さ
再帰性………………………………198
再生課題………………………………78
再認課題………………………………78
作業検査法…………………………129
参加観察法……………………………10

■ し
シェイピング（行動形成）…………64
シェマ…………………………………21
視空間スケッチバッド………………81
ジグソー学習………………………120
思考スタイル………………………132
思考力・判断力・表現力……………47
自己開示………………………………92
自己概念………………………………42

208

自己決定理論 …………………… 91
自己効力感 …………………… 87, 156
自己刺激行動 ………………… 158
自己社会的距離 ……………… 118
自己主張 ……………………… 40
自己制御 ……………………… 40
自己説明 ……………………… 108
自己中心性 …………………… 42
自己中心的役割取得 ………… 26
自己調整学習 ……………… 93, 106
自己抑制 ……………………… 40
自己理解 ……………………… 42
思春期やせ症 ………………… 51
実験的観察 …………………… 11
実験法 ………………………… 11
実念論 ………………………… 22
疾風怒濤 ……………………… 52
質問紙法 ………………… 11, 128
児童期 ………………………… 36
児童期後期 …………………… 37
児童期前期 …………………… 36
児童期中期 …………………… 37
事物全体制約 ………………… 69
事物分類制約 ………………… 69
自閉症スペクトラム障害（ASD）
………………… 152, 156, 164
社会心理学 …………………… 10
社会的構成主義 ……………… 192
社会的視点調整能力 ………… 26
社会的スキルトレーニング（SST）
……………………………… 164
集団規範 ………………… 112, 116
集団凝集性 ……………… 113, 177
集団社会的距離 ……………… 118
縦断的研究法 ………………… 12
集団目標 ……………………… 112
主観的役割取得 ……………… 26
熟達化 ………………………… 194
熟慮型 …………………… 131, 133
主体的・対話的で深い学び（アク
ティブ・ラーニング）
……………… 9, 67, 82, 104, 120
小1プロブレム …………… 36, 176
状況学習理論 ………………… 120
条件統制 ……………………… 67
衝動型 …………………… 131, 133
情報処理理論 ………………… 120
情報通信技術（ICT）………… 193
初語 …………………………… 24
自律性 ………………………… 91
「じわじわ型」の学習法 ……… 102
シンギュラリティ …………… 199
人工知能（AI）………………… 199

人工論 ………………………… 22
身体像 ………………………… 24
診断的評価 …………………… 143
信念 …………………………… 43
信頼性 ………………………… 145
心理学 ………………………… 6
心理テスト …………………… 12
心理統計学 …………………… 10
進路指導 ……………………… 58

■ す
推論 …………………………… 75
数詞 …………………………… 30
スキーマ ………………… 68, 77, 101
スキナー ………………… 64, 119
スクリプト …………………… 68
スタートカリキュラム
………………… 36, 171, 176
スタンバーグ ………………… 132

■ せ
性格 …………………………… 126
生活年齢 ……………………… 146
成人期 ………………………… 58
精神疾患の診断と統計のマニュア
ル（DSM-5）………………… 153
精神年齢 ……………………… 146
精神分析学 …………………… 7
生態学的モデル ……………… 39
精緻化 ………………………… 78
性徴 …………………………… 50
成長欲求 ……………………… 186
性的少数者（性的マイノリティ）
……………………………… 197
性同一性障害 ………………… 197
青年期 ………………………… 50
青年期危機説 ………………… 52
青年期平穏説 ………………… 52
正の転移 ……………………… 71
制約論 ………………………… 69
セクシュアリティ …………… 197
摂食障害 ……………………… 51
絶対的貧困 …………………… 179
絶対評価 ……………………… 142
説明オーガナイザー ………… 106
セルフ・ハンディキャッピング
……………………………… 149
セルマン ……………………… 25
先行オーガナイザー ………… 105
全身運動 ……………………… 24
専制型 ………………………… 113
前操作期 ……………………… 22

■ そ
総括的評価 …………………… 143
想起 …………………………… 76

相互排他性 …………………… 69
相対的貧困 …………………… 179
相対的貧困率 ………………… 179
相対評価 ……………………… 141
ソーンダイク ………………… 7, 64
ソシオメトリー ……………… 117
ソシオメトリックテスト ……… 117
素朴概念 ……………………… 100

■ た
体制化 ………………………… 78
第二次性徴 ……………… 39, 177
第二次反抗 …………………… 178
第二次反抗期 ………………… 52
タイムアウト ………………… 158
代理強化 ……………………… 70
確かな学力 …………………… 46
他者理解 ……………………… 43
多重知能理論 ………………… 146
達成目標理論 ………………… 89
脱中心化 ……………………… 40
妥当性 ………………………… 145
タルヴィング ………………… 80
短期記憶 ………………… 79, 131
短期記憶の容量 ……………… 79
単純接触 ……………………… 53

■ ち
知識の構成 …………………… 99
知的障害 ……………………… 153
知能 …………………………… 145
知能検査 ……………………… 146
知能指数 ……………………… 146
注意欠如・多動性障害（ADHD）
………………… 152, 153, 164
長期記憶 ………………… 79, 131
調節 …………………………… 21

■ て
適応機制 ……………………… 186
適性―処遇交互作用 ………… 134
手先を使う運動 ……………… 24
テスト理論 …………………… 7
手続き的記憶 ………………… 80
転導性 ………………………… 166

■ と
投影法 ………………………… 128
同化 …………………………… 21
動機づけ ………………… 86, 165
洞察 …………………………… 66
同時処理 ………………… 74, 132, 170
統制群法 ……………………… 11
同調 …………………………… 116
道徳的発達理論 ……………… 41
逃避機制 ……………………… 187
トールマン …………………… 67
特性5因子論（ビッグファイブ）

209

………………………………128
特性論 ………………127, 128
読解力 ………………………28
トップダウン型 ……………75, 76
「ドヒャー型」の学習法 ………101
ドメスティックバイオレンス …181
友だち親子 …………………178

■ な
内発的動機づけ ……………90
仲間集団 ……………………44

■ に
二次障害 ……………………155
二次的な信念の理解 ………43
二重貯蔵モデル ……………79
認知 …………………………74
認知心理学 ………9, 66, 74, 98
認知スタイル …………130, 133
認知的情報処理 ……………74
認知的不協和 ………………101
認知的方略 …………………94
認知論 ………………………65

■ ね
ネットいじめ ………………184

■ の
ノーマン ………………69, 194

■ は
ハーヴィガースト ……………46
バートレット ………………77
場－依存型 ……………131, 133
橋渡しアナロジー …………103
バズ学習 …………………120
発育スパート ………………50
発見学習 …………………104
発生的認識論 ………………21
発達 …………………………20
発達加速現象 ………………39
発達障害 …………………134
発達主題 ……………………55
発達心理学 …………………9
発達の最近接領域 ………23
場－独立型 ……………131, 133
バドリー ……………………80
パブロフ ……………………63
ハロー効果 ………………144
反証データ ………………101
バンデューラ ……………70, 87

■ ひ
ピアジェ ………………21, 40
比較オーガナイザー ………105
非行 …………………………184
非参加観察法 ………………10
ビネー式知能検査 …………146

■ ふ
符号化 ………………………79

不登校 ……………………177
負の転移 ……………………71
ブルーナー ……………40, 104
ブルーム …………………148
フロイト ………………7, 187
プログラミング教育 ………193
プログラム学習 …………119
ブロンフェンブレンナー ……38
文化的－歴史的発達理論 …23

■ へ
ペアレント・トレーニング ……156
偏差知能指数 ………………147

■ ほ
防衛機制 …………………187
忘却 …………………………77
忘却（保持）曲線 …………76
放任型 ……………………113
ホール ………………………7
保持 …………………………76
保存の概念 …………………40
ボトムアップ型 ………75, 76
ホフマン ……………………43

■ ま
マーシア ……………………56
マスタリーモデル …………88
マズロー …………………186
学びに向かう力・人間性 ……47
マルトリートメント ………181

■ み
自ら学ぶ力 ……………93, 106
民主型 ……………………113

■ む
無条件反応 …………………63

■ め
メタ記憶 ……………………78
メタ認知 …………75, 93, 107
メタ認知的方略 ……………94
面接法 ………………………11

■ も
目標構造 ……………………90
目標に準拠した評価 ………90
モデリング …………………70
モニタリング …………75, 107
モラル・ジレンマ課題 …25, 26, 41
モレノ ……………………117

■ や
役割実験 ……………………58
役割取得（社会的視点調整能力）
………………………………25
役割取得能力 ………………26

■ ゆ
有意味受容学習 …………105
有能感 ………………………46
指さし ………………………24

ユング ………………………58

■ よ
抑制機能の障害 ……………75
欲求の階層説 ……………186

■ ら
ラポール ……………………12

■ り
リーダーシップ …………112, 113
リハーサル …………………78
臨床心理学 ………………7, 10

■ る
類型論 ……………………127
ルージュタスク ……………55

■ れ
レヴィン ………………113, 187
レスポンデント条件づけ ………63
レミニセンス ………………77
連合論 ………………………62
練習の法則 …………………65

■ ろ
老年期 ………………………59
ローカルルール …………155
ローゼンソール …………114

■ わ
ワーキング・プア問題 ……179
ワーキングメモリ
　80, 81, 131, 168
ワトソン …………………7, 63

欧文

■ D
DN-CAS 認知評価システム
………………………160, 170

■ I
ICT ………………………135
IoT ………………………200

■ K
K-ABC Ⅱ心理・教育アセスメント
　バッテリー …………160, 170

■ L
LGBT ……………………197

■ P
PM理論 …………………114

■ S
SNS ………………………178

■ T
TEACCH …………………136

■ W
WAIS-Ⅲ成人知能検査 ……147
WISC-Ⅳ知能検査 ……147, 160
WPPSI-Ⅲ知能検査 ………147

参考・引用文献

第1講
芦原睦『自分がわかる心理テストPART2：エゴグラム243パターン全解説』講談社、1995年
岡田涼・中谷素之・伊藤崇達・塚野州一（編）『自ら学び考える子どもを育てる教育の方法と技術』北大路書房、2016年
杉田峰康『交流分析のすすめ』日本文化科学社、1990年
中央教育審議会「21世紀を展望した我が国の教育の在り方について」1996年
西川泰夫・高砂美樹『心理学史』放送大学教育振興会、2010年

第2講
厚生労働省「乳幼児身体発育調査の統計学的解析とその手法及び利活用に関する研究：乳幼児身体発育評価マニュアル」
　　2014年
榊原知美（編著）『算数・理科を学ぶ子どもの発達心理学：文化・認知・学習』ミネルヴァ書房、2014年
島村直己・三神廣子「幼児のひらがなの習得：国立国語研究所の1967年の調査との比較を通して」『教育心理学研究』
　　42、1994年
高橋登「学童期における読解能力の発達過程：1-5年生の縦断的な分析」『教育心理学研究』49、2001年
田爪宏二『保育の心理学』あいり出版、2016年
林創『子どもの社会的な心の発達：コミュニケーションのめばえと深まり』金子書房、2016年
J.ピアジェ（著）中垣啓（訳）『ピアジェに学ぶ認知発達の科学』北大路書房、2007年
S. J.ブレイクモア・U.フリス（著）乾敏郎・山下博志・吉田千里（訳）『脳の学習力：子育てと教育へのアドバイス』岩波書店、
　　2012年
三神廣子・野原由利子・田邊光子「幼児の文字学習と読書レディネスに関する研究：幼児のひらがなの習得（1988年と2005
　　年の比較を通して）」『名古屋芸術大学研究紀要』29、2008年
森口佑介『わたしを律するわたし：子どもの抑制機能の発達』京都大学学術出版会、2012年
渡辺弥生『子どもの「10歳の壁」とは何か？：乗りこえるための発達心理学』光文社、2011年

第3講
J.G.アレン・P.フォナギー（著）狩野力八郎（監修）『メンタライゼーション・ハンドブック：MTBの基礎と臨床』岩崎学術出版、
　　2011年
日本PTA全国協議会「子どもとメディアに関する意識調査」2008年
文部科学省「現代の子どもの成長と徳育をめぐる今日的課題」2009年
文部科学省「幼稚園、小学校、中学校、高等学校及び特別支援学校の学習指導要領等の改善について（答申）」2009年
文部科学省「新しい学習指導要領等が目指す姿」2015年

第4講
Marcia, J. E. (1966). Development and validation of ego-identity status. *Journal of Personality and Social Psychology*, 3(5).
大野久「アイデンティティとは何か」　大野久（編著）『エピソードでつかむ青年心理学』ミネルヴァ書房、2010年
大野久「青年期の自己意識と生き方」落合良行・楠見孝（編）『講座 生涯発達心理学 第4巻 自己への問い直し：青年期』金
　　子書房、1995年
岡本祐子（編著）『アイデンティティ生涯発達論の射程』ミネルヴァ書房、2002年
落合良行・佐藤有耕「青年期における友達とのつきあい方の発達的変化」『教育心理学研究』44（1）、1996年
鎌田ケイ「高齢者（老年期）とは何か」鎌田ケイ子・川原礼子（編著）『新体系看護学全書　老年看護学　老年看護学概論・
　　老年保健　第3版』メヂカルフレンド社、2012年
国立社会保障・人口問題研究所「第15回出生動向基本調査の概要」2015年
白井利明「青年期へのアプローチ」　白井利明・都筑学・森陽子『やさしい青年心理学 新版』有斐閣、2012年
高坂康雅・池田幸恭・三好昭子（編著）『レクチャー 青年心理学』風間書房、2017年
中央教育審議会「今後の学校におけるキャリア教育・職業教育の在り方について」2011年
西平直喜「青年期における発達の特徴と教育」大田尭ほか（編）『岩波講座 子どもの発達と教育6（青年期発達段階と教育
　　3）』岩波書店、1979年
日本性教育協会（編）『「若者の性」白書：第7回青少年の性行動全国調査報告』小学館、2013年
福田佳織「青年の自立_家族との関係」　宮下一博（監修）松島公望・橋本広信（編）『ようこそ！　青年心理学：若者たちは何
　　処から来て何処へ行くのか』ナカニシヤ出版、2009年

第5講
無藤隆・森敏昭・遠藤由美・玉瀬耕治『心理学（New Liberal Arts Selection）』有斐閣、2004年

第6講
Atkinson, R. C., & Shiffrin, R. M. (1968). Human memory: A proposed system and its control processes. In K. W.
　　Spence, & J. T. Spence (Eds.), *The psychology of learning and motivation (Vol. 2)* . New York: Academic
　　Press.
Collins, A. M., & Loftus, E. F. (1975). *A spreading-activation theory of semantic processing.* Psychological
　　Review, 82.
Collins, A. M., & Quillian, M. R. (1969). Retrieval time from semantic memory. *Journal of verbal learning and
　　verbal behavior*, 8.
A.バドリー（著）井関龍太ほか（訳）『ワーキングメモリ：思考と行為の心理学的基盤』誠信書房、2012年

E.タルヴィング（著）太田信夫（訳）『タルヴィングの記憶理論』教育出版、1985年
H.エビングハウス（著）宇津木保（訳）『記憶について：実験心理学への貢献』誠信書房、1978年
S.E.ギャザコール・T.P.アロウェイ（著）湯澤正通・湯澤美紀（訳）『ワーキングメモリと学習指導』北大路書房、2009年
高野陽太郎（編）『認知心理学2：記憶』東京大学出版会、1995年
中島義明『情報処理心理学：情報と人間の関わりの認知心理学』サイエンス社、2006年
本郷一夫（編）『認知発達のアンバランスの発見とその支援』金子書房、2012年

第7講
Ames, C. (1992). Classrooms: Goals, structures, and student motivation. *Journal of Educational Psychology*, 84.
Bandura, A. (1977). Self-efficacy: Toward a unifying theory of behavioral change. *Psychological Review*, 84.
Deci, E. D., & Ryan, R. M. (2002). Handbook of self-determination research. New York: *University of Rochester Press.*
Eccles, J. S., & Wigfield, A. (2002). Motivational beliefs, values, and goals. *Annual Review of Psychology*, 53.
Elliot, A. J., & Church, M. A. (1997). A hierarchical model of approach and avoidance achievement motivation. *Journal of personality and social psychology*, 72.
Fredricks, J. A., Blumenfeld, P. C., & Paris, A. H. (2004). School engagement: Potential of the concept, state of the evidence. *Review of Educational Research*, 74.
Vallerand, R. J., & Lalande, D. R. (2011). The MPIC model: The perspective of the hierarchical model of intrinsic and extrinsic motivation. *Psychological Inquiry*, 22.
Zimmerman, B. J., & Schunk, D. H. (2011). *Handbook of self-regulation of learning and performance.* New York: Routledge.
伊藤崇達『自己調整学習の成立過程：学習方略と動機づけの役割』北大路書房、2009年
上淵寿『動機づけ研究の最前線』北大路書房、2004年
梅本貴豊・田中健史朗「大学生における動機づけ調整方略」『パーソナリティ研究』21、2012年
鹿毛雅治『学習意欲の理論：動機づけの教育心理学』金子書房、2013年
解良優基「ポジティブな課題価値とコストが学習行動に及ぼす影響」『教育心理学研究』64、2016年
櫻井茂男『学習意欲の心理学：自ら学ぶ子どもを育てる』誠信書房、1997年
瀬尾美紀子「自律的・依存的援助要請における学習観とつまずき明確化方略の役割：多母集団同時分析による中学・高校生の発達差の検討」『教育心理学研究』55、2007年
辰野千壽『学習方略の心理学：賢い学習者の育て方』図書文化社、1997年
速水敏彦『自己形成の心理：自律的動機づけ』金子書房、1998年
宮本美沙子・奈須正裕『達成動機の理論と展開：続・達成動機の心理学』金子書房、1995年

第8講
Ausubel, D. P. (1968). *Educational psychology: A cognitive view.* New York: Holt.
Bruner, J. S. (1960). *The process of education.* Cambridge: Harvard University Press.（鈴木祥蔵・佐藤三郎（訳）『教育の過程』岩波書店、1963年）
Chinn, C. A., & Brewer, W. F.(1993). The role of anomalous data in knowledge acquisition: A theoretical framework and implications for science instruction. *Review of Educational Research*, 63.
Clement, J. (1982). Students' preconceptions in introductory mechanics. *American Journal of Physics*, 50.
Clement, J. (1993). Using bridging analogies and anchoring intuitions to deal with students' preconceptions in physics. *Journal of Research in Science Teaching*, 30.
Clement, J. (2008). The role of explanatory models in teaching for conceptual change. In S. Vosniadou (Ed.), *International handbook of research on conceptual change.* Amsterdam, Routledge.
Holyoak, K. J., & Thagard, P. (1998). *Mental leaps: Analogy in creative thought.* Cambridge, MA: MIT Press.（鈴木宏昭・河原哲雄（監訳）『アナロジーの力：認知科学の新しい探求』新曜社、1998年）
Nelson, T. O., & Narens, L.(1990). Why investigate metacognition? In J. Metcalfe & A. P. Shimamura (Eds.), *Metacognition: Knowing about knowing.* Cambridge, MA: MIT Press.
Novak, J. D., & Gowin, D. B.(1984). *Learning How to Learn.* Cambridge University Press.（福岡敏行・弓野憲一（監訳）『子どもが学ぶ新しい学習法：概念地図法によるメタ学習』東洋館出版社、1992年）
Schunk, D. H., & Zimmerman, B. J.(Eds.). (1998). *Self-regulated learning: From teaching to self-reflective practice.* New York: Guilford Press.
秋田喜代美『学びの心理学：授業をデザインする』左右社、2012年
池田進一・田中敏「先行オーガナイザー研究における実験図式の改善」『読書科学』29、1985年
板倉聖宣『仮説実験授業：授業書（ばねと力）によるその具体化』仮説社、1974年
伊藤崇達「教室での動機づけ」栗山和広（編）『授業の心理学認知心理学からみた教育方法論』福村出版、2014年
稲垣佳世子・波多野誼余夫『人はいかに学ぶか：日常的認知の世界』中公新書、1989年
鹿内信善「学習指導の方法」久世敏雄（編）『教育の心理』名古屋大学出版会、1993年
高垣マユミ（編）『授業デザインの最前線：理論と実践をつなぐ知のコラボレーション』北大路書房、2005年
中央教育審議会「幼稚園、小学校、中学校、高等学校及び特別支援学校の学習指導要領等の改善及び必要な方策等について（答申）」2016年
細谷純「問題解決のストラテジー」藤永保（編）『思考心理学』大日本図書、1976年

第9講

Lewin, K., Lippitt, R. & White, K., R. (1939). Patterns of aggressive behavior in experimentally created "social climates". *The Journal of Social Psychology*, 10.

鎌原雅彦・竹綱誠一郎『やさしい教育心理学第3版』有斐閣、2012年

吉川成司・関田一彦・鈎治雄『はじめて学ぶ教育心理学第2版』ミネルヴァ書房、2016年

櫻井茂男『改訂版 たのしく学べる最新教育心理学：教職に関わるすべての人に』図書文化社、2017年

田中熊次郎『児童集団心理学』明治図書、1957年

出口拓彦「「グループ学習に対する教師の指導」に関する研究の動向と展望」『名古屋大学大学院教育発達科学研究科紀要』50、2003年

三隅二不二『新しいリーダーシップ：集団指導の行動科学』ダイヤモンド社、1966年

三隅二不二『リーダーシップ行動の科学』有斐閣、1978年

第10講

Gathercole, S. E., & Alloway, T. P. (2008). *Working memory and learning: A practical guide for teachers*. London: SAGE. (湯澤正通・湯澤美紀（訳）『ワーキングメモリと学習指導』北大路書房、2009年)

Kagan, J., Rosman, B. L., Day, D., Albert, J., & Phillips, W. (1964). Information processing in the child: Significance of analytic and reflective attitudes. Psychological Monographs: General and Applied.

Snow, R. E., Tiffin, J., & Seibert, W. (1965). Individual differences and instruction film effects. Journal of Educational Psychology, 56.

E.クレッチマー（著）相場均（訳）『体格と性格』文光堂、1960年

E.ショプラー・J.G.オーリー・M.D.ランシング（著）佐々木正美他（訳）『自閉症の治療教育プログラム』ぶどう社、1985年

R.J.スターンバーグ（著）松村暢隆・比留間太白（訳）『思考スタイル：能力を生かすもの』新曜社、2000年

落合純・真家優子・和田裕一「思考スタイル質問紙日本語版の信頼性・妥当性の検討」『心理学研究』87、2016年

熊谷恵子・青山真二（編）『長所活用型指導で子どもが変わる：認知処理様式を生かす国語・算数・作業学習の指導方略 Part2（小学校個別指導用）』図書文化社、2001年

住田勝美・林勝造・一谷彊『改訂版 PFスタディ使用手引』三京房、1964年

宮城音弥（編）『岩波小辞典心理学』岩波書店、1965年

文部科学省「教育の情報化ビジョン：21世紀にふさわしい学びと学校の創造を目指して」2011年

第11講

富永大介・平田幹夫・竹村明子・金武育子『教職をめざすひとのための発達と教育の心理学』ナカニシヤ出版、2016年

橋本重治『新教育評価法総説』金子書房、1976年

藤田主一・楠本恭久『教職をめざす人のための教育心理学』福村出版、2008年

第12講

日本精神神経学会（監修）『DSM-5 精神疾患の診断・統計マニュアル』東京医学書院、2014年

文部科学省「学習障害児に対する指導について（報告）」2009年

文部科学省「通常の学級に在籍する発達障害の可能性のある特別な教育的支援を必要とする児童生徒に関する調査結果について」2012年

文部科学省「今後の特別支援教育の在り方について（最終報告）」2014年

第13講

文部科学省『小学校学習指導要領』2017年

文部科学省『中学校学習指導要領　総則編』2017年

第14講

厚生労働省「平成25年国民生活基礎調査」2003年

山田昌弘・斉藤学・松本侑壬子「友達親子」『季刊子ども学』14、ベネッセ教育研究所、1997年

第15講

D.A.ノーマン・富田達彦（訳）『認知心理学入門』誠信書房、1984年

クリスティーン・ネフ（著）石村郁夫・樫村正美（訳）『セルフ・コンパッション』金剛出版、2014年

高谷哲也（編）『教師の仕事と求められる力量』あいり出版、2011年

田中真理「震災に遭った子どもに起きること」『教育と医学』第64巻12号、2016年

ニュースリリース「電通ダイバーシティ・ラボが『LGBT調査2015』を実施」(株)電通、2015年

ニュースリリース「博報堂DYグループの株式会社LGBT総合研究所、6月1日からのサービス開始にあたりLGBTをはじめとするセクシュアルマイノリティの意識調査を実施」(株)博報堂、2016年

波多野誼余夫「珠算式暗算における習熟」日本認知科学会（編）『認知科学の発展』Vol.1、講談社、1988年

針間克己「セクシュアリティとLGBT」『こころの科学』189号、2016年

日高庸晴「ゲイ・バイセクシュアル男性のメンタルヘルス」『こころの科学』189号、2016年

藤岡完治「学校を見直すキーワード」鹿毛雅治・奈須正裕（編）『学ぶこと教えること』金子書房、1997年

三宅なほみ「理解におけるインターアクションとは何か」佐伯胖（編）『認知科学選書4　理解とは何か』東京大学出版会、1985年

三宅なほみ「状況と学習」三宅芳雄（編）『教育心理学特論』放送大学教育振興会、2012年

文部科学省「今後の学校教育におけるキャリア教育・職業教育の在り方について（答申）」2011年

文部科学省「性同一性障害に係る児童生徒に対するきめ細やかな対応の実施等について（通知）」2015年

文部科学省「性同一性障害や性的指向・性自認に係る、児童生徒に対するきめ細やかな対応等の実施について（教職員向け）」2016年

監修者、執筆者紹介

●監修者

森田健宏（もりた たけひろ）
関西外国語大学　英語キャリア学部　教授
博士（人間科学）大阪大学

田爪宏二（たづめ ひろつぐ）
京都教育大学　教育学部　教授
博士（心理学）広島大学

●編著者

田爪宏二（たづめ ひろつぐ）
はじめに、第1講、第6講、第10講を執筆
京都教育大学　教育学部　教授
『認知発達とその支援』（共編著・ミネルヴァ書房・2018年）
『保育の心理学』（編著・あいり出版・2016年）

●執筆者（50音順）

今林俊一（いまばやし しゅんいち）
第15講を執筆
鹿児島純心女子短期大学　生活学科　教授
鹿児島大学　名誉教授
『心理学がわかる事典』（共著・日本実業出版社・1994年）
『教育心理学要論』（共著・学術図書出版社・1987年）

梅本貴豊（うめもと たかとよ）
第7講を執筆
京都外国語大学　外国語学部　准教授
博士（心理学）名古屋大学
『自ら学び考える子どもを育てる教育の方法と技術』（共著・北大路書房・2016年）

岡村季光（おかむら としみつ）
第4講を執筆
奈良学園大学　人間教育学部　教授
『やさしく学ぶ発達心理学』（共著・ナカニシヤ出版・2011年）
『教育心理学入門』（共著・小林出版・2009年）

坂田和子（さかた かずこ）
第14講を執筆
福岡女学院大学　人間関係学部　教授

下木戸隆司（しもきど たかし）
第8講を執筆
鹿児島大学　教育学部　准教授

滝口圭子（たきぐち けいこ）
第2講を執筆
金沢大学　学校教育系　教授
博士（心理学）広島大学
『発達障害の就労とキャリア発達』（共著・新曜社・2023年）
『新・育ちあう乳幼児心理学』（共著・有斐閣・2019年）

立元真（たつもとしん）
第12～13講を執筆
宮崎大学　大学院教育学研究科　教授
『社会・情動発達とその支援』（共著・ミネルヴァ書房・2017年）
『実践に生かす障害児保育』（共著・萌文書林・2016年）

原口恵（はらぐち めぐみ）
第9講、第11講を執筆
鹿児島国際大学　福祉社会学部　講師
『保育の心理学』（共著・あいり出版・2016年）

増田優子（ますだ ゆうこ）
第3講を執筆
学校法人21世紀アカデメイア　大阪地区学生相談室　専任カウンセラー
『保育の心理学』（共著・あいり出版・2016年）

森田健宏（もりた たけひろ）
第5講、第14講を執筆
関西外国語大学　英語キャリア学部　教授
『保育の心理学』（共著・あいり出版・2016年）
『教育心理学入門』（共著・小林出版・2009年）

編集協力：株式会社桂樹社グループ
イラスト：植木美江、寺平京子
本文フォーマットデザイン：中田聡美

よくわかる！教職エクササイズ2

教育心理学

2018 年 4 月 15 日　初版第 1 刷発行
2024 年 12 月 10 日　初版第 6 刷発行

〈検印省略〉

定価はカバーに
表示しています

監 修 者	森 田	健 宏
	田 爪	宏 二
編 著 者	田 爪	宏 二
発 行 者	杉 田	啓 三
印 刷 者	藤 森	英 夫

発行所　株式会社　ミネルヴァ書房

607-8494　京都市山科区日ノ岡堤谷町 1
電話代表　(075) 581 - 5191
振替口座　01020 - 0 - 8076

©田爪宏二ほか，2018

亜細亜印刷

ISBN978-4-623-08177-6

Printed in Japan

森田健宏／田爪宏二 監修

よくわかる！ 教職エクササイズ

B5判／美装カバー

①教育原理
島田和幸／髙宮正貴 編著　本体 2200 円

②教育心理学
田爪宏二 編著　本体 2200 円

③教育相談［第2版］
森田健宏／吉田佐治子 編著　本体 2500 円

④生徒指導・進路指導
安達未来／森田健宏 編著　本体 2500 円

⑤特別支援教育
石橋裕子／林 幸範 編著　本体 2200 円

⑥学校教育と情報機器
堀田博史／森田健宏 編著　本体 2200 円

⑦法規で学ぶ教育制度
古田 薫／山下晃一 編著　本体 2500 円

⑧学校保健
柳園順子 編著　本体 2500 円

───── ミネルヴァ書房 ─────
https://www.minervashobo.co.jp/